新媒体环境下校园文化长效机制研究

崔丽娜 著

北京工业大学出版社

图书在版编目（CIP）数据

新媒体环境下校园文化长效机制研究 / 崔丽娜著. 一北京：工业大学出版社，2025.7重印

ISBN 978-7-5639-6175-7

Ⅰ.①新… Ⅱ.①崔… Ⅲ.①高等学校-校园文化-建设-研究-中国 Ⅳ.①G647

中国版本图书馆 CIP 数据核字（2018）第 074120 号

新媒体环境下校园文化长效机制研究

著　　者：崔丽娜
责任编辑：张慧蓉
封面设计：亚飞文化
出版发行：北京工业大学出版社
　　　　　（北京市朝阳区平乐园 100 号　邮编：100124）
　　　　　010-67391722（传真）　　bgdcbs@sina.com
经销单位：全国各地新华书店
承印单位：三河市元兴印务有限公司
开　　本：787 毫米×960 毫米　　1/16
印　　张：15
字　　数：200 千字
版　　次：2021 年 10 月第 1 版
印　　次：2025年7月第4次印刷
标准书号：ISBN 978-7-5639-6175-7
定　　价：36.00 元

版权所有　翻印必究
（如发现印装质量问题，请寄本社发行部调换 010-67391106）

目 录

第一章　校园文化概述··1
　　第一节　文化与校园文化的概念··1
　　第二节　校园文化的本质及特性··10
　　第三节　校园文化系统的主要内容··18

第二章　高校校园文化的显性形态与隐性形态··22
　　第一节　高校校园文化显性形态的主要内容··22
　　第二节　高校校园文化隐性形态的主要内容··31
　　第三节　校园文化显性形态与隐性形态的关系····································44

第三章　校园文化建设的技术路线及运行机制··48
　　第一节　校园文化建设的内涵及过程性··48
　　第二节　校园文化建设的技术路线··54
　　第三节　校园文化建设的运行机制··59

第四章　校园文化建设氛围营造及体系的构建··74
　　第一节　校园文化建设氛围营造的原则及条件····································74
　　第二节　校园文化建设氛围营造的路径··77
　　第三节　校园文化建设体系的构建··85

第五章　新媒体对校园文化繁荣的推动作用··97
　　第一节　新媒体环境下校园文化的变化··97
　　第二节　新媒体环境下校园文化建设面临的机遇与挑战··················102
　　第三节　新媒体推动校园文化繁荣发展的对策··································106

第六章　新媒体对高校校园文化建设的影响及对策··································115
　　第一节　新媒体对高校校园文化建设的影响····································115
　　第二节　新媒体环境下高校校园文化的建设策略····························125

第七章　新媒体环境下高校校园文化建设创新··133
　　第一节　新媒体环境下高校校园文化建设创新的必要性分析··········133
　　第二节　新媒体环境下高校校园文化建设创新的主要内容··············142
　　第三节　新媒体环境下高校校园文化建设的创新路径······················148

第八章　微信公众平台在高校校园文化建设中的应用·····················156
　　第一节　微信公众平台参与高校校园文化建设的必要性分析···············156
　　第二节　基于微信公众平台的校园文化建设案例分析······················163
　　第三节　微信公众平台在高校校园文化建设中的应用策略···················166
参考文献···168

第一章 校园文化概述

第一节 文化与校园文化的概念

一、文化的概念

文化的概念在社会科学中的使用是相当混乱和模糊不清的,人类学、历史学、哲学、社会学对文化概念的界定更是众说纷纭,莫衷一是。十九世纪以来人们围绕着文化的含义、内容、分类所发生的争论一直没有停止过。在西方,文化一词来源于拉丁语 cultura 和 colere,本义有耕作、培养、教育、发展、尊重之意。最初它指土地的开垦以及植物的栽培,以后它又指对人身体和精神的发展和培养,特别是艺术和道德方面的能力和精神的培养,进而它又泛指人们的生活方式、思维方式以及人们在征服自然界中和自我发展中所创造的物质财富和精神财富。在中国古代,文化一词,原是与武功相对,指文治教化之意。《易·贲卦〈象传〉》中说:"关乎天文,以察时变;关乎人文,以化成天下。"刘向《说苑·指武》中说:"圣人之治天下也,先文德而后武力。凡武之兴,为不服也,文化不改,然后加诛,夫下愚不移,纯德之所不能化,而后武力加焉。"

美国著名的文化人类学家克罗伯和克拉克洪曾对 1871 年到 1952 年这 80 年间西方有关"文化"的定义进行过一次回顾和评析,发现历史上大概共有 164 种定义,这些定义并不是完全不同的,而是彼此之间具有一定的同一性,据此,他们将文化的定义分为以下六种:描述性、历史性、规范性、心理性、结构性和遗传性的定义。并且,在此基础上提出了自己的独特定义,即文化是由通过象征符号而获致和传递的外显的和内隐的行为模式构成;文化包括它们在人造器物中的体现,代表了人类群体的显著成就;文化的核心部分是传统(即历史地获得和选择的)观念,尤其是它们所带的价值;文化体系一方面可以看作是活动的产物,另一方面则是进一步活动的决定因素。不过,也有些学者认为,文化不包括物质因素,只包括精神因素。典型的代表者是英国学者爱德华·泰勒(1832—1917),他在《原始文化》一书中曾经给文化概念下过一个定义:"文化是一种包括知识、信仰、道德、法规、习俗以及所有作为社会成员的人所获得的其他能力和习惯的复合整体。"文化的特点是:它是人类后天习得的,它为人类所共同享有。现在西方社会学家对于文化的界定大多与此相似。

国内文化学者胡潇在《文化现象学》一书中,对文化的定义进行了总结。他把对文化的定义总结为以下几种。

第一,现象描述性的定义。如英国"人类学之父"泰勒的定义:"文化或文明,就其广泛的民族学意义来说,是包括全部的知识、信仰、艺术、道德、法律、风俗以及作为社会成员的人所掌握和接受的任何其他的才能和习惯的复合体。"这种比较直观的定义方法是世界各国学者研究文化时最常用的方法,我国学者梁漱溟也曾经用此方法给文化下过这样的定义:"所谓文化不过是一个民族生活的种种方面。总括起来,不外三个方面。精神生活方面,如宗教、哲学、艺术等。文艺是偏重于感情的,哲学科学是偏重于理智的。社会生活方面,我们对于周围的人,家族,朋友,社会,国家,世界之间的生活方法都属于社会生活一方面,如社会组织,伦理习惯,政治制度及经济关系。物质生活方面,如饮食起居种种享用,人类对于自然界求生存的各种器物。"这种现象描述性定义的特点是尽可能地罗列文化内容,具体形象显示出文化的具体方面,但是,从现实角度看文化的内容是无穷尽的,因而,这种定义方法有其自身的局限性。

第二,社会反推性的定义。这种定义的最大特点是通过对比的研究方法,将人类现有文明和历史上的存在形态进行比较研究,从差异性中去说明不同时期不同的文明或文化,这种定义方法,强调了不同文化之间的差异性。如1973年第三版的《苏联大百科全书》给文化这样定义:"文化,是社会和人在历史上一定的发展水平,它表现为人们进行生活和活动的种种类型和形式,以及人们所创造的物质财富和精神财富。文化这个概念用来表明一定的历史时代,社会经济形态,具体社会,氏族和民族的物质和精神的发展水平(例如,古代文化、社会主义文化、玛雅文化),以及专门的活动或生活领域(劳动文化、艺术文化、生活文化)。'文化'这个术语从较狭义的意义来看,仅指人们的精神生活领域。"

第三,价值认定性定义。这种定义的最大特点就是将人引入到文化定义之中,使人的主体地位得以显现,即从文化对人的意义、功用等价值诉求方面出发对文化进行界定。如英国功能学派代表人物马林诺夫基认为,文化是"一个满足人的要求的过程,为应付该环境中面临的具体、特殊的课题,而把自己置于一个更好的位置上的工具性装置"。

第四,结构分析性定义。这种定义的最大特点是,认为文化是一种具有特殊结构的体系,每一个具体的文化内容都是这一体系中的有机组成部分。如美国著名社会学家塔尔科特·帕森斯就这样给文化下定义,他指出,"我们把文化体系本身看作是复合的,内部有所区别的体系。按照任何一种行为体系的四个根本职能划分的变化表,我们相应地在四个范畴内(提供知识的象征、道德评价、表情象征和制度性象征)对它进行分析"。

第五,行为取义性定义。这类定义的特点是强调文化的动态特征,将文化流变的方面显现出来,即把文化视为一种具有动力特色的行为方式或生活方式。如美国的文化人类学家 S.

南达说:"文化作为理想规范、意义、期待等构成的完整体系,既对实际行为按既定方向加以引导,又对明显违背理想规范的行为进行惩罚,从而遏制了人类行为向无政府主义倾向发展。"孙中山也认为:"简单地说,文化是人类为了适应生存要求和生活需要所产生的一切生活方式的综合的表现。"

第六,历史探源性定义。这类定义的主要特点是把文化放到历史发展的层面上去认识,强调文化的群体性和群体赖以生存下去的知识。美国的社会学家福尔森就认为:"文化是一切人工产物的总和,包括一切由人类发明并由人类传递后代的器物的全部及生活的习惯。"日本文化学家祖父江孝男也说:"文化就是'由后天被造成的,成为群体成员之间共通具有且被保持下来的行为方式(也可以叫模式)。'"

第七,主体立意性定义。这类定义的最大特点是强调人这一主体在文化中的特殊作用和本质意义,因而突出了人的能动作用。如弗洛伊德就曾经说过:"所谓文化,就是有条不紊地牺牲'力比多',并把它强行转移到对社会有用的活动和表现上去。"关于这类定义,《苏联大百科全书》1973年第三版叙述的最为典型:"文化概念最初是指人对自然的有目的的影响,以及人本身的培养和训练。培养不仅包括培养人们遵守现有准则和习惯的能力,而且包括鼓励他们遵守这些准则和习惯的愿望,使他们相信文化能够满足人的全部要求和需要。任何社会的文化观都包含这两层意思。"

综上,文化概念可以分为广义和狭义两种。从广义上讲,文化是指人类在作用于自然界和社会的实践活动中所创造的一切物质和精神成果,包括物质文化和精神文化。物质文化包括人类创造的全部物质产品,以及创造这些物品的手段、工艺、方法等,如服饰、烹饪、器皿、建筑等。精神文化包括以心理、观念、理论形态存在的文化,如知识体系、思想信仰、价值观念、规章制度、风俗习惯、道德情操、审美趣味、宗教感情、民族性格等。从狭义上讲,文化专指精神文化,即人类在实践活动中所创造的一切精神成果。在我国,现在将文化与经济、政治并用,这实际上是把文化主要界定为狭义文化。

文化内涵强调的是人类创造。文化不是天生的、地造的。星星、月亮、蓝天、白云,不是文化;火山、海岸、湖泊和河流,不是文化。因为这些都是自然生成,自然界运动、变化、演化的结果。一切非人类创造的生物、物理现象,都不是文化,因为它对人来说是自在之物。而人造卫星、人造湖和运河则是文化。因为它们经过人的加工、改造、创造,化为了社会的对象、化为了人的对象。因此,文化本质上是人的主体力量的显现,是人的本质力量注入的过程,是人类在改造世界包括改造人自身的对象性活动中即实践中所展示出的人的本质、力量、价值尺度及其成果。

二、文化的结构

文化同一切事物一样,也是作为一种系统而存在的。文化这种系统是开放和发展着的系统,因此,文化的存在是一种运动和发展着的存在。任何一种文化,都是由不同要素组成的,并且按照一定方式或结构组成一个有机整体。

国内学者杨镜江在其著作《文化学引论》一书中,对文化结构进行了如下描述:任何一种文化,都有这样三个方面的要素,或者说三个不同层面。一是文化的心理要素,也是文化的精神观念层面,一般称为精神文化。它包括思维方式、思想观点、价值观念、科学知识等。二是文化的行为要素,也是文化的行为方式方面,一般称为行为文化。它包括行为规范、风俗习惯、生活制度等。三是文化的物质要素,也是文化的物质实体层面,一般称为物质文化。它包括各种生产工具、生活用具以及其他各种物质产品等。他同时指出:三种文化要素,属于文化结构中三个不同的层面。一般来说,物质文化是最外层的,行为文化次之,精神文化是最内层的。也可称精神文化为内在文化,称行为文化和物质文化为外在文化。但必须注意,这大多是相对而言的,不是绝对的。学者朱立言在《哲学与当代文化》一书中对文化结构做出了有别于上述的描述,他指出:就文化在其自身领域的存在形式而言,它由物质文化、精神文化、制度文化三大部类构成。这是文化的基本结构,并各有其丰富的内容。

关于物质文化、精神文化和制度文化的含义及关系界定,我国学者有着众多的论述,但在很大程度上获得了一致性。在此,我们引自窦永安在《篮球文化在中等职业技术学校构建的探索》一文中关于三者关系的界定进行论述。物质文化是指实际的物质生产过程及物质生产的实体性、器物性的成果。它们虽然凝聚着人的精神智慧,但更为突出的是物所具有的实在的属性,说明了在物质生产领域中人的本质力量的表现和发展程度。物质文化主要包括:第一,由劳动、劳动资料、劳动对象构成的现实的生产力,是最重要的物质文化财富。第二,消费资料。从建筑物到家庭用具、从服装到食品,都是文化的物件性形态,都是文化产品。它们是使用价值和审美价值的统一体,具有美学功能。在先进的产品中,物化着先进的精神文化。消费资料不仅说明人在自己生活的某个历史阶段上消费些什么,而且说明人是如何消费的,人的需求的发展和丰富程度。人的需求的丰富性及其满足方式,反映人的文化面貌。第三,物质生产的实际过程不仅仅是使物成为物的过程,更重要的也是人的主体力量注入的过程,因而也是文化的过程,特别是工艺、技术和科技成果在生产过程中的运用程度,生产者的技术、技艺、生产操作的水平和熟练程度、科技成果在生产过程中的软性应用,以及纳入生产过程之中的人文环境都是物质文化的体现。

精神文化是指人们的精神生活过程及精神生产的观念形态的成果，说明在精神生产领域人的本质力量的表现和发展程度。精神文化主要包括：第一，精神生产的观念形态的成果，如政治、法律、道德、艺术、科学、宗教和哲学、思想和观点、科学理论和艺术作品等。第二，人们在精神生活领域从事的创造性精神活动过程，如教师讲课、演员表演、科学家搞科研、律师辩护、政治家决策，以及学术讨论、体育锻炼、艺术欣赏等。这些活动是精神成果的交流、智力的比赛。马克思说："植物、动物、石头、空气、光等等，一方面作为自然科学的对象，另一方面作为艺术的对象，都是人的意识的一部分，是人的精神的无机界，是人必须事先进行加工以便享用和消化的精神食粮。"第三，人们在社会生活中表现出来的行为样式与交往样式，也称为显形文化。人的行为都是精神支配的文化行为，集中展示人的教养和文化修养，表现人的精神世界的丰富性。显形文化是社会文化整体中存在的可以为人们直观或观察到的行为的方面，从一种质的文化进入另一种质的文化时，人们首先感到的就是显形形态的差异，因为它是社会文化表层、表象的形态，与之相对应的隐形文化是社会整体文化的深层、抽象的形态，表现为人们的行为动机、情感、意识、思维方式和价值观念，并由这些因素凝练成独具特色的人格结构与心理素质。隐形文化是人们的直觉、观察无法确切把握的，必须借助于分析和抽象思维才能认识和把握。

精神文化的外在显现即为制度文化。制度文化是人的本质特征以及精神力量在社会生活的显现。因而，制度文化依附于并借助于人自身而存在。制度文化主要包括：第一，建立在一定思想观念上的基本国家制度，如经济制度、政治制度、法律制度、教育制度、婚姻制度、卫生保健制度、环境保护制度等，其中有些亦可以称之为体制。第二，社会生活中的基本组织结构以及工作部门的基本运作方式、相应的制度、规章、条例等。第三，各种约定俗成的活动和方式以及具有民族性和地域色彩的民风习俗和生活习惯，这些都是一定体系的文化的表现。

物质文化、精神文化、制度文化之间的区别是相对的，正因如此，它们才相互联系，构成统一整体的社会文化。从一定意义上说，这三种文化还可以归结为物质文化和精神文化。制度文化由于是精神文化的外在显现，因而从属于精神文化之中。无论是物质文化还是精神文化，都是物质和精神的统一体。精神文化不是空洞的虚幻的想象，精神文化离不开物质文化提供的物质基础，而物质文化也离不开精神，离开了精神的物质文化就不能称之为文化，而仅仅是一种天然的自然存在物，不属于人的文化创造物，只有当物质文化凝聚着人类的精神劳动，才称作文化，这是物质文化产品被视为文化的内在依据。在社会文化的整体结构中，物质文化是全部文化的基础。

从由表及里、由外显到内隐的视角分析，上述文化构成的三大部类在形态上又可以分为三大层次，是有着三个层次的同心结构。最外层是物质文化，即器物层，它是人类精神的对象化，是人们首先感到的实体性的东西，是文化的基础。中间层是制度文化，即制度层，包括人际关系及其规范化了的社会制度，人类的自觉精神外化，并贯穿于人际关系的某些活动。最内层是精神文化，它虽然也表现为象征符号系统，但更多的是观念的、无形的东西，是文化的深层结构和灵魂。从一定意义上说，物质文化和制度文化都是它的外化和具体化。而精神文化的核心，则是由哲学等等所构成的价值观念思想体系。它们是从全部文化成果中升华、凝聚出来的，又是文化进一步发展的指导设计者，指导着整个社会的精神文化、制度文化和物质文化的建设。

笔者认为，由于文化有广义和狭义之分，所以，对文化的结构也要做广义和狭义的分析。从广义的文化出发，我们可以把文化结构分为物质文化、制度文化和精神文化。严格地说，制度文化和精神文化可以统称为精神文化。精神文化分为实体形式的文化和观念形态的文化，制度文化是精神文化的实体形态，思想文化属于精神文化的观念形态。广义文化与自然相对，广义文化的发展，标志着人类社会历史发展过程中物质文明、政治文明和精神文明所达到的程度和水平。精神文化作为"'人化'——依'人'的价值、向'人'的理想美化、完善化。文化的发展有两个向度，或者说沿两个方向展开：一是向外扩张，即人按照'人'的需要和理想改变人以外的世界，以满足人生存发展的需要。这主要表现为人认识和改造客观世界程度深化。二是向内完善，即人按照'人'的需要和理想优化、美化和完善自身，把我们的品质、思想、行为方式等提升到较为优雅、完美和高尚的程度。向内完善的向度无疑更体现文化或'人化'的本质，因为它最能体现人的品质的优化、人心的完善情形，最能把人性与兽性相区别；它集中、典型地代表了人在多大程度上是'人'、人在多高程度上是'文明'。"依此，我们可以把精神文化的结构分为两个层面：一是包括科学技术及相关的教育等在内的智力因素的科学文化，二是包括思想、信念、道德和价值观以及事关这些方面教育在内的精神力量的人文文化。

三、文化的形态

文化作为一种复杂的社会现象，除了在结构上可以分为物质文化、精神文化、制度文化、人文文化、科技文化等，还可以根据文化在社会中所处的不同地位、性质、作用，分为社会主流文化和社会亚文化。

人们通常根据文化在整个社会文化体系中的性质、地位、作用的不同，把文化分为主流文化和亚文化。"统治阶级的思想在每一个时代都是占统治地位的思想。这就是说，一个阶级是社会上占统治地位的物质力量,同时,也是社会上占统治地位的精神力量。支配着物质生产资料的阶级,同时也支配着精神生产资料。因此,那些没有精神生产资料的人的思想,一般是受统治阶级支配的。占统治地位的思想不过是占统治地位的物质关系在观念上的表现,不过是以思想的形式表现出来的占统治地位的物质关系。因而,这就是那些某一个阶级成为统治阶级的各种关系的表现,因而这也就是这个阶级的统治的思想。"马克思的话告诉我们,在社会文化当中是可以因为阶级而划分出不同的内容来的,有的从属于统治阶级,而有的则从属于被统治阶级。一般情况下,统治阶级在特定的时期总是占据主导地位,因而,所属的文化就是主流文化。

学者陈华文在《文化学概论》一书中,对主流文化和亚文化做出如下的界定。他认为:主流文化指体现着时代的主导思想、支配着文化的发展方向,占统治地位的文化。他同时认为,与主流文化相对应的是支流文化,支流文化是一种附属于文化主流或对文化主流起一定的辅助作用的文化形态或文化内容,我们称支流文化为亚文化。所谓亚文化是指某些与社会主导性文化的价值体系存在不同者,他们不否定主导文化,仅仅是在某些方面忽视主导文化而已。

学者杨镜江在《文化学引论》中指出,在一个社会的文化体系中,往往具有多层次的复杂结构,有整个社会共同的文化特质,也有属于社会中各群体独具的文化特质。前者相对于后者来说称为主文化,后者相对于前者来说称为亚文化。主文化和亚文化的概念,是相对而言的。它们可以是一个社会的共有文化与其中的群体文化相对来说,也可以是一个民族的共有文化与其中的群体文化相对来说,也还可以是一个社会或一个民族中,大的群体文化与其中小的群体文化相对来说,相应地把前者称为主文化,而把后者称为亚文化。因此,可以将主文化和亚文化定义为,大群体的共有文化相对于其中的小群体文化称为主文化,而相对于大群体的共有文化来说,其中的小群体文化则称为亚文化。

学者向翔在《哲学文化学》中对主流文化与亚文化做如下界定。他指出,主流文化又称主体文化、主体性文化。主体文化的概念是法国阐释学家德里达最早提出来的,指一个民族、时代或地域顺应历史的发展和社会心理而形成的文化精神主流。这一文化精神主流归宿于该民族人性的宏伟发展之中,占据着大多数人的正常思维空间,顺应历史发展的主潮流而呈现出一种健全理智的主要倾向,并带给参与文化创造和历史发展的人以一种进入文化角色的自在自为感。亚文化是非主流文化,但并不是所有的非主流文化都是亚文化,只有在某些方面与社会主导性文化的价值体系不同的非主流文化,才是我们所说的亚文化。亚文化来源于亚群体。亚群体是相对于社会生活中占支配地位的主流群体而言的人群团体，他们是整个社会人群的一部分，但又由于某些特殊原因集合在一起、联系在一起，具有自己独特的价值观。

四、校园文化的概念

校园文化，又称为学校文化，这一概念最早是由美国学者华勒于1932年在《教育社会学》中提出的。他把校园文化定义为学校中形成的特别的文化。目前我国学术界对校园文化的界定主要有以下几种：

价值观论。《新编高等教育学》一书中认为：校园文化的含义从五个方面来揭示。一是校园文化环境包括物质财富、组织制度和精神产品。二是高等学校的教学活动、学术活动以及教育、学术气氛都为这一文化环境打上了鲜明的标记，它是一种精神氛围和群体心态。三是校园文化的主体应当包括校园内的三种主体人群，即大学生、教师、干部。三种群体虽各有其文化子系统，但在整体上应该有其必然的同一性。四是校园文化要包括组织制度。五是一定的价值体系在校园文化的内涵中应占有核心的位置。一句话，校园文化是指高等学校生活方式的总和。它以生活在校园内的大学生、教师和干部为主要群体，以别于其他社群。它是在物质财富、精神产品和氛围以及活动方式上具有独特的文化类质。

物质、精神与创造过程论。高校校园文化是指在高校校园区域中，由学校管理者和广大师生员工（即"校园人"）在教育、教学、管理、服务等活动中创造形成的一切物质形态、精神财富及其创造形成的过程。

三元组合论。这种观点认为校园文化是指在大学这一特殊的环境氛围内生活的成员（包括教师、学生、行政人员等）所共同拥有的校园文化价值观和这些价值观在物质与意识形态上的具体化。也就是学校师生在教育教学过程中所创造和形成的精神财富、文化氛围以及承载这些精神财富的活动形式和物质形态；也有人将其概括为包括观念文化（师生共同享有的价值观、道德规范、行为模式、人际关系与校风传统等文化意识）、制度文化（规章制度、学生守则等）和物质文化（校园物质环境）在内的统一体。

文化氛围说。校园文化是校园中具有学生特点的精神环境和文化氛围；或校园文化是学校在教学管理及整个教育过程中逐渐形成的特定文化氛围和文化传统。

意识形态说。校园文化是由学生这一特定的社会群体在学校这一特定的环境中所创造的一种社会文化，是校园的意识形态的总和。

物质、精神总和说。校园文化指学校在长期的育人实践中所逐步营造的具有学校特色的物质财富和精神财富的总和。

文化要素复合说。校园文化指在学校工作、学习和生活中全体人员创造的，具有新的内容和独特形式，以不同形态存在，由最小独立单位所组成的复合整体。

文化指令说。校园文化是一套指导师生行为的文化指令。

启蒙说。校园文化是一种旨在对校园亚文化群体进行精神性现代启蒙的文化形态。

精英说。校园文化是一种根植于民族文化和城市文化，超前于大众文化的、相对独立的、以精英分子为主体的文化形态。

活动说。校园文化是学生校园生活存在方式的总貌，是一种寓教育于活动的文化形态。

笔者认为，由于文化有广义文化和狭义文化之分，所以基于对文化的广义和狭义的不同了解，也可以把校园文化界定为广义校园文化和狭义校园文化。如上所述的物质、精神与创造过程论、三元组合论等，都是从广义文化的视角对校园文化的界定。而意识形态说则是从狭义文化的视角对校园文化进行界定的。从广义校园文化出发，我们可以进一步地把校园文化分为校园物质文化、校园精神文化、校园制度文化。"校园物质文化属校园文化的器物层面，包括校容校貌，校园建筑特色，校园绿化美化程度，教学科研设备水平，校园文化体育设施，学校科技、文化、体育活动、校标、校旗、校服、校徽、校花、校歌、校色以及校园纪念品、校园文化活动等。"这是高校校园文化外显的物质形态，也是在一定观念支配下造就的文化成果，是高校整体校园文化不可或缺的重要组成部分。"校园精神文化是高校校园文化的最高层，主要指校园中主导群体共同遵循的世界观、人生观、价值观、群体观、成才观、治学观、道德观及其作为其表现形式的校训、校风、学风等。这是高校校园文化的核心层次，是高校的'软环境'。"校园精神文化中的观念文化形态，是高校校园文化中的核心和灵魂，对大学生树立正确的人生观、价值观、世界观具有重要作用，是影响大学生品德培养的重要因素之一。"校园制度文化是介于校园物质文化与校园精神文化之间的制度层面，主要是指校园内的各种规章制度，包括教学管理制度、校园管理制度、宿舍管理制度、勤工俭学制度、奖励制度、社团活动制度等，以及校园内独特的风俗、礼仪等。"

从狭义校园文化出发，我们可以进一步把校园文化分为校园科学文化和校园人文文化。校园科学文化指高校内包括科学技术以及相关的教育等在内的智力因素的文化。校园人文文化指高校全体师生员工所特有的思想、信念、道德和价值观以及事关这些方面教育在内的精神力量的文化。校园人文文化从结构上看，由低到高还可以依次分为三个层次：一是反映校园风俗习惯、行为模式、道德情操等心理层面的文化；二是反映校园人所特有的道德、艺术等思想层面的文化；三是反映校园人所特有的思维方式和价值层面的文化。

笔者认为，无论是从广义校园文化出发，把校园文化分为校园物质文化、校园精神文化、校园制度文化；还是从狭义校园文化出发，把校园文化分为校园科学文化和校园人文文化，我们都可以把校园文化做出这样的界定，即校园文化的质的规定性是精神文化，是社会亚文化。它是以特定高校长期积淀形成的大学精神和文化传统为核心，以社会主流精神文化为主导，以文化活动和文化交往为纽带，以师生广泛认同的人文精神、价值规范、道德体系、行为准则、思维方式、心理预期、校园作风、校园形象等为主要内容的精神文化系统。

第二节 校园文化的本质及特性

一、校园文化的本质

（一）校园文化首先是一种精神文化的存在

当我们把校园文化看作是一种精神文化的时候，只是基于精神文化在校园文化中的核心地位和作用而言的，我们并不否认其他校园文化形式的存在，如校园物质文化、校园制度文化等，而是重在探究校园文化的精神文化本质。

校园精神文化是整个社会精神文化的一部分，受社会和学校物质文化的影响和制约。校园物质文化作为校园文化系统中的重要组成部分，是校园文化存在和发展的基础和前提。对于校园物质文化的研究，曹根记在《论高校校园文化与德育建设》中有着如下的论述，他认为校园物质文化主要包括校容校貌，校园建筑特色，校园绿化美化程度，教学科研设备水平，校园文化体育设施，学校科技、文化、体育活动，校标、校旗、校服、校徽、校花、校歌、校色以及校园纪念品、校园文化活动等。校园物质文化中的物质设施，如校园地理环境、校园建筑布局、校园艺术景点等，是一个学校赖以存在和发展的物质基础和先决条件。因此，一个学校校园物质文化的高低，直接决定和影响着校园文化系统中的其他文化形式。

但是，我们也要充分认识到，校园文化系统中的其他文化形式，对校园物质文化有着巨大的反作用，特别是校园精神文化。精神文化是校园文化中的观念形态部分，是校园成员对社会环境的反映和认识，校园环境、校园成员的行为、校园组织制度等都在一定程度上反映了校园精神文化。校园精神文化作为校园文化系统的重要组成部分，在整个校园文化系统中处于核心地位，对校园物质文化起着重大的作用。马克思主义认为，人从事实践活动、改造世界的过程，是一个主体客体化和客体主体化双向运动的过程。因此，一方面，人在改造客观世界的过程中，客观事物特别是客观环境，对人能产生持久的、潜移默化的影响，进而使人的思想观念发生变化；另一方面，人是物质世界的改造者、创造者，人们在实践中总是按照自己的意愿、认识水平、审美意识等来改造环境,这种人化自然反映了人们的种种思想和观念。校园物质文化作为一种物质的客观存在,能为人们的感官所直接触及,具有直观形象的特点。校园物质文化的这种直观性同时包含了设计者、建造者的意愿、认识水平、审美意识以及其他社会寓意。

我们都知道,自从人类社会诞生的那天起,人类就过上了有艺术的生活,可以说只要有人类生活的地方,就不可能没有艺术,因此,没有艺术的生活和没有生活的艺术都是不可想象的。高校作为培养和造就高素质人才的殿堂,就更不能缺少了艺术的存在。作为校园物质文化的重要组成部分,校园的艺术景点是最能体现校园艺术氛围,最能体现设计者和建造者的意愿、认识水平、审美意识的物质文化。而在校园的艺术景点中,校园雕塑尤为引人注目,它最能体现一个学校的校园精神。雕塑是以一定的技法,用某种材料雕塑出一个具体的形象,反映特定的精神。校园雕塑作为物质文化的重要组成部分,是一个学校校园精神的体现。校园雕塑大致可以分为以下几种:一是具有纪念意义的人物雕像。如复旦大学校园内的毛泽东、鲁迅和陈望道像,安徽师大的陶行知像,又如在美国的耶鲁大学伫立着一尊美国民族英雄、耶鲁的校友内森·黑尔的铜像,或者是表现对领袖人物的崇敬之意,或者是表达对与本校有某种特殊关系的知名人士的怀念之情,从一个侧面反映了这个学校有着悠久的历史传统。二是代表该校特色的"象征"雕像。例如,许多的理工类院校都有齿轮形态的雕塑,一些海运、河运学校有铁锚状的雕塑,人们见到这些雕塑,就可以知道这个学校的性质。三是放映某种精神的"抽象"雕塑。这些雕塑大多以抽象的艺术手法烘托一种气氛来反映某种精神特质。如扬州工学院主楼前的一组雕塑景点即属此类。它由"G"形水池、风帆状大理石雕塑和两个翩翩起舞的女青年造型组合而成。帆状雕塑的"Y"形水池的"G"形,暗示扬州工学院的简称——"扬工"两字(取两个字拼音的声母);大理石雕像的三个面象征着教育的"三个面向"。整个景点的寓意是:扬工经过了几十年曲折历程后,正充满生机,乘风破浪,沿着党所指引的教育方向前进。又如哈佛大学的"谎言雕像"。雕像上写着"约翰·哈佛""创建者""1638"。其实,三条信息都是不正确的——雕像的形象并非约翰·哈佛本人,而是一位无名模特;约翰·哈佛也非哈佛大学创建者,只是早期捐款者;哈佛建校也不是1638年,而是1636年。据查,此尊铜像立于1884年,至今已有120多年。校方早已知错,却始终未改,理由是:希望每个校友以此为鉴,莫迷信权威,敢于质疑,并永远保持这种精神。

(二)校园文化又是一种社会亚文化

校园文化是师生在特定的环境中创造的一种与社会密切相关,又具有校园特色的人文氛围和校园精神,是一种特殊的社会文化,是从属于整个社会文化的一种"亚文化"。笔者认为,校园文化之所以是一种社会亚文化,基于以下几点:一是从文化的专有性看。亚文化是属于某种特定的群体所共有的,不同的群体有着不同的亚文化。例如,青年群体有青年文化,企业群体有企业文化,军队有军队文化,男性有男性文化,女性有女性文化。校园文化是校园内广大师生员工所共有的文化,因此,从校园文化的专有性上看,校园文化是一种社会亚文化。二是从文化的一元性上看。亚文化由于是属于某一特定群体所专有的,因此,属于某一群体的亚文化特质是一元的,群体内的每一个成员都有共同的文化特质。例如,在某一特定的群体中,群体中的每个成员在价值取向、思维方式、心理预期、行为习惯等等方面都具有同一性。作为校园文化的主体的广大师生员工在价值取向、思维方式、心理预期、行为习惯等方面就表现出极大的同一性,因此,从校园文化的一元性上说,校园文化是一种社会亚文化。三是从文化形式的封闭性上看。在某一个特定的群体里,亚文化一旦形成,就会在群体的成员之间产生巨大的自我认同性。这种自我认同性,会使群体成员对自身以外的文化产生某种排斥性,从而使该群体的文化形式产生了封闭性。校园文化就会对其他文化具有一定排斥性,表现出一定的封闭性。因此,从校园文化形式的封闭性上说,校园文化是一种社会亚文化。但是,这种封闭性只是相对的,因为无论什么群体产生的亚文化,都是整个社会文化系统中的一部分,因此,它的存在和发展不可能完全地脱离社会其他文化的影响,所以说,这种文化的封闭性只能是一种相对的形态性的封闭。四是从文化的聚合性上看。亚文化群体无论是非制度性的群体还是制度性的群体,都表现出极大的凝聚力和向心力。作为校园文化主体的广大师生员工无论是在工作中、学习中还是在生活中,都表现出了强烈的凝聚力和向心力。我国历史上的多次学生救国运动就很好地证明了这样聚合性。因此,从校园文化的聚合性上看,校园文化是一种社会亚文化。

(三)校园文化以大学精神和文化传统为核心

大学精神是广大师生员工在长期的教学科研学习生活等实践中逐步形成的一种以大学文化为主体的思想、信念、价值目标以及相应的观念为代表的特定的精神环境和文化氛围。世界上任何一所大学,都有自己特定的文化内涵和精神传统,因此,都具有自己独特的学校精神。例如,北大之创新、清华之严谨、南开之笃实、浙大之坚韧等,都是这些大学的特有精神的概括。大学精神在整个校园文化中具有重要的作用,它是一个学校的灵魂,一个学校校园文化的核心之一。大学精神主要包括以下几个方面。

一是自由精神。"学术自由,在西方历史上同大学自治是一对孪生概念,是指大学从政府和教会那里争取到的学术权利,大学在政府或教会许可的范围内有教学、科研和学习的自由。即大学的教师和学生在探求真理的过程中,可以自主解决学术上的事情,而不受学术范围以外的政治、宗教等社会因素的干扰。"19世纪初德皇威廉三世就指出:"大学是科学工作者无所不包的广阔天地,科学无禁区,科学无权威,科学自由。"洪堡在创办柏林大学的时候就为现代大学奠定了"学术自由""学术自治""学术中立"的原则;蔡元培把自由的精神看作是大学的最高原则,认为"大学以思想自由为原则"。国学大师陈寅恪先生认为,"研究学术,最主要的是要具有自由的意志和独立的精神。没有思想,没有独立精神,即不能发扬真理,即不能研究学术"。因此,学术自由是广大师生从事研究和教学的自由,它主要包括自由行事的权利,自由选择研究课题、研究方向和研究方法的权利,自由选择教学内容的权利,自由发表著作的权利。

二是科学精神。大学既是传播知识的地方,又是从事科学研究的重要部门,因此,科学精神是一所大学必不可少的重要内容。科学精神通常指追求真、善、美的精神以及在科学研究中表现出来的自由探索精神、批判精神、创新精神、求实开拓精神等。大学追求真理的科学精神就是大学的求真精神,"以科学为其直接任务的大学的真正活动,在于它丰富的精神生活,大学借助有秩序的分工合作从事科学研究,追求真理"。"在大学里追求真理是人们精神生活的基本要求,它给大学带来了勃勃生机,是大学进步的条件。"

三是人文精神。作为中华民族精神典籍的四书五经的《大学》,开宗明义就指出了大学精神的真谛:"大学之道,在明明德,在亲民,在止于至善。"人文精神对于一所大学来说是十分重要的,一所缺乏了人文精神的大学所培养出来的学生必然是只有躯体而没有灵魂的、畸形发展的人。爱因斯坦曾经告诫青年学生,"如果你们设想使你们一生的工作有益于人类,那么,你们只懂得应用科学本身是不够的。关心人的本身,应当始终成为一切技术上奋斗的重要目标;关心怎样组织人的劳动和产品分配这样一些尚未解决的重大问题,是以保证我们科学思想的成果会造福人类,而不致成为祸害"。大学不仅是培养科学家和高级人才的摇篮,而且也肩负着对广大的青年学生进行文化陶冶,使广大青年学生成为全面发展的人,使他们学会做人的道理的任务,一句话,学校还肩负着立德树人的使命。大学立德树人的使命主要是通过对广大青年学生进行人文精神教育实现的。大学人文精神主要指在大学中倡导和培育的处理人与自然、人与社会、人与人的关系时的价值观以及建立在这种价值观基础上的行为规范。大学人文精神的目的就是要在人与自然、人与社会、人与人之间建立一种自由、平等、和谐的关系。一方面,它高扬人的自身价值、追求人自身的完善和理想的实现;另一方面,它强调人在从事实践活动,追求真理的过程中要具有强烈的社会责任感和使命感,要发扬和倡导在人与自然、人与社会、人与人之间的和谐发展。

中华民族是一个有着五千年文明史的大国,中华民族在人类的历史上创造出了灿烂的物质文化和精神文化,创造出了优良的文化传统,为丰富和发展世界的文化宝库做出了巨大的贡献。中华民族在自己发展的历史长河中,形成了深入每个中国人骨髓血肉之中的优良传统观念,这些传统观念已经成为中华民族特有的民族象征,将所有中华儿女紧紧相系。有希望的民族往往是尊重自己历史、尊重自己传统的民族。有着上下五千年历史的中华民族,更应该尊重自己的优良传统观念。1990年3月,江泽民同志在中南海怀仁堂与北京大学学生代表座谈时说:"任何一个民族都有自己的传统。我们中华民族之所以能在世界屹立五千年,就是因为我们有着优秀的民族传统和民族精神。"江泽民同志(1997年11月1日)在美国哈佛大学演讲中指出,要了解中国,可以有很多视角。从历史文化来了解和认识中国,是一个重要的角度,因为现实中国是历史中国的发展;中国的文明传统,一直影响着中国人的思维方式、价值观念、理想追求,乃至中国的发展方向;中国人民几千年来形成了团结统一的传统、独立自主的传统、爱好和平的传统、自强不息的传统。这些论断表明,中国的优秀文化传统,至今仍然是实现中国社会主义现代化的精神动力。

文化是人类发展史的投影,任何文化的存在和发展都离不开其他文化,它的形成和发展都是建立在对以往文化的选择、积淀以及自我创新的基础上的。校园文化作为整个社会文化系统中的一部分,它的存在和发展也必然受到以往其他文化的影响。文化传统对校园文化具有重大作用。马克思主义认为,人们自己创造自己的历史,但是他们并不是随心所欲地创造,也不是在他们自己选定的条件下创造,而是在直接碰到的、既定的、从过去继承下来的条件下创造的。因此,校园文化并不是广大师生员工先天就固有的,它是广大师生员工在学校这个特定环境中,一方面,通过自身的创新,另一方面,通过对社会实践和传统文化的继承而发展起来的。校园文化在形成和发展的过程中在继承和发展中华民族优秀传统文化的同时,也逐渐形成了自己的文化传统,校园自身的文化传统是学校文化的核心之一。一个学校的传统文化之所以说是这个学校文化的核心,是因为一个学校的文化传统是这个学校的个性和品格的表现和象征,一所大学之所以能屹立于大学之林最深层的原因,就是它自身所拥有的传统文化。原清华大学校长梅贻琦曾经说过,大学者,非谓有大楼之谓也,有大师之谓也。

(四)校园文化以社会主流文化为指导

校园文化作为一种社会亚文化,它的存在和发展必然要受到其他文化形式的影响,特别是要受到社会主流文化的影响。"无论是这种亚文化的创造者、载体,还是这种亚文化赖以存身的物质基础、文化氛围,都不可能不受到社会文化背景的深刻影响和制约。因此,校园文化是不可能成为独立的、自成体系的、完整的文化类型,而只能是依附于特定社会文化主干上的分枝，它们的根是相同的，即文化的基本精神和文化心理建构在同样的社会经济基础之上。在这一深层领域，社会主导文化占绝对优势地位。正是凭借这种优势，社会主导文化对包括校园文化在内的各种亚文化起着统摄和制约作用。事实上，即使是最具叛逆色彩的亚文化形态，在最深层的文化心理上依然自觉或不自觉地接受了主导文化的影响，依然没有完全摆脱文化传统的渗透和制约。"当前，我国社会主流文化对校园文化的指导，主要是通过反映社会主流文化的政治思想对校园文化发展方面的指导地位体现出来的。1991年7月，江泽民同志在庆祝中国共产党成立70周年大会的讲话中，提出了社会主义文化的基本要求：以马克思主义、毛泽东思想为指导；坚持为人民服务、为社会主义服务的方向和"百花齐放、百家争鸣"的方针；继承和发扬民族优秀文化传统而又充分体现社会主义时代精神。立足本国而又充分吸收世界文化优秀成果，反对民族虚无主义和全盘西化。党的十八大在十七届六中全会关于推动文化大发展大繁荣决定的基础上，更加明确地提出了"扎实推进社会主义文化强国建设"思想和目标，更加全面、系统地阐述了文化在整个社会发展中的地位与作用，把文化建设推向了一个新的高度。这些基本要求，指明了正确的政治方向，明确了文化服务的对象，确定了繁荣文化的方针，科学地处理了社会主义新型文化体系创建过程中的传统与现代、中国与外国的关系。这些基本要求，既是社会主义新型文化体系的重要内容，也为社会主义高校校园文化的建设提供了方向和指导原则。

政治活动是一定阶级的政党、社会集团、社会势力在国家生活和国际关系方面的重大活动。政治指导思想体现政治的方向。历史唯物主义认为，任何一个阶级社会占统治地位的思想都是统治阶级的思想。在我国当前和今后一段时期，夺取中国特色社会主义新胜利，必然要以马克思列宁主义、毛泽东思想、邓小平理论、"三个代表"重要思想、科学发展观为指导，党的十八大报告在文化建设上提出"加强社会主义核心价值体系建设，树立高度的文化自觉和文化自信，兴起社会主义文化建设新高潮，提高国家文化软实力，发挥文化引领风尚、教育人民、服务社会、推动发展的作用"。这些必然主导着校园文化的方向。一方面作为主导思想，规定着现时代校园文化的社会主义方向。我国高等学校是为社会主义现代化建设培养合格人才的摇篮，按照党的教育必须为社会主义现代化服务，必须与生产劳动相结合，培养德智体全面发展的建设者和接班人的教育方针，要求所有这些人才，都应该有理想、有道德、有文化、有纪律，热爱社会主义祖国和社会主义事业，具有为国家富强和人民富裕而艰苦奋斗的献身精神，都应该不断追求新知识，具有实事求是、独立思考、勇于创新的科学精神。这些方针给校园文化打上了社会主义的印记。

另一方面，那些不占统治地位的非主流的社会意识形态，包括消极的、落后的甚至是反动的，也每时每刻地影响着校园文化建设，干扰着校园文化的健康发展。在引进国外先进技术、管理经验的同时，也涌入了代表西方资产阶级自由化思潮，不同阶级的意识形态的矛盾有时表现得十分激烈，资产阶级和无产阶级的渗透与反渗透、颠覆和反颠覆远没有消失。大学作为培养社会主义事业接班人的阵地，校园文化作为这种阵地的环境，面临着不同意识形态的争夺。社会主义的意识形态，邓小平同志建设有中国特色社会主义理论，理所当然成为社会主义校园文化的主导思想，这是中华民族发展的客观要求。校园文化建设必须坚持"为人民服务""为社会主义服务"，培养德智体全面发展的社会主义事业建设者和接班人，这是校园文化建设的根本任务和重要目标。青年学生在校园文化的熏陶下成长，校园文化的特征也必须在其主体的身上反映出来，加强社会主义大学校园文化建设，以马克思列宁主义、毛泽东思想、邓小平理论、"三个代表"重要思想、科学发展观为指导进行校园文化建设，必然会促进社会主义高校校园文化的科学发展。

二、校园文化的特性

校园文化作为一种特殊的文化存在形式，必然有其特性。校园文化的特性，曾经在很多学者的著作中被论述。在这里，我们引用姚荣斌、王旭、罗大中、刘守尧等学者的相关论述进一步进行阐述。

一是时代性。高校肩负着为社会全面发展直接输送建设人才的任务，高校校园文化的内容必然要适应时代的主题，把握时代脉搏，反映时代精神，弘扬时代主旋律。校园文化伴随着高等教育的发展而发展。在高等教育的不同时期，校园文化也显示出不同的存在特征。在高等教育处于精英教育（工业经济时代）的阶段时，校园文化正处于发展的初期阶段，受校园文化所影响的人数极其有限，校园文化所发生作用的范围也具有局限性，当高等教育发展到大众化及普及化的阶段，接受大学教育的人数增多，受校园文化影响的人口大大增加。同时由于校园文化发育成熟，校园文化所发挥的作用及其重要性也凸显出来。接受高等教育的人，不仅学习科学技术知识，而且通过接受高等教育全面提高自己的素质。随着经济发展而不断扩大的高等教育，使受校园文化影响的人数日益扩大，并逐渐涉及社会的多数人群。校园文化的发展也日益完善。由此看来，校园文化是一个不断发展变化的动态过程。因而，校园文化具有鲜明的时代特征。

二是无形性。校园文化并不是某种具有特定存在的物质性存在，而是一种精神性存在，因而是无形的。校园文化所包含的价值观念、理想信念、行为准则、思维方式、校风学风等是以群体心理定势以及氛围存在于师生员工中的，像一只无形的手，推动大家按学校的主导价值观及共同的行为准则去工作、学习、生活，这种影响和作用是无形的，又是潜移默化的，根本无法用物质性的东西去度量、计算，因此校园文化具有无形性。

三是学术性。在以科技竞争为主导的当今社会，作为高科技专业学术领域的主体和参与者，学术竞争力不仅仅是高校品牌含金量的标识，也是决定高校存在和发展的关键，甚至直接关系到一个国家和地区的综合实力的强弱。高校是培养高水平专业人才和科学工作者的重要基地，因此，高校的各项工作及相关校园活动都是围绕学术研究这个主题展开的。所以，高校文化始终处于社会文化发展的前沿，彰显出学术性特征，这也是校园文化区别于其他社会文化的最主要特征。

四是创新性。"文化总是在一定传统基础上发展，但又不断打破旧的传统、建立新的传统。"高校校园文化的产生和发展是一个从广大师生中来，到广大师生中去的双向运动的过程。校园文化在师生从事教学、科研、文娱等实践中吸取营养，在不断改造校园环境的过程中得以升华和发展。校园文化不是一成不变的，而是运动和发展的。校园文化通过师生的不断创造和实践，形成各具特色、影响师生共同信念和追求的精神，从而达到教育师生、感化师生、服务师生的目的。因此，校园文化表现出极大的创新性。

五是辐射性。高校校园文化在其形成和发展过程中，一方面向前人、社会乃至外来文化索取，另一方面又对校园师生、社会产生辐射。校园文化对校园内的每一位成员都产生着影响。校园文化通过丰富多彩的第二课堂，或生动的社团活动，将高品位的文化因素直接辐射到校园中的所有成员，使每一个成员都受到一种启迪。同时，校园文化活动中，各种新观念、新思潮对学生的思想观念、心理素质、行为方式等产生巨大的影响，这些新的观念、思潮逐渐积淀、内化于学生文化心理的深层结构中。随着学生步入社会，这种积淀、内化的观念、意识就会向社会产生一种强大的辐射，进而对弘扬整个民族文化和民族精神起着积极的影响和作用。

六是社会性。校园文化是整个社会文化体系中的一部分，它作为一种社会亚文化，具有一定的社会性。任何文化都是社会性的文化。校园文化作为一种社会亚文化，它依赖于人类活动及各种中介形式，如物质工具形式、语言符号形式、社会关系形式、以及由各个民族在历史过程中所形成的各种约定俗成的形式，依赖于人类创造的物质和精神财富。因此，从这种意义上说，校园文化具有一定的社会性。

七是历史性。文化本身就是历史沉淀的产物，任何一种文化都是在以往文化基础上形成的。因此，校园文化同历史的联系不可分割。这里所指的历史，不仅仅包含学校的历史，还包括学校所在国家的民族历史、文化历史。校园文化品位的构建，需要历史的沉淀，时间的锤炼。只有经过历史和时间考验的校园文化才是持久的和最具有感染力的。校园文化是随着社会的发展而发展的，它是一个活生生的、流动着的、不断创造的过程。任何条件下的校园文化，总是具有相对的意义，而整个人类的文化的发展是永无止境的。因此，相对于整个人类的文化来说，校园文化表现出了它的历史性。

八是伦理道德性。道德与文化之间的关系是十分密切的，文化从一定程度上反映了道德水平的高低。高校校园文化具有强大的德育功能，它旗帜鲜明地倡导和督促广大师生员工，形成并遵守一种为大众所认可的道德准则。高校是培养高素质人才的地方，高品位的校园文化必将会培养出有道德、明辨是非、具有完全人格的人才。蔡元培先生在他的大学理念中认为"完全人格"是其追求的理想目标，其内涵就是"培养学生之完全人格"，使之成为一个真正意义上的"人"。校园文化的伦理道德性，不仅要求高校培养出具有一定技能的高素质人才，同时对于学生的思想品行、道德规范也有所要求，是将人性中的真善美等人们追求的共同价值统一起来的重要工具。

九是开放性。列宁曾指出："人类的整个经济、政治和精神生活，在资本主义社会制度下已经越来越国际化了。社会主义把它完全国际化了。"当今世界是一个开放的世界，社会是一个开放的社会，校园文化作为一种社会亚文化也表现出极大的开放性。历史证明，一切夜郎自大、闭关自封的文化形式都将被历史所淘汰。

第三节 校园文化系统的主要内容

由于我们把校园文化的质的规定性理解为精神文化，所以，我们对校园文化系统的理解也是基于这一基础之上的。因此，我们把校园文化系统理解为是以师生广泛认同的人文精神、价值观念、理想信念、校风等为主要内容的精神文化系统。

一、大学人文精神

"人文精神是人性（人类对于真善美的永恒追求以及表现在这种追求中的自由本质）的展现，这种追求表现着人类对于自己所从来的外在自然和自己的内在自然（动物式的情欲）的自觉超越，使人的感性生活具有日益丰富而高级的文化品位，从而把人与自然界区别开来；这种自觉超越同时又意味着人能够以自身的尺度去从事自由的创造性活动，不断地从精神的必然王国向自由王国飞跃；因此，人文精神本质上是一种自由的精神、自觉的精神、超越的精神。也正是因为如此，人文精神表现为一种既根源于人类的至性至情，又超越于实用理性之上；既体现着人类对于美好生活的追求，而又有与宗教的彼岸世界迥然有别的目的观和价值观。"人类通过劳动将自身从自然界中提升出来,并在此基础上不断地使自身得到发展,一方面使人类的物质生活得到发展,同时也提高了人类的精神生活,使人类的精神修养、精神境界得到逐渐的完善。"人文精神是整个人类文化所体现的最根本的精神,或者说是整个人类文化生活的内在灵魂。它以追求真善美等崇高的价值理想为核心,以人自身的全面发展为终极目的;它是人类对人世探求和处理人世活动的理想价值追求和行为规范的集中表征;是人类对人世探求活动及其成果在精神上的沉积和升华。其核心是主张以人为本,强调人的价值和尊严,重视对人类处境的无限关怀。"

当前,我国高校的人文精神包括以下两方面。

一是中国传统思想的人文思想和人文精神。中国的传统思想文化中,"人文"一词最早见于《周易》:"刚柔交错,天文也;文明以止,人文也。观乎天文,以察时变;观乎人文,以化成天下。"对这句话的解释,黄自珍进行了详述的论述。他认为,"天文"指的是自然界的运行法则,"人文"则是指人类社会的运行法则。具体地说,"人文"的主要内涵是指以礼乐为教化天下之本,以及由此建立起来的一个人伦有序的理想文明社会。《大学》就有了"大学之道,在明明德,在亲民,在止于至善"之说,这充分体现了中华民族人文精神的渊源。"明明德"和"亲民"即是自明其德之后,要教化人民,造福人民,使之明其善性。"止于至善"则是个体道德与社会伦理达到的最高境界。儒家提倡"仁者爱人""己欲立而立人,己欲达而达人""己所不欲,勿施于人"。中国传统思想中所蕴含的人文思想和人文精神是我们无价的精神财富,它所倡导的自强不息、刚健有为、厚德载物、修己安人、以人为本、诚实守信等思想,对今天的思想道德教育仍有巨大的价值。又如,中国传统思想所提倡的注重家庭伦理道德秩序、重视人和自然和谐的天人合一的关系、注重个人德性的要求等,对当代大学生树立新的人生观、价值观有着重要意义。

二是马克思主义理论的人文思想和人文精神。马克思主义理论一直以来是我国高校思想道德教育的重要内容之一。马克思主义理论中包含了巨大的人文思想和人文精神,因此,对大学生进行马克思主义理论教育,可以极大地提高和培育当代大学生的人文思想和人文精神。全人类的解放始终是马克思、恩格斯等伟大革命家毕生的愿望和奋斗目标。马克思、恩格斯指出,人的自由而全面发展的共产主义社会是人类奋斗的最终目标,因此,共产主义理想是人类社会所追求的终极旨趣和最高价值规范。马克思主义就是关于人类解放和实现人的全面发展的学说。马克思主义的最高价值追求就是要实现人的全面解放,使人从异化劳动、从种种束缚自己的不合理制度中解放出来。人类所具有的可能性以及人类本质的自由性决定了人的实践对象化活动的无限性,进而导致了能力的丰富性,从而也就表现了人的能力的全面发展。人的主观要求实现自由解放,同时在现实活动中又逐渐向这一目标靠近,马克思主义的人文精神学说的强大魅力,就在于它始终把人的理想和现实紧密联系,使人的理想成为可望又可及的能够得以实现的东西。

二、大学理想信念

理想信念对每一个当代的大学生来说,是一个具有巨大魅力的字眼。理想信念就像是每一个大学生人生的太阳一样,驱散了他们前进中的迷雾,为他们照亮了前行的道路,理想信念又像强劲的东风,鼓起了大学生生命的风帆。理想信念既是大学生人生的方向,又是他们人生的动力。无数事实告诉我们这样一个道理,一个没有理想信念的人,就如同大海中的一叶无人驾驶的扁舟,随时都有可能被狂风暴雨、肆虐的海浪所吞噬。

所谓理想,就是人们在实践中形成达到具有实现可能性的,对未来的向往和追求,是人们的政治立场和世界观在人生奋斗目标上的表现。人们总是以理想为中心,构成自己的全部精神生活,它是人们的精神支柱,是指路的明灯,激励着人们努力奋斗。因此肩负着振兴中华这一历史重任的大学生,确立奋斗目标,树立远大理想,显得尤为重要。作为一种"信念",使人们对校园文化中蕴含的理想、道德等赋予了一种特殊的价值评价。人的实践之所以被马克思称为"自由自觉的活动",就在于人的活动不是对客体的简单的顺应和同化,而是依据一定目的或信念对客体的改造和创新。人的进化和文化的发展,也同样在于人能够在现实的环境和条件下,不断实现对当前境况的突破与超越。那些创新的意愿和超越的追求,就是人特有的理想活动的表现。现代社会生活以及个性的发展,使人们的价值认识和追求越来越强调自我设计和自我选择的自由度,而社会文化与科学的发展又给这种多元的倾向提供了巨大的可能性。校园文化的理想信念为现实生活的改观、文化的突破和创新提供了可以选择的指向性目标和指导性建议。树立崇高的理想、自强不息,是校园文化中体现出来的精髓。没有崇高的理想,绝对不可能成才;没有崇高的理想,也绝对不可能勤奋,不可能坚持勤奋;没有勤奋坚持,也不可能创新。

三、大学道德观念

"所谓道德是人们依靠内在信念,社会舆论和传统习惯来调整人们之间、个人与社会之间关系的行为准则和规范的总和。道德是一种社会历史现象,是人类在长期的物质生活和生产实践中逐步形成的。无产阶级道德,即共产主义道德,是无产阶级和劳动人民利益的反映,是人类历史上最崇高的精神境界。"关于道德和文化之间的关系问题,很多学者都做出了深刻的论述。在此,我们仅以崔梅学者在《言语道德与儒家伦理观》中的论述进行更深一步的阐释。道德活动是人类文化活动的一部分,它所担负的历史使命与人类文化的根本目的和内在精神是相一致的。同时,道德的性质及其作用,主要取决于人类文化在历史中所呈现的整体性质,取决于构成文化整体的其他部分发展的历史水平。因此,道德又是在文化的系统运动中生成和发展的,并且始终是作为文化系统整体运行的组成部分来发挥其全部功能的。历史表明,人们的文化状态是怎样的,他们就会选择怎样的道德方针和道德行为。在这个意义上,我们又可以说,道德现象犹如人类文化状况的一面镜子,从一个人的道德表现和道德人格,往往可以发现他的完整人格和文化水平;从一个社会或群体的道德构成和性质,同样能够窥见这个社会文化系统的整体特征。道德观念是校园文化系统中精神文化建设的组成部分。道德观念构成了校园文化精神的深层基础,也构成了师生的思维方式、意识形态和评价体系的深层基础,它对培养心理、体魄健康的人才具有巨大的作用。当前,我国的高校对广大青年学生进行道德素质教育,就是为了让他们树立和培养良好的道德观念。大学生的道德素质教育包括爱祖国、爱人民、爱劳动、爱科学、爱社会主义教育、社会公德、职业道德、家庭美德的教育。对大学生进行道德素质教育就是使大学生接受和遵循社会主义的道德规范体系,自觉履行道德责任和义务。培养大学生树立社会公德、社会主义道德品质、共产主义道德品质及相应的文化行为习惯。对大学生进行"五爱"教育就是使其树立为祖国、为人民、为劳动、为科学、为社会主义做贡献的道德标准和人生价值取向。对大学进行社会公德、职业道德、家庭美德的教育就是使其养成为社会、为自己、为家人做贡献的道德情操。

第二章　高校校园文化的显性形态与隐性形态

第一节　高校校园文化显性形态的主要内容

高校校园文化的显性形态是指内涵高校自身特有的文化传统、大学精神、思维方式的行为实践活动，它主要包括以下三个方面的内容：思想政治教育活动、学术研讨活动、文体娱乐活动。

一、思想政治教育活动

加强大学生思想政治教育，引导大学生树立共产主义理想，树立正确的世界观、人生观、价值观，是高校一项长期而艰巨的任务。进入21世纪，随着我国改革开放进一步深化和世界经济、政治形势的新发展和新变化，我国高校思想政治教育也面临新的机遇和挑战。因此，我们必须始终如一地加强大学生的思想政治教育，积极探索大学生思想政治教育的新内容和新方法。

（一）思想政治教育活动对校园文化的重大意义

思想政治教育活动作为校园文化的显性形态之一，对校园文化建设具有重大的意义。思想政治教育活动是校园文化建设的重要内容、中心环节和重要保障。

首先，思想政治教育是校园文化建设的重要内容。中共中央在2001年颁布的《公民道德建设实施纲要》中就指出："各级各类学校必须认真贯彻党的教育方针，全面推进素质教育，把教书与育人紧密结合起来，把道德教育渗透到学校教育的各个环节。"以思想道德建设为重要内容的文化育人方式的提出，不仅是一种概念的变化，更是一种思想观念的转变。它要求我们在新的历史时期，必须把思想政治教育作为高校教育体系的重要内容，把思想政治教育和高等学校教育的根本任务和大学生素质能力的全面提高密切地结合在一起，扩大高校教育的外延，丰富高校教育的内容，拓展高校教育的渠道。

其次，思想政治教育是校园文化建设的中心环节。建设校园文化的目的就是为育人提供良好的文化氛围和条件，而具有良好教育的高素质人才又对校园文化建设具有巨大的推动作用。在我国当前的高等教育过程中思想政治教育居于首要地位。教育的根本任务就是教书育人，《高等教育法》明确规定："高等教育的任务是培养具有创新精神和实践能力的高级专门人才，发展科学技术文化，促进社会主义现代化建设。"《公民道德建设实施纲要》也明确提出："以马克思列宁主义、毛泽东思想、邓小平理论为指导，全面贯彻江泽民同志'三个代表'重要思想，坚持党的基本路线、基本纲领，重在建设、以人为本，在全民族牢固树立建设有中国特色社会主义的共同理想和正确的世界观、人生观、价值观，在全社会大力倡导爱国守法、明礼诚信、团结友爱、勤俭自强、敬业奉献的基本道德规范，努力提高公民道德素质，促进人的全面发展，培养一代又一代有理想、有道德、有文化、有纪律的社会主义公民。"因此，对当代大学生进行思想政治教育就成了校园文化建设的中心环节。

最后，思想政治教育是校园文化建设的重要保障。高校校园文化建设是一个系统工程，要维护这个系统工程的有效运转就要有相应的机制作为保证。例如，制度保障、管理保障、政治保障、思想保障和道德保障等。作为高等学校教育重要内容的思想政治教育就为高校校园文化建设提供重要的政治保障、思想保障和道德保障。通过对大学生进行政治素质教育使大学生具有正确的政治方向、端正的政治立场和牢固的政治观点，从而为校园文化建设提供强大政治保障。通过对大学生进行思想政治教育使其树立马克思主义的世界观、人生观和价值观，同时树立坚定的爱国主义、集体主义和共产主义信念，从而为高校校园文化建设提供强大的思想保障。通过对大学生进行思想政治教育使其树立社会公德、社会主义道德品质、共产主义道德品质及相应的文化行为习惯，从而为高校校园文化建设提供强大的道德保障。

（二）思想政治教育活动的形式

首先是政治素质教育。江泽民同志在中共十六大报告中指出："发展社会主义民主政治，建设社会主义政治文明是全面建设小康社会的重要目标。"这是中国共产党第一次明确地提出建设社会主义政治文明，并把它与物质文明和精神文明并列确定为全面建设小康社会的重要目标。建设社会主义政治文明，需要全体社会成员具备高度的政治素养。当代大学生是国家和社会发展的重要力量，大学生的政治素质关系到整个社会主义政治文明建设的全局。大学生是朝气蓬勃的年轻的一代，是祖国和民族的未来，肩负着推动中国走向世界、实现中华民族伟大复兴的历史重任。因此，加强大学生的政治素质教育，不断提高当代大学生的政治觉悟是当前我国高校思想政治教育的重要内容。

马克思主义认为，政治的实质是阶级、政党以及国家之间的关系。由于各个阶级、政党、国家所代表的经济利益不同，因此，它们彼此之间的政治关系和政治性质也是不同的。马克思主义不仅认为经济决定政治，而且同时认为政治是经济的表现形式，因此，各种经济利益总是要通过一定的政治行为、政治手段来实现，在世界上无论是哪个阶级、政党、国家无不重视政治，无不强调它们的成员必须具有一定的政治素质，无不加强对本国人民的政治素质教育。在当今世界，不讲政治的阶级、政党和国家是根本不存在的，同时，超政治的教育也是不可能的。一个人如果具有了较高的政治素质，就有可能对社会的进步做出应有的贡献。1919年爆发的"五四"运动、1935年爆发的"一二·九"运动以及在解放战争时期的学生民主运动与大学生反对卖国、反对军阀统治、反对日寇的侵略、反对蒋介石的独裁统治等政治活动都对社会进步起到了巨大的推动作用。这些运动的爆发和所实现的推动社会进步的巨大作用与学生具有正确的政治方向、端正的政治立场和牢固的政治观点是分不开的。

正确的政治方向、端正的政治立场和牢固的政治观点是每一个当代大学生应该具备的政治素质。而较高的政治素质的培养和形成是与教育分不开的，因此，要注重加强教育在政治素质培养中的主导性地位和作用。当前加强大学生的政治素质教育主要包括对大学生进行政治立场、政治观点、政治信念和政治理想的教育。正如江泽民同志所指出的那样："我这里所说的政治，包括政治方向、政治立场、政治观点、政治纪律、政治鉴别力、政治敏锐性。"政治素质教育的过程就是高等学校通过科学的、有计划的、有目的的、有组织的教育实践活动和各种社会活动使大学生获得明确的政治方向、端正的政治立场和牢固的政治观点的过程。对大学生进行政治素质教育的目的就是要充分唤醒和激发学生的潜能，使学生的政治素质得到最大程度的发展和完善，从而形成为实现社会主义现代化事业乃至于共产主义社会所必备的正确的政治方向、端正的政治立场和牢固的政治观点。

其次是思想素质教育。当今世界已经进入了知识经济时代，以经济为核心的综合国力的竞争日趋激烈。教育在综合国力的竞争中处于基础地位，国力的强弱越来越取决于劳动者的素质。而在劳动者的各种素质中思想素质是最重要的素质。大学生是国家的栋梁，是祖国和民族未来的希望，大学生的素质直接影响我国的综合国力与在国际上的竞争力。由于思想素质在人的各种素质中处于基础和支配的地位，因此，大力加强大学生的思想素质教育就成了当前我国高校思想道德教育的一个重要内容。

思想素质教育就是要通过运用马克思列宁主义、毛泽东思想、邓小平理论、"三个代表"重要思想和科学发展观对大学生进行理想信念、思想品德、价值取向等方面的教育，激发和唤醒他们自身的一些品格和潜能，解决他们的精神支柱和精神动力的问题，使他们牢固树立马克思主义的世界观、人生观、价值观，进而培养他们成为有理想、有道德、有文化、有纪律的"四有"新人。

对大学生进行思想素质教育主要包括对大学生进行马克思主义的世界观、人生观、价值观教育和爱国主义、集体主义、社会主义的教育。对大学生进行马克思主义的世界观教育就是要求大学生用辩证唯物主义和历史唯物主义来对待自然界和人类社会的发展；对大学生进行马克思主义的人生观教育就是要求大学生在人生目的、人生态度、人生理想等方面牢固树立要为绝大多数人谋利益，全心全意为人民服务的观念；对大学生进行马克思主义的价值观教育就是要求大学生在处理个人、集体、国家的利益关系过程中，大力提倡和弘扬个人要服从集体,为集体和国家创造价值的信念。对大学生进行爱国主义教育就是要求大学生拥有强烈的爱国热情和忠诚于祖国的行为,使大学生树立保卫祖国安全和维护祖国尊严的决心和意志,培养大学生的爱国责任感和义务感。集体主义作为一种价值取向,必须提倡个人利益要服从全局和整体利益,必须大力弘扬奉献和牺牲精神。对大学生进行集体主义教育就是教育大学生要正确地处理个人与集体、个人与社会、个人与国家之间的关系,正确处理好个人利益与集体利益、个人利益和国家利益之间的关系,使大学生树立一种大公无私,一切以人民群众的根本集体利益为出发点的思想。对大学生进行社会主义教育就是使大学生认清社会主义代替资本主义是人类社会发展的必然趋势,使大学生树立坚定的社会主义信念和强烈的民族自尊心,同时使大学生充分认清当前国际共产主义运动的现状。

最后是道德素质教育。《中共中央、国务院关于深化教育改革,全面推进素质教育的决定》指出:"实施素质教育,就是全面贯彻党的教育方针,以提高国民素质为根本宗旨,以培养学生的创新精神和实践能力为重点,造就'有理想、有道德、有文化、有纪律'的德、智、体、美等全面发展的社会主义事业的建设者和接班人。"这些素质不仅包括科学素质、文化素质、身体素质、心理素质,而且也包括道德素质。道德素质教育对当代大学生具有十分重要的作用,正如但丁所说:"道德常常能填补智慧的缺陷,而智慧却永远也填补不了道德的缺陷。"爱因斯坦也指出:"用专业知识教育人是不够的,通过专业教育,他可以成为一种有用的机器,但不能成为和谐发展的人。要使学生对价值有所理解,并产生热烈的感情,那是最基本的。否则,连同他的专业知识就像一只受过很好训练的狗,而不像一个和谐发展的人。"

在中国古代,人们就一直倡导"百行德为首"的价值理念,认为道德不仅是做人的准则,更是为人的根本,并把对受教育者的道德素质的培养作为整个道德教育和道德修养的核心内容。"道德素质主要包括道德意识和道德品质两个部分。道德意识包括道德观念、道德情感、道德意志、道德信念、道德理想等。""道德品质,简称品德,是指个人依据一定道德行为准则行动时所表现出来的某些稳固的心理特征,它是个性中具有道德评价意义的核心部分。每种道德品质都包含有四种心理成分,即道德认识、道德情感、道德意志和道德行为方式。一种道德品质的形成,不只要具备上述四种心理成分,而且特别要使道德行为方式变成行为习惯。"大学生的道德素质教育包括爱祖国、爱人民、爱劳动、爱科学、爱社会主义、社会公德、职业道德、家庭美德的教育。对大学生进行道德素质教育就是使大学生接受和遵循社会主义的道德规范体系,自觉履行道德责任和义务。培养大学生树立社会公德、社会主义道德品质、共产主义道德品质及相应的文化行为习惯。

（三）思想政治教育活动的育人功能与价值取向

第一，要培养坚定的政治素养。当今世界任何国家从来也没有停止过巩固和发展自身在世界中的地位和作用，而国家的地位和作用是通过国家的职能来实现的。国家要充分地行使自身的职能就要通过思想政治教育培养出具有较高政治素养的人。高校作为我国培养高素质人才的重要基地，通过对大学生进行思想政治教育，大学生具有了正确的政治方向、端正的政治立场和牢固的政治观点，进而成为祖国建设的合格者和接班人。

第二，要树立正确的思想观念。始终加强和改进大学生的思想观念是我国高等学校思想政治教育的一项重要内容。运用马克思列宁主义、毛泽东思想、中国特色社会主义理论体系对大学生进行理想信念、思想品德、价值取向等方面的教育，使大学生树立马克思主义的世界观、人生观、价值观、事业观、家庭观和爱情观，同时也坚定了大学生的爱国主义、集体主义和社会主义信念。

第三，要养成良好的道德情操。道德情操的培养始终是我国教育的重要内容，因此，对大学生进行道德情操的养成教育就成了我国高校思想政治教育不可分割的一部分。思想政治教育的道德教育功能与价值主要体现在通过对大学生进行"五爱"教育。

二、学术研讨活动

21世纪是知识经济时代，知识经济对我国高等教育的人才培养提出了新的挑战，它要求我们培养的人才不仅要具备创新意识、竞争意识，而且还要具备创新能力、竞争能力，因此，开展丰富多彩的大学生学术研讨活动，对培养适应知识经济需要的人才具有重要作用。江泽民指出，人类已进入信息时代，世界科学技术的发展日新月异，知识经济已初见端倪。知识经济的基本特征就是知识不断创新，高新技术迅速产业化。而要加快知识创新，加快高新技术产业化，关键在人才，必须有一批又一批的优秀年轻人才脱颖而出。高校肩负着培养优秀年轻人才的重任，能不能培养出适应未来知识经济需要的新型人才，关系到中国在21世纪的地位的高低，关系着中华民族的兴衰成败。

（一）学术研讨活动的形式

一是学校内部学术研讨活动。学校内部的学术研讨活动是当前我国高校学术研讨活动的基本形式。它主要包括院系内部以及院系之间的各种学术研讨活动。现代科学技术发展的重要趋势和特征是多学科的综合与交叉。现代科学技术发展的趋势和特征要求我们在高等教育的学科建设和高等教育的内容和方式上都要采取新的措施和新的思维方式来适应新的要求和变化。因此，如何促进高校各学科间的交叉以及本学科内外之间的交叉合作是科学研究领域亟待解决的问题。高校内部的学术研讨活动为解决这个问题提供了切实有效的方法和途径。

由于每个教师、科学工作者以及广大大学生的时间和精力是有限的,因此,他们不可能精通自己专业或自己学科以外的其他所有专业和学科的知识,这样,学术研讨活动就为他们打开了了解其他专业和学科发展的动态及其他学科所取得的最新成果的方便之门。

二是国内校际学术研讨活动。国内校际学术研讨活动是当前我国高校学术研讨活动的主要形式。国内校际学术研讨活动是指国内不同学校之间的学术交流活动,它主要包括同一地区不同学校之间的学术研讨活动和不同地区的学校之间的学术研讨活动。国内校际学术研讨活动的作用有:第一,有利于合理的配置科研设备。由于每个高校都是独立的教育实体,为了进行科学研究就要投入大量的资金购买科研设备,这样难免造成各高校之间资源的重复投入和建设。但是,通过不同学校之间的学术交流彼此之间增进了了解,从而可以共享科研设备,这样就可以避免学术资源的重复投入与建设,从而大大提高各高校科研资金的使用效能,使科研设备得到合理的配制。第二,有利于人才的合理流动。各高校之间通过学术研讨活动不仅可以合理地配置科研设备,而且,可以促进人才的合理流动。人才是学术研究的最重要力量,只有具备了高素质的人才,科学研究才能得以顺利地进行,才有可能取得预期的效果。各高校之间通过学术研讨活动,能够促进人才的合理流动,彼此之间可以取长补短,从而大大改进各高校之间高素质人才的配置,同时也更有利于各高校的学科建设。因此,各高校之间的学术研讨活动将有利于各种学科的交叉和渗透;有利于各种学科的边缘学科向纵深发展;有利于培育新的学科生长点,并最终形成和发展为新的学科。第三,有利于高新技术的推广。我国的高等学校不仅是育人的重要基地,而且是我国科学技术研究的重要部门。各高校具有得天独厚的科研条件,高校不仅具有先进的科研设备,更为重要的是高校聚集了大量的高素质的科研人员。各高校每年都会研发出很多的高新技术,各高校之间的学术交流,不仅可以大大加快高新技术的推广速度,而且可以加快各高校科学研究的步伐。

三是国际校际的学术研讨活动。21世纪是知识经济时代,知识经济时代对我国的高等教育提出了新的要求。我国的高等学校作为培养高素质人才的重要基地,必须要抓住现代科学发展的脉搏,紧跟现代科技发展的步伐。这就要求我国高校的学术研究必须走国际化发展的道路。科学是无国界的,科学是人类共同的财富,是人类集体智慧的结晶,因此,科学是可以由全人类共享的。目前,虽然我国高校的科学研究取得了长足的发展,但与国外高校的发展状况相比,还存在很大的差距。因此,我国高校的科学研究不能只停留在国内高校之间的学术交流,要走向世界,要把自身的研究融入国际研究的大环境、大舞台中。国际校际的学术研讨活动,延伸了我国高校与国外高校进行学术交流的广阔舞台和空间。通过与国外高校之间的学术交流使我国的高校获得了相关学科的新理论、新趋势、新经验和新技术。国际校际的学术研讨活动往往交流和探讨的都是相关学科领域发展的最前沿的内容,参加学术研讨活动的成员也是相关学科的知名学者和专家。通过这样高水平的学术研讨活动,可以使我国高校相关学科的工作者进一步提高自身的专业水平,开拓思路,扩展视野,并可以及时有效地了解相关学科的最新研究动态,并可以不断提高自身的科学研究水平,提高自身的科学研究起点,增强自身的科研创新能力。

（二）学术研讨活动的特征

一是学术研讨活动的自由性。"学术在本质上必然就是独立的、自由的,不能独立自由的学术,根本上不能算是学术。学术是一个自主的王国,它有它的大经大法,它有它的神圣使命,它有它特殊的广大的范围和领域,别人不能侵犯。假如学术,只是政治的工具,文明的粉饰,或者为经济所左右,完全成为被动的产物,那么这一种学术,就不是真正的学术。因为真正的学术是人类理智和自由精神最高的表现。它是主动的,而不是被动的,它是独立的,不是依赖的。"在我国,提倡学术自由的传统源远流长,我国高等学校历来也十分重视学术活动的自由性。"百花齐放,百家争鸣"一直是我国高等教育长期坚持的一贯方针。高等学校是一个相对独立的教学与研究机构,学术自由、兼容并蓄是每一个高校应具备的普遍精神。"中国教育史上,蔡元培奠定了学之为大的基本准则和文化精神,推行北京大学兼容并蓄、学术独立、思想自由的精神,主张学术自由、相容并包,至今已形成科学、民主、宽松、自由,近乎'无为而治'的校园人文精神。清华大学梅贻琦校长立其教育思想为'三大支柱',即'通才教育、教授治校、学术自由'。"我国目前存在的各种学术研讨的形式也充分体现了学术活动的自由性。学术活动的自由性主要表现在,形式的自由性、内容的自由性和参加者的自由性。学术活动的自由性,使学术活动突破了不同学科、不同领域、不同学校、不同地域、不同国家之间的限制,大大加强了学术交流。

二是学术研讨活动的广泛性。学术研讨活动的广泛性主要是指学术研讨活动参加者的广泛性和内容的广泛性。目前在我国高校中参加学术研讨活动的人员,既有国际国内知名的学者专家又有在校的大学生和普通的工作人员,这种学术研讨活动参加者的广泛性是其他的学术交流活动所无法比拟的。内容的广泛性是指高校的学术研讨活动的内容是多种多样的,既有关于自然科学领域的内容,又有关于人文科学领域的内容;既有关于学科前沿领域的内容,又有关于学科基础领域的内容;既有关于相同学科之间的内容,又有关于相邻学科之间的内容。因此,目前我国高校的学术研讨活动呈现出一派欣欣向荣的景象。

三是学术研讨活动的创新性。学术研讨活动的创新性是指通过学术研讨活动可以营造创新的氛围、激发创新的潜能、培养创新思维、形成创新能力。大学生是国家和社会未来的主要建设者和接班人,大学生素质的高低直接关系到国家和社会的发展情况的好坏。因此,对大学生进行素质教育特别是创新素质教育就显得尤为重要。高校学术研讨活动最重要的本质就是探索和创新,而大学生是学术研讨活动中最活跃和最积极的因素。

四是学术研讨活动的社会性。学术研讨活动的社会性主要指学术研讨活动所形成的成果可以为学术活动的研讨者和学术活动的主办单位带来一定的利益,从而使学术研讨活动带有一定的利益性的特征。"到了二十世纪,购置仪器和雇佣技术人员需要大量开支,已使科研成为业余爱好者几乎完全不敢问津的活动。把渴望认识自然与增加个人收入截然分开的传统已被远远抛弃。现在几乎所有的科学家都把科研作为一种职业,这种职业也是他们收入的来源。无论是由政府还是由工业界支持,他们所处的职业结构都鼓励他们拿出实实在在的而且往往在短期内就能取得的成果。今天没有几个科学家能够等待子孙后代来判断自己的工作:如果看不出他们能够马上和不断地取得成果,他们所在的大学可以拒绝聘用他们担任终身职务,联邦政府的资助和合同就会很快地中断。"从这段话里我们一方面要承认科学家从事科学研究具有一定的社会性,但另一方面我们也要看到科学研究转化为现实生产力的重要性,如果科学研究所取得的学术成果不能转化为现实的生产力,不能带来现实的利益,那么这种科学研究就会被社会所拒绝和抛弃。学术研讨活动为学术研究成果迅速转化为现实的生产力提供了广阔的平台,为学术成果的所有者带来了现实的利益,从而使高校学术研讨活动具有社会价值。

(三)学术研讨活动的价值与功能

第一,开阔高校师生的学术视野。"博学笃志,有容乃大。"高校通过定期举办学术研讨活动,聘请国内外知名的学者和专家为大会做报告,他们所带来的学术新观点、新思维方式、新成果都大大开阔了高校师生的眼界,使他们了解到了相关学科最新的发展态势和走向,从而开阔高校师生的学术视野。

第二,为高校师生提供理论探讨的平台。科技创新和理论的发展都离不开相互借鉴和互相探讨,这样才能做到取长补短、兼蓄并茂。通过学术研讨活动,使高校师生进一步提高自身的专业水平,开拓思路,扩展视野,并可以及时有效地了解相关学科的最新研究动态,不断提高自身的科学研究水平,提高自身的科学研究起点,增强自身的科研创新能力。因此,高校学术研讨活动为高校师生提供了理论探讨的平台。

第三,有利于增强高校师生的创新能力与创新意识。创新能力和创新意识是人才培养中的重要内容。创新是学术活动的本质特征。高校通过长期举办学术研讨活动就会营造出良好的创新氛围。高校学术研讨活动所采取的宽松的环境、自由的方式等都十分有利于大学生自我意识的发挥，从而大大激发他们的创新意识和创新思维。高校学术研讨活动所营造的创新氛围、对学生创新意识的激发、创新思维的培养势必会最终形成学生创新能力。因此，高校学术研讨活动有利于增强高校师生的创新能力和创新意识。

第四，有利于扩展校际的交流。高校之间的学术研讨活动不仅可以增进各高校的学术交流与发展，更为重要的是它有利于扩展校际的交流。一定的学术思想必定蕴涵着一定的文化理念和传统。产生于高校的学术思想也必定带有特定的校园文化传统、校园精神、人文理念、学科建设等，这种带有特定校园文化传统和校园精神的学术思想通过校际的学术交流就会互相产生一定的影响。因此，学术研讨活动有利于扩展校际的交流。

第五，有利于加快科技进步的步伐。我国的高等学校一方面是培养高素质人才的重要基地，另一方面也是国家重要的科研部门。作为国家重要的科研部门，我国的高校每年都为国家和社会贡献了大量的科学技术。高校的科学研究是与高校学术研讨活动分不开的。通过学术研讨活动，一方面既可以合理地配置科研设备又可以促进科研人员的合理流动，另一方面既大大加快了学术成果向现实生产力转化的速度又使学术成果最终转化为现实的利益，这样就会形成一种良性的循环系统。因此，学术研讨活动有利于加快科技进步的步伐。

三、文体娱乐活动

（一）文体娱乐活动的形式

一是校园文艺活动。校园文艺活动是指在校学生利用业余时间，为了丰富业余生活所开展的一系列的活动和比赛。它主要包括校园歌咏大赛、校园朗诵大赛、校园辩论大赛等一些形式。每年我国的各高校都会举行一系列的大型文艺活动，例如，由教育部主办的"五月的鲜花"活动创办于2001年，迄今为止已连续举办了6届。从杭州策划会上的孕育到珠海暴雨中的直播，从"鲜花"标志在重庆大学诞生到武汉大学珞珈山下人如海、歌如潮的壮美场面，从中国人民大学明德广场的激情澎湃到吉林大学校长从教育部部长周济手中接旗的那一刻，代表着中国高校校园文化建设特点的"五月的鲜花"就这样一步步走进中国的大学校园。"五月的鲜花"从不同形式、不同侧面展现了高校开展文化素质教育的丰硕成果，弘扬了时代主旋律，它已经成为推进大学生文化素质教育、展示大学校园文化、反映我国高等教育事业与时俱进的伟大实践，展现当代大学生爱党、爱国、爱社会主义、爱人民的情怀和风貌的平台。

二是校园体育活动。校园体育活动主要指在校园内所举行的一系列有关体育的运动，它主要包括：校园球类运动、校园棋牌运动、校园武术运动等形式。《中共中央国务院关于深化教育改革，全面实施素质教育》中指出："实施素质教育，就是全面贯彻教育方针，以提高国民素质为根本宗旨,以培养学生的创新精神和实践能力为重点,造就'有理想、有道德、有文化、有纪律'的,德、智、体、美等全面发展的社会主义事业建设者和接班人。"《中华人民共和国教育法》第五条规定:"教育必须为社会主义现代化建设服务,必须与生产劳动相结合,培养德、智、体等方面全面发展的社会主义事业的建设者和接班人。"这里所说的"体"指的就是体育,开展体育运动的基本目的,就是培养劳动者、建设者和接班人所必须具备的强健体质。高校作为培养社会主义事业的建设者和接班人的重要基地历来十分重视对大学生体质的锻炼。校园体育活动是存在于学校这一特定环境中的一种校园文化形态。校园体育活动是校园文化中最活跃、参与人数最多、开展最广泛、持续时间最长、对学生产生影响极其深远的文化形态。校园体育活动蕴涵着"公平竞争、团结协作、自强不息、自信不止"的体育精神,"更快、更高、更强","团结、友谊、进步","重在参与","公平竞争"等奥林匹克精神,也深藏在校园体育活动的底蕴之中。

(二)文体娱乐活动的价值与功能

第一,丰富学生的业余生活。高校既是学生学习的地方,又是他们生活的地方;高校既要为学生提供良好的学习环境,又要为他们提供优良的生活空间。因此,高校通过长期开展各种文体活动可以大大丰富学生的业余生活。第二,陶冶学生的情操。校园文体活动对学生的影响是潜移默化的。学生参加一次球赛,看一场电影,听一次演讲都会受到一次教育。通过文体活动使学生认识到公平竞争、团结协作的重要性,认识什么是真善美,什么是假丑恶,什么是正义,什么是非正义,从而陶冶了他们的高尚道德情操。第三,培养学生的综合能力。文体竞赛活动是活跃校园文化生活进行文化素质教育的常用形式之一。俗话说得好,"台上一分钟,台下十年功",文体活动对大学生的综合素质和能力具有很高的要求。它要求参加者既有丰富的知识、高超的技能、熟练的技巧,又要有积极自信的精神状态和良好的心理素质。因此,通过开展各种文体活动,既能提高学生的文艺素质,又能提高学生的身体素质,从而达到培养大学综合能力的目的。

第二节 高校校园文化隐性形态的主要内容

高校校园文化的隐性形态是指内涵于教学、科研、管理等环节中的非知性的文化传统、大学精神、人文理念、价值观念等,潜移默化地影响、塑造着师生员工的精神风貌、思维方式、行为准则。

一、校园精神

（一）校园精神的内容

一是校园科学精神与人文精神。21世纪是知识经济时代，人类社会进入了一个全新的发展阶段，经济迅猛发展，科技发展日新月异，这些都给我国高等教育的发展带来前所未有的机遇，也对其发展产生巨大的挑战。为了呼应时代的要求，我国的高等教育需要使科学教育与人文教育相融合，使科学精神与人文精神协调发展。

科学精神是指在对知识、真理的执着追求上，具有献身科学、追求真理、实事求是、忠于实验结果的科学态度；百折不挠、开拓进取的奋斗精神；尊重自然，尊重科技价值的人文情怀。"要爱科学、学科学、用科学、尊重科学；要探索真理、坚持真理、实事求是、勇于为真理献身"是科学精神的最好体现。科学在人类发展中具有重要的地位，正如恩格斯所指出："在马克思看来，科学是一种在历史上起推动作用的革命的力量。"科学的重要作用要求我们必须重视科学研究、提倡科学精神。高校作为科学的殿堂是从事科学研究的地方，因此，科学研究始终是高校教育的主流，"探索科学真理，倡导科学精神"是每一个高校的价值所在。

人文精神是在人与自然、人与社会、人与人、人与科技之间的相互关系中，一种对人的生存、命运的叩问与关怀，就是使人何以成为人，要成为什么样的人，确立何种生活方式更符合人的需求的那种理想、关系和准则的探求，就是对民族，对人的生存意义、价值、精神的追求与确认。人文精神是人的精神家园的支撑，最终追求人的全面自由发展与人的解放。"21世纪各国的激烈竞争，不仅体现在科学技术和经济实力的较量上，也体现在国民的文化底蕴、民族精神和精神文明水准的较量上，大学的最高境界，就是追求人的全面发展。"顺应时代发展的潮流和脉搏，必须加强校园人文精神的培育。人文精神，不仅能使大学生认识自己所应承担的社会责任，而且能使大学生形成一种有利于个性与人格完善的氛围，有利于在最广泛的意义上把大学生塑造为全面发展的人。

二是校园创新精神。"创新精神在本质上是指一个人从事创新活动、产生创新成果、成为创新之人所具备的综合素质；具有综合性、关联性和发展性特点；在结构上涉及创新意识、创新情意、创新思维、创新个性、创新品德、创新美感、创新技法等。"创新精神主要体现在开拓进取、勇攀高峰上。要在发扬成绩中前进，在继承基础上创新，要抢抓机会而不等靠讨要，要开拓进取而不因循守旧，要永葆青春活力，努力开创崭新局面。创新是一个民族进步的灵魂。社会发展呼唤创新，只有创新才能实现社会的快速发展。中共中央国务院《关于深化教育改革全面推进素质教育的决定》中明确指出，要"以培养学生创新精神和实践能力为重点"实施素质教育。江泽民在北京大学百年校庆讲话中指出:"这样的大学应该是培养和造就高素质的创造性人才的摇篮,应该是认识未知世界、探索客观真理、为人类解决面临的重大课题提供科学依据的前沿,应该是知识创新、推动科学技术成果向现实生产力转化的重要力量,应该是民族优秀文化与世界先进文明成果交流借鉴的桥梁。"在清华大学九十年校庆的讲话中,江泽民又进一步指出:"一流大学应该站在国际学术的最前沿,紧密结合先进生产力的发展要求,依托多学科的交叉优势,努力进行理论创新、制度创新、科技创新,特别要抓好科技的源头创新,并推动科技成果加速转化为现实生产力。"我国的《高等教育法》也明确规定:高等教育的任务是培养具有创新精神和创新能力的高级专门人才。高校要把高层次创造性人才的培养作为人才培养的目标,把全新的教育思想注入人才培养的各个环节中去。

三是校园理性精神。理性是人的本性,既是人所独有的特性,又是人类普遍的共性,它表现为人自觉调节和控制自己行为的能力。"理性精神是理性的具体表现,追求真理、崇尚科学、提倡实事求是、推崇自觉自立、敬业进取、经济理性、民主法治等是其核心价值观和典型特征。"理性在人们的日常生活中具有重要的地位,正如韦伯所说"现代生活是由理性的经济道德,理性的精神以及生活态度的理性构成的",21世纪是知识经济时代,知识经济对中国现代建设提出了更高的要求,因此需要我们具有这样一种科学的理性精神。中国的高校作为为21世纪的现代化建设提供科技和培养高级人才的重要基地,就更需要一种理性精神,并用它培育一代又一代符合现代化建设需要的社会主义事业的建设者和接班人。

四是校园民主精神。"民主精神是中国现代化的一个重要目标。在深层意义上,民主不仅是一种社会政治,一套政治运行方式,而且是一种精神生活方式、精神品格和精神特征。作为一种生活方式,其基本原则就是个体自觉尊重集体的行为。民主的精神是现代人必须具备的品格与素质。"高校作为培养高素质人才的重要基地必须树立正确的民主精神、养成良好的民主作风。高校民主精神主要体现在政治民主、学术民主上。学校应成为现代民主发展的阵地,科学认识社会主义民主的本质,树立民主意识,正确地对待民主权利,畅通民主渠道,建立先进的校园民主制度。

(二)校园精神的功能

校园精神作为一种群体意识是学校存在的一种反映,它对于学校的发展和校园人的成长具有一定程度的影响。校园精神对校园生活的影响,尤其是对师生的影响十分重大。

第一,校园精神的导向功能。重视培养学生的世界观、人生观、价值观是我国高等教育的一项重要内容。由于校园精神反映了学校的价值取向,因而它在很大程度上也影响和主导着学生的价值取向,从而表现出价值导向的功能。校园精神可引导和帮助学生树立正确的世界观、人生观、价值观,为学习和掌握科学理论打下坚实的基础,确立为建设有中国特色社会主义而奋斗的政治方向。"校园精神的导向作用体现在价值观导向、理想信念导向、道德信仰导向、生活方式导向、行为规范导向、社会角色导向、人格构建导向等方面。正是校园精神的导向作用,不仅使学校的培养目标得以实现,学校得以发展,还使青年学生成为适应时代发展、社会需要的合格人才。"

第二,校园精神的凝聚功能。校园精神是一种为全体师生所认同的世界观、人生观、价值观,具有巨大的向心力和凝聚力,因此,能产生无法替代的凝聚功能,它会使全体师生形成共同意识,使师生对学校产生强烈的使命感、责任感、归属感、自豪感,把全体师生紧密地团结在一起,为学校的发展齐心协力,共同奋斗。"正像一个人一样,群体的精神状态也可能有好有坏。历史清楚地告诉我们,能够有所作为的只是那些拥有良好精神状态的群体,紧密团结、组织完善的群体。在这样的群体之中,每位成员都明白彼此在关键时刻不会令对方失望,因而整个群体就可以坚定一致地朝着一个方向迅速前进。""从社会心理学角度看,凝聚力主要指使群体成员保持在自己群体内的吸引力和向心力,是个体对所在群体及其成员的情感表现。这种情感越深,群体凝聚力就越大。学校精神对群体的凝聚功能主要体现在它能借助精神纽带吸引和团结校内所有成员,并唤起和激发每个人对学校的深挚感情而把他们紧密地联系在一起,能在校园内建立起高度和谐、信任、友爱、理解、互尊的群体关系。这种共识和追求有利于排斥任何有悖于校园精神的离心情绪,形成校园主体共同拥有的责任意识、集体意识,增强校园凝聚力。"

第三,校园精神的规范约束功能。校园精神对师生的规范约束作用不同于校园制度对师生的规范约束作用,校园精神对师生的规范约束作用是潜移默化的,是以含蓄的形式表现出来的。由校园精神产生的教育环境和教学氛围,使每个人时刻都感受到它的存在以及由它透射出来的那种独特的校园感染力、凝聚力和震撼力。它会使每一位成员产生一种潜在的心理压力和动力,从而在客观上造成一种规范和约束的效果。"这就是一种规范和约束作用,久而久之,便会显示出墨子所说的'染于苍则苍,染于黄则黄'的环境影响效果。现代教育心理学理论业已证明,一切外部教育影响最终都要经过受教育者内心的认同和接受方能起作用。据此,学校精神的文化制约作用也是通过转变受教育者自我制约的内部要求进一步巩固、扩大的。"

第四,校园精神的激励功能。校园精神是师生长期艰苦奋斗培养出来的结果,它对学校每个成员都会产生很强的目标和导向作用,是一种内在的教育力量和激励因素。因此,校园精神可以合理营造出一种工作和学习的良好氛围,使大家都能竭尽全力工作和学习。教师在校园精神的激励下心甘情愿地为实现为人师表和教书育人的目标而努力工作,并从中得到精神上的满足和快乐。学生通过组织和参加各类文化活动,使身心都得到健康的发展。

第五,校园精神的塑造功能。"校园精神以自己独特的风貌辐射社会,影响社会。一个学校教育理念一旦定型,就会向公众展示自己的个性,在无形中提高学校的素质,提升学校的档次,显示学校的勃勃生机,借以塑造良好的学校形象。不同高校校园精神既有共性,也具有鲜明的个性特点。校园精神具有可调控性。对每所高校来说,它自身都有特定的精神宗旨,这些宗旨是该校长期办学理念的文化积淀,比如'北大之创新、清华之严谨、南开之笃实'。校园精神的塑造功能,正是利用这种个性和可调控性,按照人才培养的要求和规格倡导一种精神、创设一种环境、构建一种氛围,通过润物无声的熏陶、感染和激励,帮助学生树立正确的世界观、人生观、价值观,从而培养理想的人格。"

第六,校园精神的辐射功能。校园精神的辐射功能主要是指学校的形象和学校培养的学生以及思想文化内涵对社会所产生的作用影响。"我们的学校作为主要承担文化传播和发展任务的教育阵地,它就必须要对社会主义精神文明的建设有所作为。这种作为一方面通过学校整体的文化影响力表现出来,更重要的是通过人才培养和人才输出表现出来。学校是青少年高度集中且流动性大的文化场所,学校精神不仅会对学生个体自身的精神文明素质发生至关重要的影响,更重要的是他们会把这种学校文明带到自己未来生活和工作的所有场合,从而对全社会的精神文明建设发挥作用。换句话说,吸收了学校精神的学生必然会通过自己的言行自觉或潜意识地把这种优秀的校园文化传播到社会,从而使学校精神体现出向社会辐射的功能。"

二、校园观念

(一)校园观念的构成

一是大学生的世界观。所谓世界观是人们对于生活于其中的世界以及人与世界关系的根本观点、根本看法。任何一个正常人都有自己的世界观。不同的阶级和不同的人,由于社会经历和在社会实践中的地位不同,往往有不同的世界观。马克思主义世界观是科学的世界观,是无产阶级认识世界和改造世界的精神武器。世界观的转变是一个根本性的转变,它关系到人们观察问题、处理事情的根本立场和态度。我国高校经常对学生进行形势和政策教育,通过形势和政策教育,引导大学生正确认识社会发生的变革和所产生的新问题,团结一致,为实现社会主义现代化建设任务而奋斗。通过形势和政策教育,使大学生善于用马克思主义立场、观点和方法去分析形势,正确认识主流和支流、本质和现象、局部和整体、眼前利益和长远利益等。当前大学生的世界观主要导向是对国际形势的关注,对世界和平与发展的向往,对国家前途和命运的关心,对社会政治民主的拥护,积极支持党和国家制定的各项方针和政策,坚定社会主义和共产主义一定能实现的信念。

二是大学生的人生观。所谓人生观就是人们对人生目的和意义的根本看法和态度。"一个人人生观的形成和确定是各种条件影响的结果。人们所处的社会条件、生活环境,个人的经历和遭遇以及所受的教育和周围事物的影响等都与人生观的形成有密切的联系,特别是个人的经济地位更为重要。""作为确定的人,现实的人,你就有自己的规定,就有使命,就有任务,至于你是否意识到这一点,那都是无所谓的。这个任务是你的需要及其与现存世界的联系而产生的。""人生观教育的内容十分丰富,主要有人生理想教育、人生价值观教育、人生态度教育以及成才、审美和生活方式教育等内容。"我国高校作为培养社会主义建设者的重要基地,十分重视对广大青年学生进行共产主义人生观的教育和培养。共产主义人生观是用马克思主义理论分析人生实践所得出的结论,是人类历史上最进步和科学的人生观。经常进行人生观教育对于人们认清人生目的和意义,保持正确的人生方向,战胜困难,抵制腐朽的剥削阶级思想侵蚀,获得事业成功和人生幸福,有着特别重要的意义。当代大学生的正确人生观主要表现为,追求进步、追求独立、追求发展、追求完美的人格与人性,他们对人生多持有"人间自有真情在""人人为我、我为人人"的信念;他们富于同情心、责任感和正义感,在观察世界、实践人生的自觉行为中,涌动起一股"有利于社会、有利于他人"的积极向上的道德合力。他们坚信共产主义是人类最壮丽的事业,是人类社会历史发展的必然结果,坚信共产主义的实现是人类社会发展的必然,他们具有坚定的共产主义理想和信仰,并立志为共产主义事业而奋斗终生。

三是大学生的价值观。价值观指人们对人生目的和意义的评价和认识。"价值观既是如何看待人与世界关系的理论与方法,更是怎么样评价人与世界关系的理论与方法。价值观的深层意义,就在于它是对人的思想和行为的根本尺度或标准的哲学反思。人的生命活动是创造意义的活动,然而,究竟什么是有意义的,什么是无意义的?怎么样做是有意义的,怎么样做是无意义的?区分有意义与无意义的根据是什么?评价有意义与无意义的标准是什么?在理想与现实、社会与自然、个人与社会、进步与代价等诸种矛盾中,如何确立评价的标准和选择的根据?""马克思主义认为,社会对个人的尊重和满足是人生价值的一个方面,但是人生价值的更为重要的方面是个人对社会的责任和贡献,在于全心全意为人民服务。这就是全心全意为人民服务的人生价值观。它是人生的基石,全心全意为人民服务的人生价值观主要包括三个内容:人生的价值首先在于劳动和创造;衡量人生价值的主要标准是对社会的贡献；完成时代任务是实现人生价值的主要舞台。一个人只有树立起全心全意为人民服务的思想和人生价值观，才能有壮丽的事业和人生。"当代大学生应有的价值观主要表现为，追求有价值有意义的生活，对善恶是非有自己的评价标准，能够同国家和社会的价值取向保持一致，能够自觉地追求自我价值的实现。

（二）校园观念的特性

首先是校园观念的继承性。"文化总是在一定传统基础上发展，但又不断打破旧的传统、建立新的传统。"校园观念作为校园文化隐性形态的一种方式，其存在离不开社会发展的大环境，但同时也是在继承传统文化的基础上产生的。诚如马克思主义经典作家在论述历史发展时所言，"人们自己创造自己的历史，但是他们并不是随心所欲地创造，并不是在他们自己选定的条件下创造，而是在直接碰到的、既定的、从过去承继下来的条件下创造"。

其次是校园观念的指导性。校园观念的指导性主要表现为，校园的世界观、人生观、价值观对大学生生活的指导作用。高校通过对大学生进行马克思主义的世界观、人生观、价值观的教育，指导学生树立爱祖国、爱人民、爱科学、爱劳动、爱社会主义的信念；指导学生坚信社会主义必然代替资本主义，并最终实现共产主义的世界观；指导学生树立为祖国、为社会、为他人服务的人生观，真正做到全心全意为人民服务；指导学生树立国家利益、集体利益高于个人利益的价值观，培养学生成为"一个纯粹的人、一个高尚的人、一个脱离了低级趣味的人、一个有益于人民的人"。

再次是校园观念的与时俱进性。校园观念的与时俱进性主要表现在校园的世界观、人生观、价值观的教育能紧跟时代发展的脉搏，一方面，能根据国内和国际形势的变化发展来与时俱进地调整校园观念教育的内容，另一方面，能根据理论和实践的需要与时俱进地转化校园观念教育的手段与方式。

最后是校园观念的开放包容性。"海纳百川，有容乃大"。校园观念善于吸收人类社会进步中的一切文明成果，懂得兼容并茂、以为己善的道理。正是这种敞开胸怀积极吸收一切优秀思想的做法，使校园观念充分体现了它的开放包容性。

（三）校园观念体系的建构

首先要坚持正确的舆论导向。高校作为为社会主义和共产主义培养建设者和接班人的重要基地，在对大学生进行世界观、人生观、价值观教育的时候，必须坚持正确的舆论导向。高校要做到牢牢把握舆论导向，增强引导舆论的本领，就必须把体现党的意志与反映人民的心声统一起来。在思想上，必须坚持以马克思主义世界观、人生观、价值观作为校园观念的指导；在政治上，必须与党中央保持高度一致；在工作上，必须坚持为人民服务、为社会主义服务、为全党全国工作大局服务；在组织上，必须坚持党对高校工作的领导，确保各级各类高校的领导权牢牢掌握在忠于马克思主义、忠于党和人民的人手里。保持正确思想舆论在大学生生活中的主导地位，唱响中华民族伟大复兴的时代主旋律。

其次要加强教师素质建设，提高教师的育人能力。对大学生进行马克思主义的世界观、人生观、价值观教育，教师起着至关重要的作用。教师的素质主要包括政治素质、思想素质、道德素质、智能素质。在教师素质建设方面，学者田亚军曾在《论思想政治工作人员的素质》这篇文章中有过较为系统的论述，受到学界的广泛认同。

1. 政治因素

政治素质是教师应具有的基本素质，它关系到教育工作的方向。政治素质主要包括政治立场、政治水平、政治品德等。教师的政治立场指教师要站在无产阶级和广大人民群众的立场上、坚持四项基本原则，认真贯彻党的路线、方针和政策，同党中央在思想和行动上保持一致。有了鲜明的政治立场，才能有坚定的共产主义信念，保持清醒的头脑，坚定不移地对广大青年学生进行坚持党的基本路线教育，抵制形形色色封建主义和资本主义思想的侵蚀，并且不论处在任何艰难困苦的条件下，都能满怀信心、毫不动摇。"政治品德。所谓政治品德，就是表现在政治问题上的道德品质。主要是忠于党、忠于人民、忠于社会主义祖国；坚持对党负责和对人民群众负责的一致性；追求真理、坚持真理和服从真理；实事求是，坚持原则；公而忘私、襟怀坦白、光明磊落、言行一致、表里如一。"教师的政治品德极为重要，言行一致、以身作则的行为是一种无声的命令，具有巨大的感化力和号召力。"政治水平。所谓政治水平，主要指政治上分辨是非的能力、政治敏锐性以及善于从实际出发正确处理各种政治问题的能力等。政治水平是政治觉悟、马克思主义理论水平与政治经验相结合的产物。马克思主义理论水平越高、政治斗争经验越丰富，政治水平越高。只有具备较高的政治水平，才能在改革开放的新形势下，始终保持清醒的头脑和正确的方向。""政策水平。所谓政策水平，主要指认识、理解和执行党的政策的水平。政策水平主要表现在依据实际情况正确贯彻落实党的政策，特别表现在正确区分不同性质的矛盾和不同事物的界限上。如正确区分和处理两类不同性质的矛盾；正确区分政治问题、思想问题、认识问题和学术问题的界限；正确区分思想品质问题和方法问题等。"

2. 思想素质

思想素质是教师素质的重要组成部分。教师的思想、工作和生活上的一贯态度和行为即教师的作风，是教师思想素质的重要内容和表现。良好的思想作风和工作作风是联系学生的感情桥梁，是建立教师崇高威信的基础，也是产生科学决策的重要条件。良好的思想作风和工作作风主要包括以下内容：实事求是的作风。实事求是、一切从实际出发，是马克思主义活的灵魂，是共产党人作风的根本标志。"马克思、恩格斯创立了辩证唯物主义和历史唯物主义的思想路线，毛泽东同志用中国语言概括为'实事求是'四个大字。""马克思的整个世界观不是教义，而是方法。它提供的不是现成的教条而是进一步研究的出发点和供这种研究使用的方法。"坚持实事求是的作风，就要一切从实际出发，而不是从本本出发；处理问题，以调查研究为基础，具体问题具体分析；不主观臆断、不以偏概全、不以感情代替政策；工作踏实、不搞花架子，务求实效。"民主的作风。相信群众、密切联系群众，做群众的知心朋友。尊重他人的意见和人格，心胸豁达开朗，承认不同意见的存在是合情合理的。懂得民主和法制的关系，善于集中大家的智慧，通过民主的程序做出决策、干好工作。""批评与自我批评的作风。能够坚持原则、是非分明、敢于同不良倾向做斗争，对同志的缺点能以诚恳的态度开展批评；同时，对自己严格要求，谦虚谨慎，一分为二，虚心听取别人的批评。遇事不文过饰非，敢于承担责任；经常检讨工作，总结经验教训，提高工作水平。"严以律己的作风。严以律己是教师的内在人格力量。教师要做到严以律己，就要做到正人先正己，要求别人做的，自己身先士卒；要求别人不做的，自己绝不沾边。有极强的自我控制力，以身作则，光明磊落，具有浩然正气。

3.道德素质

道德素质是教师必不可少的素质之一。身教胜于言教，教师自身的道德品质是一种无声的教育力量。在教育的过程中，要想使青年学生具有良好的道德品质，教师必须有崇高的道德境界。教育者的道德品质，主要表现在：无私奉献的精神。教师要把全心全意为人民服务，一切从人民的利益出发作为自己工作的根本指针，在工作中要正确处理好个人利益同他人利益、社会利益和国家利益的关系，要做到不计名利和地位，先人后己、大公无私、点燃自己、照亮别人。崇高的义务感。义务感是人们行为的向导。教师要具有崇高的责任心和义务感，就必须坚决履行自己对祖国、对人民、对他人的义务，忠诚积极，竭尽全力。反省的自觉性。"能严格要求自己，经常自觉地反省自己的言行，不断提高自己的精神境界和道德水平。这主要表现在：反思的精神——就是在实践中，能自觉地、经常地、冷静地从反面去寻找自身和工作中的缺点、错误的精神。要把反思的精神贯彻到自己的一切方面，失败了要反思，成功了要反思；逆境要反思，顺境也要反思；做事要反思，做人尤其需要反思。通过反思使自己不断进步，使工作更上一层楼。慎独的美德——有道德自控力，忠诚老实，表里如一，人前人后一样，公开私下一个样，即使在自己独处的时候，也能够靠内心信念的力量约束自己，不做坏事。改过的决心——有面对错误的勇气和彻底改正错误的决心，不怕舆论的压力，持之以恒，吸取教训，变坏事为好事。笃行的品格——注重行为实践、身体力行、理论联系实际、言行一致，以顽强的意志将崇高的道德原则和行为规范落实到行为实践中去，并能不避小事，持之以恒。"

4. 智能素质

智能素质是教师素质的组成部分之一。智能是指一个人智力和能力的总和。教师的智能素质是十分重要的，它是教师工作能力和水平的基本标志，是决定工作效率和成败的关键因素之一。教师的智能素质包括教师的知识结构、智力结构、能力结构。教师的智能结构是指教师必须具有比较系统的马克思主义理论知识。这主要包括马克思列宁主义、毛泽东思想和中国特色社会主义理论体系，同时教师还应具有马克思主义的美学、社会学、伦理学、教育学等知识。智力结构。智力就是人们通常说的智慧和聪明。它是保证人们有效地进行认识活动的那些比较稳定的内在心理特征的有机综合。主要包括观察力、记忆力、思维力、想象力和注意力五种基本因素。观察力是人们智能活动的门户，是在思维的指导下对认识对象的直观认识和把握能力。记忆力是人们智能活动的仓库，是对被感知和认知过的事物识记和保持的能力。人们的一切智能活动都离不开记忆力。记忆力是智能发展的基础。思维力是人们智力活动的核心，是通过分析、推理和判断，间接认识事物本质和规律的能力。思维力在智力活动中居于中心位置，发挥支配作用。想象力是智力活动的翅膀，是人凭借多种思维方式，对头脑中接受和贮存的信息，进行加工和排列，创造出从未感知过的，甚至从未存在过的事物形象的能力。想象力如何是决定人有无创造力的一个重要因素，也是人的创造力的标志之一。注意力是人的智力活动的维护者，是使心理活动指向集中或转移到某种事物上的能力。人们的一切智力活动，只有在注意力的参加和干预下，才能有效地顺利进行。能力结构。能力是指人们的才能或本领。它是一个人运用知识和智力成功进行实际活动的本领。

教师应具备的能力，可以分为以下几种：第一，自学能力。自学能力就是按照自己的意图、依靠自己的力量主动去获取知识的能力。自学能力的强弱，对于知识结构的建设具有决定性影响。第二，调查研究能力。调查研究能力指了解和分析教育对象和工作现状，并提出结论性意见或解决问题方案的能力；调查研究能力是教师的一项重要的基本功。第三，组织能力。组织能力是指能够依据一定任务或目的精心设计计划、并恰当地组织有关人员和单位去实现计划，完成任务的能力。组织能力也包括独立组织集会或活动的能力。第四，表达能力。表达能力指以口头或书面的方式表达自己思想、认识、情感或表述事物及过程的能力。无论口头表达能力，还是书面文字表达能力，都是教师工作所必需的。第五，社交能力。社交能力指人们为了实现社会关系或社会联系而进行彼此沟通、相互影响的社会活动能力。新时期，人们的横向联系增多，接触活动频繁，社交能力如何对教育工作的成效有重要影响。第六，创新能力。创新能力指根据任务和环境的需要，及时提出新方案、新观念、新方法或总结新经验的能力。有无创新能力，是工作有无开拓性、创造性的关键。第七，科研能力。科研能力指面对事物的现象，探求事物的本质和规律的能力。科研能力是综合性能力，包含内容十分广泛。如预见力、观察力、实验操作力（社会调查力）、思维力、想象力、正确的科研方法等。思想政治教育是一项复杂的工作，只有在已有经验和理论的基础上，经常开展深入细致的科研工作，才能跟上形势的发展，掌握工作的本质和规律，不断开创工作的新局面；忽视科研的人或科研能力较弱的人，往往不能掌握工作的本质和规律，难免陷入经验主义或教条主义。

再次要加强校园环境建设营造良好的育人环境。对大学生进行马克思主义的世界观、人生观、价值观教育，除了应具有良好的舆论导向和高素质的教师队伍外，还应该加强校园环境建设，营造一个良好的育人环境。校园环境体现着学校群体的价值观念、集体荣誉感、自豪感和集体的意志。它以一种无形的力量对群体中的每个成员产生教育作用，以潜在的规范支配着群体中每个成员的行为。校园环境对大学生的观念形态、行为习惯会产生深远影响、打下深刻的烙印。这种影响将会有持久性的作用。正是这种持久的影响给了大学生一种强大内驱力，驱使他们去创造新生活，为社会主义建设事业贡献自己的力量。黑格尔说："一个人做了这样或那样一件合乎伦理的事，还不能说他是有德的；只有当这种行为方式成为他性格中的固定要素时，他才可以说是有德的。"大量的事实说明，在良好校园环境中成长起来的大学生，当他们走向社会以后，依然保持着在大学时期所形成的优良品质和行为习惯，并不因环境的变异而很快产生转变，相反，绝大多数人总能坚持自己在大学时期形成的优良品质和行为习惯，并用自己所理解的完善人格标准去创造美好境界，影响周围环境，抵制不良风气等。

三、校园人文理念

校园人文理念是在学校的发展过程中形成和发展起来的，它经过长期的历史积淀，有着稳定而丰富的内涵，体现了学校对人的价值和生存意义的终极关怀，同时又以价值观念和行为规范的形式约束着校园人的行为，显示着学校不同于其他机构的气质特征。大学人文理念主要是指大学所弘扬的在处理人与自身，人与他人，人与社会和人与自然的关系中所持的正确的观点和态度。主要包括以人为本、尊重学生的主体性、完善学生的人格三个方面。

(一)以人为本是校园人文理念的精髓

以人为本就是一种对人在社会历史发展中的主体作用与地位的肯定,强调人在社会历史发展中的主体作用与目的地位;它是一种价值取向,强调尊重人、解放人、依靠人和为了人;它是一种思维方式,就是在分析和解决一切问题时,既要坚持历史的尺度,也要坚持人的尺度。以人为本的内涵主要包括以下几个方面:第一,在人和自然的关系上,以人为本就是不断提高人的生活质量;增强可持续发展能力,即保持人类赖以生存的生态环境具有良性的循环能力。第二,在人和社会的关系上,以人为本就是既使社会发展成果惠及全体人民,不断促进人的全面发展,又积极为劳动者提供充分发挥其聪明才智的社会环境。第三,在人和人的关系上,就是强调公正,不断实现人们之间的和谐发展,既要尊重贫困群体的基本需求、合法权益和独立人格;也要尊重精英群体的能力和贡献,为他们进一步创业提供良好的人际环境。第四,在人和组织的关系上,就是各级组织既要注重解放人和开发人,为人的发展提供平等的机会与舞台、政策与规则、管理与服务,又要努力做到使人们各得其所。

学校坚持以人为本既要坚持以教师为本,从教师的实际需要出发,尊重知识、尊重人才、尊重教师的劳动和成果,即尊重教师的价值和尊严,尊重教师所应有的各种权利;学校坚持以人为本更要坚持以学生为本,学校在教学和管理中要树立和落实科学发展观,要坚持教学和管理工作以学生为本,以学生的发展为出发点和落脚点,一切为了学生,一切服务于学生,使学生德、智、体、美、劳等方面得到全面发展。要协调学生的发展,走可持续发展之路,一方面要做到授之以鱼,另一方面更要作到授之以渔,使他们真正学会学习、学会做人、学会生存。

(二)尊重学生的主体性是校园人文理念的核心

主体性问题其实质是指人在其活动中的地位和作用问题。主体性是人作为主体所特有的属性。它的内涵是指人在其对象性活动中所表现出来的自主性、能动性、创造性等。高校作为培养社会主义建设者和接班人的重要基地,要使学生的各种素质得到发展,就必须在教学和管理中充分地尊重和发挥学生的主体性。学生的主体性主要表现为学生的自主性、能动性、创造性。

"自主性是指学生在高校中的主体权力,具有主体意识,获得主体地位,发挥主体作用,形成主体品质。""学生自主性就是学生在学校教育中能够依据自身条件和需要,有计划有目的地合理安排自己的教育活动,寻求更好、更有效的发展机会和条件,能够自由地表达、自由地思维、自由地塑造自我。"匡令芝在《高校教学管理促进学生主体性发展的研究》中认为:具有自主性,就意味着学生对自己的活动具有支配和控制的权利和能力。尊重和发挥大学生的自主性，首先，就必须尊重和发挥大学生独立的主体意识，使他们能够在教育者的启发、指导下独立地提升自身的素质；其次，在教学过程中使大学生能够把自己不仅仅看作是教育对象，而且是学习的主人，对学习活动进行自我支配、自我调节和自我控制，充分发挥自身潜力，使他们主动地去认识、学习和接受教育者的影响。在教学过程中，要大力提倡学生自主确定学习目标、自主制定学习计划、自主选择学习内容、自主选择学习方式方法、自主确定学习进度、自主检测和评定学习结果等。学生自主性是学生独立生存和发展的必然要求，也是学生形成独立意识、批判思维和价值选择能力的前提。当今时代需要的是全方位发展的富有自主精神的创造性人才，高校要在培养学生自主发展能力方面做出更大的贡献。

能动性是指主体自觉能动地从事自己的活动，并使自己的需要得到满足。在实践活动中，主体要从自身的现实情况和客观实际出发，能动地选择活动的客体、条件、手段等。具有能动性的主体，具有自觉性，会积极努力地行动，能动地对客观的信息进行去粗取精、去伪存真的处理，能动地适应和改造客观世界。尊重和发挥学生的能动性，就要使学生在学习过程中积极参与交流和讨论，使他们不断对自身的学习进行反思，使他们改进学习策略，提高认知能力。学生在受教育的过程中一方面是作为受教育者而存在的，另一方面，又是作为自我教育者而存在的，因此，必须尊重和发挥学生的能动性，充分发挥他们自我教育的能力。

创造性是主体通过变革和改造旧事物，产生新事物的能力，它常常与改革、发明、发现联系在一起。创造性是一种对现实的超越，是主体性发展的最重要的表现。人的主体性的最高表现就在于人具有创造性。人，作为主体，从根本上说，就是一个创造性主体，是创造者。这种创造不同于单纯地接受或简单地重复，它是在原有基础上的开拓创新，是对既成状态的超越。人不满足他人或自己已做过的一切，力图通过自己的劳作提供的知识、能力和方法，形成新的活动方式和表现方式。"世界不会满足人，人决心以自己的行动来改变世界。""人的创造性活动，不仅为人类创造了丰富的精神世界，进而通过实践创造了属人的、'人化'的对象世界，而且反过来再创造了人本身，创造性无疑是人的主体性的最高境界。"尊重和发挥学生的创造性，使学生真正成为具有创新精神和创造能力的人，就要在教育过程中为学生创造性的发挥营造一个良好的环境，有意识有目的地激发和促进其创造性的发展。

（三）完善学生的人格是校园人文理念的重点

人们通常所说的人格是指"个人相对稳定的比较重要的心理特征的总和，是指一个人的品格、品质、思想境界、情操格调、道德水平等"。从哲学的视角来定义人格，康德认为人格是"具有实际的理性天赋与意志自由意识的实体"。费希特主张人格"是依据由善意所产生之义务意识，发为道德活动而达于圆满的道德境界"。

高校作为培养和教育学生的机构,担负着为社会主义培养建设者和接班人的重任,因此,高校要完成这一目标和使命,就要努力使学生各方面的素质得到提高,成为全面发展的人。一般来说,要实现大学生的全面发展主要是指使大学生的全方位获得发展,包括德、智、体、美、劳、思维方式和行为方式以及性格、能力、兴趣、气质、爱好等各方面的充分发展,即大学生素质的全面提高。而大学生素质的提高,从根本上说,离不开大学生人格的塑造和培养。培养和塑造什么样的人格历来是教育的目的和核心。在社会主义现代化建设的今天,高校应用爱国主义、集体主义、社会主义和中华民族传统美德作为构建大学生人格的重要基础,激发学生的独立意识、创新意识,使学生成为具有鲜明个性和完善人格的人。在塑造和培养大学生的人格过程中,大力弘扬"不降其志,不辱其身""老吾老以及人之老,幼吾幼以及人之幼""学而不厌,诲人不倦""天行健,君子以自强不息"和"天下兴亡,匹夫有责"的民族精神。

第三节 校园文化显性形态与隐性形态的关系

美国著名的文化人类学家艾尔弗雷德·克罗伯和克鲁柯亨,对文化做出了如下的定义:文化包括各种外显的或内隐的行为模式,它们借助符号的使用而被学到或被传播,而且构成人类群体的出色成就,包括体现于人工制品中的成就。文化的核心是传统观念,尤其是价值观念。文化体系被认为是人类活动的产物,也可被视为限制人类做进一步活动的因素。这些因素是:人的行为模式;人的行为(活动、劳动)的结果;象征符号。克鲁柯亨认为,文化可以区分为显形文化和隐形文化两种形态。显形文化是社会文化整体中存在的可以为人们直接观察到的行为的方面,是社会中表现于外、被大量感受到的人们的行为样式与交往样式,它直接体现于社会生活中的一系列事实、事件与现象之中。人们从一种质的文化进入到另一种质的文化时,首先感受到的就是显形形态的差异,因为它是社会文化表层、表象的形态。隐形文化是社会整体文化中的深层、抽象的形态,表现为人们的行为动机、情感、意识、思维和价值观念,并由这些因素凝练成独具特色的人格结构与心理素质。隐形文化是人们的直觉、观察无法确切把握的,必须借助于人们的分析和抽象思维才能认识和把握。艾尔弗雷德·克罗伯和克鲁柯亨的文化定义告诉我们,文化从形态上可以分为显性形态和隐性形态。校园文化作为整个社会文化系统中的一部分,在文化形态上也表现为这两种形态。高校校园文化的显性形态主要是指高校的思想教育活动、学术研讨活动、文体娱乐活动等可以被人们直观和观察到的行为方面。高校校园文化的隐性形态主要是指大学精神、人文理念、价值观念等抽象的、深层次的行为方面。校园文化显性形态和隐性形态，作为校园文化的两种存在方式，彼此之间存在着不可分割的关系。

一、显性形态为隐性形态提供了表现形式

校园文化隐性形态的特征，决定了它对广大师生员工的精神风貌、思维方式、行为准则的影响只能是通过潜移默化的方式实现的。潜移默化就意味着它不能被人们直接观察到。例如，大学精神、人文理念、价值观念等校园文化隐性形态都属于观念、思想、意识范畴，因此，它们必须借助于载体才能表现出自身。思想道德活动、学术研讨活动、文体娱乐活动等作为校园文化显性形态，其特征就是可以被人们直接观察到，因此，校园文化显性形态就可以充当校园文化隐性形态的载体，从而为校园文化隐性形态提供了表现的方式。例如，作为校园文化显性形态的学术研讨活动，就为作为校园隐性形态的大学精神提供了表现方式。具体表现方式如下。

一是学术研讨活动对大学精神之创新精神的体现。大学作为探究未知世界、认识真理、发现真理，为解决人类面临的各种问题提供人才支持和智力支援的重要场所，也是人类创新的重要源泉。江泽民同志指出："创新是一个民族进步的灵魂，是国家兴旺发达的不竭动力。"培养创新人才和知识创新是大学的最终目的。高校学术研讨活动，突出地体现了创新精神。学术研讨活动的创新精神是指通过学术研讨活动可以营造创新的氛围、激发创新的潜能、培养创新思维、形成创新能力。高校学术研讨活动的最重要的本质就是探索和创新，而大学生是学术研讨活动中最活跃和最积极的因素，因此，高校通过长期举办学术研讨活动就会营造出良好的创新的氛围。人的潜能发挥是与人的意识的作用分不开的。高校学术研讨活动所采取的宽松的环境、自由的方式等都十分有利于大学生自我意识的发挥，从而大大激发了他们的创新思维和创新潜能。高校学术研讨活动所营造的创新氛围、对学生创新能力的激发、对学生创新思维的培养势必会最终促成学生的创新能力。因此，创新精神是从始至终都贯穿于学术研讨活动的一种精神。

二是学术研讨活动对大学精神之科学精神的体现。现代大学的启蒙者——洪堡认为大学的目的是由科学而达至修养，所以柏林大学从最初就把致力于科学研究作为主要要求，把授课效能仅作为次要的问题来考虑。洪堡进一步认为：大学去追求这种纯科学，也是满足社会生活的需要。当科学似乎多少忘记生活时，他常常才会为生活带来至善的福祉。蔡元培认为，大学者，研究高深学问者也。因此，大学通常都大力开展学术研讨活动以体现对科学研究的重视。在学术研讨活动中，科学精神是必不可少的精神之一。广大师生在学术研讨活动中也真正地体现了对知识、真理的执着追求，体现出了献身科学、追求真理、实事求是、忠于实验结果的科学态度；百折不挠、开拓进取的奋斗精神；尊重自然，尊重科技价值的人文情怀。在学术研讨活动中，要爱科学、学科学、用科学、尊重科学；要探索真理、坚持真理、实事求是、勇于为真理献身是对科学精神的最好体现。

三是学术研讨活动对大学精神之人文精神的体现。大学不仅是培养科学家和高级人才的摇篮，而且也肩负着对广大的青年学生进行文化陶冶，使广大青年学生成为全面发展的人，使他们学会做人的道理的任务，一句话，学校还肩负着道德育人的使命。

因此，在学术研讨活动中，一方面，要体现出科学精神，另一方面，也要体现出人文精神。大学人文精神主要指在大学中倡导和培育的处理人与自然、人与社会、人与人的关系时的价值观以及建立在这种价值观基础上的行为规范。在学术研讨活动中发扬人文精神的目的就是使广大师生认识到，要在人与自然、人与社会、人与人之间建立一种自由、平等、和谐的关系，一方面，高扬人的自身价值、追求人自身的完善和理想的实现，另一方面，又强调人在从事实践活动，追求真理的过程中要具有强烈的社会责任感和使命感，要发扬和倡导在人与自然、人与社会、人与人之间的和谐发展。

二、隐性形态为显性形态提供了指导原则

作为校园文化显性形态的思想道德教育活动、学术研讨活动、文体娱乐活动，须有指导原则才能正常地开展并取得预期的效果。大学精神、人文理念、价值观念等作为校园文化隐性形态，对大学师生员工具有巨大的塑造作用，因此，校园文化隐性形态为校园文化显性形态提供了指导原则。例如，作为校园隐性文化的校园精神，就对作为校园文化显性形态的思想道德教育活动提供了指导原则。

一是价值导向原则。培养学生正确的价值观，这是当前我国高校思想道德教育工作的重要任务之一。校园精神是高等学校所处的一定历史时期的时代精神和时代风貌的具体体现，它必然在一定程度上适应时代的要求和反映时代的特征，同时其自身也必然受到时代精神的影响，尽量使自身与时代精神相一致。因此，校园精神能够对学生价值观念的确立起到符合时代要求的导向作用。校园精神的价值导向作用主要通过它具有特定的个性特征表现出来，这是一所学校的校园精神区别于另外一所学校的校园精神的本质所在。不同的学校在长期的发展过程中所形成的历史传统、办学宗旨、办学理念、文化环境等方面都存在着很大的差异，这些差异都会使不同学校的校园人在理想信念、价值观念、思维方法、行为方式等方面具有各自的特性，从而使每个学校产生各自特有的校园精神。校园精神的充分发扬，会对校园人特别是广大青年学生形成强大的价值导向作用，从而引导他们正确认识时代精神并继承发扬传统精神。

二是集体凝聚原则。社会心理学家认为，凝聚力主要指使群体成员保持在自己群体内的吸引力和向心力，是个体对所在群体及其成员的情感表现。这种情感越深，凝聚力就越大。校园精神通过无形地凝聚学校内部各方面的力量，使其形成一股合力；同时通过不同的实践活动，以各种不同方式沟通教师之间、学生之间、师生之间的思想感情，融合他们的理想信念，培养和激发他们的群体意识和团队精神，使分散力聚合成凝聚力，使离心力转化为向心力，最终实现"内求团结，外求发展"的目标。通过校园精神的集体凝聚作用，使大学生产生强大的集体主义和爱国主义的理想信念。

三是行为激励原则。激励是使人们成功所必需的重要因素之一。行为科学家认为，经过激励的行为与未施加激励的行为有着显著的差别。校园精神是师生在长期艰苦奋斗培养出来的结果，它对学校每个成员都会产生很强的目标和导向作用，是一种内在的教育力量和激励因素。

因此，校园精神可以合理营造出一种工作和学习的良好氛围，使大家都能竭尽全力工作和学习。教师在校园精神的激励下心甘情愿地为实现为人师表和教书育人的目标而努力工作，并从中得到精神上的满足和快乐。学生通过组织和参加各类文化活动，使身心都得到健康的发展。

第三章 校园文化建设的技术路线及运行机制

第一节 校园文化建设的内涵及过程性

校园文化建设作为文化建设的子系统，其本质上还是文化建设，对文化建设的探讨是探索校园文化建设的必要条件。文化建设本质上是价值和意义体系的构建过程，价值观和文化的关系表明，文化建设是以特定价值观建设为核心内容的。共同价值观是群体共同享有的规范标准、理想目标、思维方式，是组织结构的黏合剂和组织运行的润滑剂。组织的建立、维系和功能的发挥，依赖于组织成员价值观的相容和一致。每一组织或群体都有自己独特的价值观，它造成一种氛围，形成一种力量，并通过多种渠道，使这种观念在个人心中内化，成为每一个个体成员的价值观。这种共同的价值观为个体成员间复杂的交往提供一套共同的规范和标准，是个体间关系的调节剂。这种共同价值观，构成每一个个体的心理定势，使人们在其现实生活中，以它为尺度去度量、评判、裁定现实事物和现象，审视实际生活。这种共同的价值观，对集体中每个成员具有感召作用和凝聚作用。它是一种无形的力量。核心价值观的生成是一个认同与归属感生成的过程，对于组织而言，价值观隐含于特定的文化模式与内容之中。文化建设过程是持续性和缓慢性的积累和沉淀过程，必须以特定的最高价值规范为统领目标和主导方向，通过各种具体的途径与实践活动逐步达到发展与完善。同时，文化建设在设计和营造特定生活氛围和生活方式的过程中，其本身就是一个继承、发扬与创新的有规律性的实践过程。文化建设不是主观的、随意的，有其内在规定性。文化在其形成、发展、传递、融合过程中都有普遍性规律可循。因此，文化建设在继承群体已有的传统的生活模式和价值观念的同时，必须发扬其内在与时代发展相吻合的思想精华，不断探索文化内在的规律性，融合其他文化系统的要素，创造新的价值与意义体系，实现文化创新。

一、校园文化建设的内蕴

文化建设的本质是群体或组织内共同价值观的构建。文化建设是特定价值规范、标准、理念、精神以及行为方式的积累、沉淀、传承、吸收、融合、设计、创新的过程。文化建设主体通过特定群体共同价值观的培育、特定规范标准的构建以塑造特定行为方式和内容，以实现共同理想与目标。文化建设主体综合运用包括伦理纲常、法律制度、教育、艺术形式等各种途径和手段，把提倡与反对、规范与约束、激励与惩罚、感化与引导等结合起来，不断设计、修正、丰富、完善整个共同价值观体系，并使特定的行为规范、价值标准、理想信念内化于群体成员，使之逐步形成和确立稳定的人格特质。共同价值观的建设包含了批判、继承、吸收、选择、设定、融合、修正、创新、提升等一系列环节的复杂过程。

　　文化建设，可以从宏观和微观两个角度进行理解。从微观上理解，文化建设对于个体而言，是指特定人格和品性的培育和塑造过程。我们说文化是"向文而化"，文化建设过程的实质即是通过将特定价值规范和意义内容的灌输和内化，使得个体成员符合群体共同生活的标准和要求，进而走向更有意义的人生。因此，文化建设的过程包含了对个体的教育以及个体社会化的内容。从宏观上理解，大到整个国家和社会，小到一个经济组织、社会团体，甚至一个家庭，文化建设是特定组织单位或群体的共同享有价值观或集体精神的培育、传承乃至发扬光大的实践过程。国家和社会的大文化系统包含了大大小小地方性的、行业性的、家族性的等子文化或亚文化。无论何种大文化、子文化或亚文化的建设，都是以群体共享的价值观念的形成为标志与核心的，是以特定的行为规范、价值标准、规则及方式的积累为主要内容的。

（一）大学校园的基本社会定位

　　认识和定位大学在社会系统运行中的角色和功能是透视校园文化建设基本内容的文化建设总体目标和基本要求的前提。"在现代社会里，大学被誉为人类社会发展的动力站。""大学通过对知识的保存、生产与应用，对精神的传承和创新，为社会的进步与发展"提供物质手段、科技成果、价值源泉和精神动力。经济社会的良性运作必须有健全的精神导向。"大学作为人类的精神堡垒，具有提高人的精神境界、丰富人的思想情感的重要功能，这种功能给予了大学从学理和思想上关注、思考、讨论和批判社会问题的权利，使大学成为公认的科学与人文精神的中心，成为为社会树立知识标准和思想标准的圣地，成为现代社会人类的精神家园。"当代大学通过把握和创新时代精神，推动社会进步；通过传播、创新科学知识，推进科学进步；通过培养推动社会发展的主体力量，满足社会发展的人才需求；通过造就民主、和谐、自由、蓬勃向上的氛围和环境，提升人的品位和多方面能力、素质。

（二）校园文化的基本内涵

　　当今学者对高校校园文化的含义有多种看法，有"亚文化说""综合文化说""精神环境说"等，笔者这里采用的是高校校园文化作为整个社会文化大系统中的一个子系统，"它是弥漫、渗透于高等学校师生员工的日常生活和教学活动中的人文氛围和精神品质，而且这种人文氛围和精神品质融合着校园内师生共同创造并遵守的行为方式、行为规范以及共同认同的理想追求和价值取向。"不同的高校有不同的校园，各有其特点。"高校校园文化是社会大文化系统中的子文化，属于社会亚文化系统。"作为社会文化的分支，高校校园文化紧随社会主流文化，同时融合和吸收其他社会亚文化养分，以其科学与人文的高度统一性、批判性、创新性的精英特质引领社会大文化的发展。它在提升全体师生员工的价值观、人生观、审美修养、内在素质等方面，以及在促进大学生全面发展、健康成长方面起着潜移默化的推动作用。校园文化活动以及在这些活动中形成的整体氛围，对学生成才的影响比具体的教学实践活动更为显著而久远。高校校园文化所铸造的这种浓厚的人文氛围和精神品质，是一个大学独特性的标志所在，更是一个大学的灵气、魅力和生命力所在。

（三）校园文化建设的基本方向

校园文化建设不是漫无目的或随大流，而是有着明确的基本发展方向。校园文化建设的基本方向是校园文化的建设主体根据国家和主流社会的发展基本要求，结合自身既有的办学传统和现实资源条件而确定的。在构建和谐社会的社会主义新时期，我国各高校的校园文化建设必须坚持社会主义方向，坚持以马列主义、毛泽东思想和中国特色社会主义理论体系为指导，培育出社会主义新人，为精神文明建设的繁荣做出应有的贡献。

把握和引导校园文化建设的基本方向是校园文化建设取得实效的前提保证。高校校园文化建设的主体尤其是教师以其独立性、创造性和主动性，能够对校园文化的发展方向进行积极的调控。他们通过抓住校园文化建设的关键环节以及校园文化的本质内容，积极、及时地进行调整与修正，可以有效把握和引导高校校园文化建设的发展方向，从而保证校园文化的良好风尚。校园文化建设有各种各样的内容和形式，因此，在校园文化建设的过程中必须采取一定的手段"引导高校校园文化向有益的健康的方向发展，使之发挥正面功能，抑制其负面功能。通过把握校园文化建设的基本方向，可以增强高校校园文化的功能"。通过积极引导校园文化建设的基本方向，"可以使自发松散无序的高校校园文化建设变得更有整体性、完整性、有序性，从而提高高校校园文化的建设实效"。

（四）校园文化建设的基本使命

大学的社会定位决定了高校校园文化建设的基本使命。校园文化建设必须与本校的具体培养目标联系起来，从而更好地为促进学生德智体美全方面发展服务。并且必须考虑所能带来和产生的社会效果，为科学技术的创新、社会的进步和发展提供精神动力和智力支持。高校校园文化建设的基本使命，具体可以从如下几方面来讲：

首先，校园文化建设担负着启迪智慧，培育创新精神的任务。创新精神是一个民族和社会发展的不竭动力。高校校园自身就是知识的聚集地，有着丰富的智慧资源。高校校园的管理、教学、活动都有着很强的文化氛围，校园的成员在这个氛围中吸取知识、增长智慧，也只有这样充满文化的校园氛围才能满足校园主体的要求，真正实现校园文化建设的目标。

其次，校园文化建设按照社会发展要求塑造青年学生的人格特质，负有促进其社会化进程的重任。校园文化建设通过文化熏陶的方式规范着青年学生的行为。正是校园文化建设在这方面的功能，青年学生才能成为特定文化群体中的人。校园文化对青年学生是有广泛的约束力的。周成贤在《高校思想政治教育对校园文化建设的价值导向》一文中指出，"一方面，通过既定的校园规章制度等行为规则，硬性强制青年学生的行为。另一方面，通过物质载体和文化活动所营造出来的环境和氛围及其对人心理的辐射作用，软性感化熏陶青年学生内在的思想。高校校园文化的这种软、硬强制作用在较高层次上规范着高校青年学生的行为"。

最后，满足校园全体成员基本的精神需求。校园全体成员的精神需求包括了个体内在心灵的愉悦和享受，以及知识的获取欲望。现实生活、学习、工作中的各种矛盾和问题会让个体成员产生苦闷、困惑，甚至不满。校园文化建设不仅要满足全体成员休闲、娱乐、技能等方面的需求，还必须要融入正确的人生观、价值观、审美观等内容，渗透集体主义、爱国主义和社会主义意识。由于第一课堂教学并不能满足学生的多方面需求，所以，校园文化就成了学生与社会沟通的主渠道，成为学生探求书本以外知识的第二课堂。大学生的求知欲主要有：拓展知识面的需求；锻炼科学研究和生产实践能力的需求；提高工作组织能力的需求；搞好人际关系和扩大交往的需求；提高文体素质，活跃文化生活的需求。

二、校园文化建设的过程性特征

校园文化建设有其复杂性，学者江玉安在《高校校园文化探析》一文指出，校园文化建设是一项系统工程，它涉及以校风、学风为核心的校园整治，舆论导向，学习氛围，道德风尚，文化娱乐的品位，艺术、科技、体育活动的组织，师生关系以及必要的阵地、设施、物质条件的支持和保障等。校园文化建设作为一项高校整体结构运行的重要内容和关键环节，综观国内高等学府的校园文化建设的发展脉络，我们对其内在的本质属性进行如下几个方面的挖掘：

（一）校园文化建设的内容具有层次性

高校校园文化内容丰富，层次性强，必须进行整体设计规划，才能保证达到特定的功效。从文化的广义角度来理解，有些研究人员认为校园文化建设包含四个层面的内容，笔者也比较认同，这四个层面为：一是物质文化层。它是校园文化的物质载体，是高校校园文化的基础。二是观念文化层。它是特定高校环境中校园人头脑中所拥有的信念、观念体系，价值观、道德、习惯、传统、人际关系、集体舆论、理想等成分，是高校校园文化的核心和灵魂。三是制度文化层。它是高校中所特有的各种规章制度，是校园文化中部分观念层文化的具体化和规范化，是高校校园文化的行为规则。四是方式文化层。它是多种精神文化传播的组织与设计,隶属于行为文化,或称之为"活文化",是校园文化的行为规则。四个层面相辅相成,共同构成整个校园文化体系。

从具体内容来讲,校园文化建设包括了从学生文化到教职员工文化,从物质文化生活到精神文化生活,从课内文化到课余文化的建设,从课堂教学、学术研究到日常生活,从通俗文化到高雅文化。其中的各项有轻重和主次之分。校风、校纪建设是校园文化建设的重点内容。其中校风包括了教风、学风、领导作风以及管理作风等。校风校纪管理作为高校校园文化建设的一个组成部分,对其建设的要求,一般归结为以下两个方面:一是管理规章制度的科学性;二是执行校风校纪的严肃性。

(二)校园文化建设是一项复杂的系统性工程

校园文化建设工程是由一系列要素所构成的有机统一整体。这些要素包括目标、内容、主体、途径和方式、依赖基础和资源等。校园文化建设的心理基础,主要包括心理定势、心理强化、从众心理、模仿心理、认同心理等。校园文化建设的依赖资源包括了精神文化资源:民族文化、可借鉴的世界文化、社会大众文化、社会思潮、大学传统、大学精神、大学校风、风气、传统、习惯、潜规则。校园硬件基础设施,如信息网络、图书馆、文体馆、博物馆等构成了校园文化建设的物质基础。合理发掘、配置和充分、有效地利用校园文化建设资源,是推进校园文化建设的先决条件和基础。高校校园文化建设的主体主要是指高等教育工作者和学生。高校校园文化建设的主要途径是通过开展各种校园文化活动把学生向沉思、启悟、心灵净化和人文修养、道德品质、理想追求方向引导,满足其精神需求。通过校园文化氛围的熏陶和感染,生活在其中的每个学生都有意无意地在思想观念心理素质,行为方式,价值取向等诸方面与学校的倡导发生认同,从而实现对其精神、心灵、人格的塑造。

(三)校园文化建设是外在教化与内在修养相统一的人格塑造过程

文化即是"化人"的过程,是个体达到特定做人的标准和人格形成的过程。文化,即是濡化,由外在环境催生内在精神。文化建设本身就是要通过外在文化环境的熏陶,激发和诱导个体内在品性的提升和重塑。文化建设对群体内成员施加外在束缚和教育熏陶的同时,重在个体内在的自我觉悟和自我修养,把外在的行为规则和约束真正内化到个体的精神世界,到达与个体行为天然合一的境界,即所谓内因与外因的协调一致,共同推动事物的发展。校园文化建设是以特定人格模式的培育为终极目的。人格的形成,是指在特定文化熏陶和教化下达到特定的价值与规范的内化,即所谓的价值认同感的产生。具体来说是指人们相互之间承认自己是属于一个整体或共同体,并且这种共同的基础是某种文化价值。校园文化建设直接结果是各个成员都实现文化认同。文化认同危机,则是指个人或群体对彼此间共同的文化身份、文化价值基础感到困惑、迷失。

校园文化建设重在诱导与渗透。校园文化建设过程的实质是以特定价值、规范、标准、理念内置于校园个体成员的心灵世界。校园文化建设是一个熏陶与陶冶的过程。其基本操作要求是潜移默化、耳濡目染、因势利导、循序渐进。校园文化建设采取机械呆板式地灌输,雷厉风行式地强制,效果必然适得其反。

(四)校园文化建设是遵循特定规律的循序渐进的过程

校园文化的建设是指文化营造者依据校园文化的性质及其发展规律,在校园范围内有目的、有计划、有系统地进行合乎时代发展要求的文化建设与管理。文化建设强调深刻的底蕴,不是一朝一夕就能完成的,校园文化的形成需要不断地吸取和借鉴各种优秀文化,并进行整合,从而形成一个相对稳定的文化系统,一个学校校园文化的形成往往要经历几代人的努力。因而校园文化建设是一个漫长的逐年积累的过程。

校园文化建设在遵循一般文化构建规律的同时,充分展现着特有的规律。第一,校园文化建设受教育规律的制约。具体表现在高校校园文化的运行要受大学生在中小学、家庭中所受教育基础的制约。第二,高校校园文化建设要受大学生身心发展规律的制约。大学生正处于情绪易冲动,心理开始成熟却又不够成熟,开始独立却又不能完全独立的时期,其心理行为表现不甚稳定,须正确地加以教育引导。第三,校园文化建设要受各高校的培养目标、办学条件的影响。学校培养目标决定了校园文化的某些主题,如师范院校的为人师表、医科院校的救死扶伤、政法院校的公正廉洁等。校园文化的营造是一个过程。在这个过程中,校园文化营造者们一方面继承传统的民族文化,另一方面又从现实中汲取文化营养,不失时机地进行创造,并使之形成一种特有的有益于育人的文化环境与氛围,从而保证学校的教育目标和教育目的的全面实现。第四,大学校园文化建设是对传统的继承与创新的统一过程。传统是一种文化现象,它的特点是流动的、变化的、发展的。继承、创新和发展,是大学校园文化建设的基本过程。继承就是有选择地吸收本校优秀文化传统,吸收外校的优秀文化,借鉴社会亚文化,在办学实践中,从校际学术文化交流中、从与社会的互动中吸取精神营养,不断丰富自己的内涵。

总之,正如夏宝慧在《高校校园文化模式构建研究》一文中总结的,高校校园文化建设,要从高校校园文化的内在运行机制出发,顺应社会主流文化的决定作用,在保持高校校园文化与社会主流文化方向基本一致的前提下,又考虑本校的具体情况,认真分析各地校园文化群的渗透,积极主动地选择吸收与校园文化建设目的相一致的内容,从师生的身心特点出发,考虑到师生的内在需要、兴趣爱好和已有水平,保持校园文化建设的科学性。

第二节　校园文化建设的技术路线

校园文化建设的技术路线是校园文化实施运作的具体过程,校园文化建设只有拥有明确的技术路线才能科学、有效地进行,只有建立一条正确的校园文化建设的技术路线,才能够在理论与实践相结合的情况下将校园文化建设更好地开展下去。所谓技术路线是指从设计—实施—完成各技术结合的完整环节。根据这个解释也可以推理校园文化建设的技术路线也是一项系统工程,它具有多侧面、多角度、多层次的特点,因此,它的建设与发展有必要对其内涵、关键环节等问题进行理解与把握。

一、校园文化建设技术路线的基本内涵

校园文化建设的技术路线是指解决校园文化建设所遇到的问题的策略和思路,包括解决问题的技术手段、程序步骤和具体方法。校园文化建设的过程是从理论到实践的过程,从科学理论到具体社会实践,"必须经过一个中间环节,这个中间环节就是(社会科学的)技术环节,正像自然科学的一般原理应用于实际,应用于生产过程时必须经过(自然科学的)技术中介环节一样。可以说,所有反映对象的一般规律的科学理论应用于具体实践,都必须经过相应的中介环节"。显然,"校园文化建设也有自己的技术,技术的特征是'规范性的'(normative),即给定某目的的前提下,人们应该怎么做"。"社会技术根据社会科学的理论,根据社会调查得来的资料,制订政策、计划与方案,拟定可操作的程序和规则,以解决社会面临的问题。"

二、校园文化建设技术路线的关键环节

校园文化建设的关键环节就是操作系统自觉而合理地进行设计。由于校园文化内容结构的复杂性,要确保校园文化建设设计的有效性,就必须通盘考虑、整体筹划。具体包括三方面内容:

首先,整体部署,阶段实施,突出实效性。校园文化活动,因类型不同分属各专兼职机构管理,活动的开展也有不同的管理机构负责实施,常常造成事实上的多头管理、多头活动的局面。因此,校园文化活动必须在统一领导下,全面规划,整体部署,分阶段、分部门具体负责实施。在活动内容、时间、方式、场所、经费等方面尽可能取得平衡,多开展一些校园主体特别是学生喜闻乐见的校园文化活动,增强实效性。

其次，提高认识，整体设计，提高校园文化建设的水准。校园文化建设，可以使天赋、智力、才能极不平衡的学生从中找到展示、表现和发展自己的领域，从而树立起自信心，成为充满创造激情的奋斗者；可以培养学生丰富的想象力，进而使想象力成为"知识进化的源泉"；可以使学生在多方面的尝试、实践中锻炼和提高独立思考能力和创新才能，这是课堂教学所无法做到的。培养全面发展的人，全方面地培养人，是校园文化建设的终极目标，也是校园文化建设的思想基础。新世纪学校发展和学校校园文化建设都应该从学生的培养等方面进行总体规划和整体设计，制定基本框架，确定基本标准，各学校在此基础上，再结合各自实际进行规划设计，既坚持高标准、高要求，又各具特色，不千篇一律。把规划设计进行一次全面的评估论证，然后，以法定的形式确定下来，分步骤、有计划地实施，不因领导人的主观意志和领导人员的变更而受到影响。这样既可以避免重复浪费，又不会因受经济环境的制约而放弃目标；既可以使校园文化建设得到不断完善，又可以提高学校校园文化建设的水准和品味。

最后，面向全体，丰富资源，凸显教育性。校园文化活动的主体是营造和参加校园文化活动的师生员工。校园文化活动的内容和形式要密切联系校园人的生活、工作、学习的实际，面向广大师生特别是学生群体，要能反映广大师生员工的需要，反映火热的校园文化；内容要健康向上，具有启迪性，凸显教育性；活动的形式要生动活泼，适合校园人尤其是大学生的心理特点，寓教于乐。此外，要不断丰富校园文化的资源，利用一些可以利用的资源开展教育活动。校园文化资源是校园文化建设过程中可资利用的物质、精神条件，是校园文化建设顺利进行的重要保障，同时也是校园文化建设的对象和载体。校园文化的资源包括显性文化资源和隐性文化资源。显性文化资源是指校园的硬件建设，主要指校园的环境设施建设，如校园环境的绿化、净化、美化、诗化和教学设施建设等，它们以显性的形式存在，是校园文化的外在表现形式。隐性文化资源包括校园精神文化、制度文化和师生活动文化等，校园文化资源具有涉及面广、表现形式多种多样、内涵丰富深刻、发散性广泛等诸多特点。

三、校园文化建设技术路线的核心要素

校园文化建设技术路线的核心要素是设计理念，包括校园文化建设的导向和目标。这是校园文化建设成败的决定性因素。

（一）校园文化建设的核心理念——"以学生为本"

当前校园文化建设的根本方向和目标在于作为每个个体的人与所处的校园环境氛围和精神气息间的交融互动关系，而这种关系的人性化体现在对学生主体作用的尊重与肯定，其核心在于"以学生为本"。

一方面重现学生在校园文化中的作用。第一，学生在实践活动中，利用节假日、双休日，组织学生参加社会实践是发挥学生在校园文化活动中主体作用的重要途径。社会实践是引导学生走向社会，在实践中成长，在锻炼中成才的有益工作，而且符合学生渴望了解社会，培养独立人格的心态。第二，学生在社团活动中的作用。社团活动是高校学生课外活动的一个重要组成部分。学生社团活动不仅为学生提高实践能力、促进个性培养提供了广阔的舞台，而且对大学生的健康成长具有特殊的作用。第三，学生在学术科技活动中的作用。青年学生参加学术科技活动是高科技时代和现代化建设对学校人才培养的迫切要求，也是学生面向现代化、面向世界、面向未来的客观需要。积极组织和倡导青年学生参加学术科技活动，是校园文化建设的一个重点。

另一方面是如何保障学生在校园文化中的主体作用。学生在校园文化活动和制度文化创设中发挥着主体作用，而这种主体作用往往因理论认知和制度保障的缺乏而陷入空谈的困境，因此可从以下几方面给予其全面细化和稳定的维护：首先，要以学生的文化需求为导向。校园文化的一个重要特点就在于它是适应广大学生需要的文化形态，这种文化的目的是为了促使大学生健康成长。因此，校园文化建设要关心学生的文化需求，做到坚持以学生为本，要想学生之所想，急学生之所急，尊重广大学生的文化选择，并让学生在文化活动中唱主角。只有这样，校园文化建设才能真正体现和发挥广大学生的主体作用，才能吸引广大学生积极地参与到校园文化实践活动中，并在这种文化实践中修养心性，增长才干。也只有这样，校园文化活动才会充满生机和活力，不断焕发出迷人的光彩。其次，要以知识的传播、交流和学习为中心。学校校园文化是一个复杂的系统，校园是一个复杂的系统，校园文化活动形式多种多样，但在复杂的校园文化问题中，知识的学习、交流和传播应该是中心议题。学习新知识是大学生的天职，也是提高大学生各种能力的基础。校园文化建设的目的就是要为学生学习文化知识创造条件，如果忽视了知识学习这个中心，校园文化活动将失去其应有的价值。因此，校园文化内容的设计要强化知识的学习、交流和运用，通过知识型文化活动的开展，不断激发大学生学习知识的热情，使他们在活动中开拓文化视野，增强学习的主动性和自觉性。再次要以学生社团为载体。在这里学生可以得到很多专业以外的知识，一定程度上突破专业知识的局限性，突破课堂知识学习的局限性，实现不同学科之间、不同班级之间的文化交流，为学生完善知识结构创造良好的渠道。最后要以学生自主性文化活动为基础。发挥广大学生在校园文化建设中的主体性作用，就必须让学生在校园文化活动中具有一定的自主权。因此，学校要为学生的自主性文化活动提供合理的空间，让学生在自我设计、自我组织的校园文化活动中得到锻炼和发展。这种自主性的文化活动一般都是来自学生自身的文化选择，符合学生的文化需求,最能调动广大学生的积极性和创造性。在当今的校园里,人们到处可以看到学生自主开展各种文化活动形式,从休闲娱乐到文化学习,从强身健体到道德修炼,从理论交流到实践创新,满足了学生的精神需求,促进了学校的健康发展。

(二)校园文化设计的一般步骤与主要内容

面对新形势、新特点,如何更好地设计学校校园文化活动,构建良好的育人环境,构建健康向上、有序发展的校园文化,这是一个崭新的课题,更是一项艰巨的系统工程。

1. 校园文化设计的一般步骤

校园文化设计一般包括以下三步。

第一步:计划启动。计划启动阶段的主要任务是明确学校为什么要进行校园文化建设、由谁负责领导、由哪个部门负责实施、采取什么步骤、投入多少经费等问题。此时要做出详细的计划,等到计划批准后才能进一步实施。启动是要做好动员、宣传工作,使全校教职员工积极参与到校园文化建设中来,而不仅仅是校领导或个别部门的责任。

第二步:调查分析。就是对学校既有文化和内外环境的调查分析。要调查分析本学校有哪些优秀的文化传统,在未来将起什么作用,需做哪些必要调整,哪些文化传统已不适应学校的发展,学校已有的价值观念是否还能激发教职员工及学生的工作学习热情,调查在学校中什么样的人才能成为楷模、教职员工及学生对他们有什么样的看法,从中了解学校精神,调查既有的价值观念是否符合社会主义市场经济的需要,调查既有的规章制度是否适应学校的发展,调查学校怎样处理与外界的关系以及教职员工与学生的沟通方式。调查既有的生活方式和人文环境对教师员工及学生成长有无不利的影响;调查学校的组织机构设置是否有利于企业的发展等。调查之后根据调查结果,总结概括出校园文化的内容,如校园精神、校园价值观等。

第三步:总体目标。在制定目标时应注意几个问题:一是一定要贯彻以人为本的管理原则,在管理目标上要突出学生的地位;二是一定要结合学校的具体情况,目标不能太高也不能太低;三是一定要与民族文化相结合,否则就成了无本之木,无源之水;四是一定注重发动学生和广大教职员工参与制定校园文化发展目标。校园文化的目标不是单一的、某一方面的目标,而是包括各个要素的具体目标。具体来说,就是要明确校园未来文化应具备什么样的学校精神、价值观念、道德风尚以及形成一种什么样的生活方式和人文环境。

2. 校园文化设计的主要内容

校园文化设计是一项复杂而艰巨的系统工程,每个学校必须根据自己的情况来构建自己的模式。一般来说包括以下三个方面内容。

一是总体设计方面。"指导思想要根据学校的中心工作和任务,因地制宜地利用学校的各种优势,对校园文化建设的具体内容、形式、方法进行总体设计。"然后根据调研具体情况有依据地进行校园文化总体设计。

二是内容设计方面。随着市场经济的发展,新旧体制转换而滋生出的社会弊端把当代学生置身于一个喜忧参半的复杂社会,思想政治素质参差不齐。正因如此,"五爱"教育(爱祖国、爱人民、爱劳动、爱科学、爱社会主义)、社会主义核心价值体系等内容应当成为当前高校校园文化内容设计的主旋律,它所具有的针对性和时代感,能循序渐进地引导和教育不同政治觉悟的学生共同向上。首先要弘扬爱国精神,发挥榜样作用,注重情感培养。其次是要加强"五个"教育(诚信教育、敬畏教育、感恩教育、责任教育、荣辱教育),塑造健康人格,提高综合素质。第一,要加强政治理论和党的方针政策教育,使学生能正确熟练运用马列主义、毛泽东思想等分析中国的现实问题。第二,要加强国情教育,使学生全面理解党的方针政策,同党和政府在思想上、行动上保持一致,努力实现党的奋斗目标。第三,要加强民族自尊心、自信心教育。让学生既看到中国和世界的差距,又要对未来充满民族自尊心和自信心,使他们能够根据实践发展和竞争要求,不断调整、完善自己的知识能力结构。第四,要加强为人民服务和集体主义教育。引导学生走出校门,为社会为人民办实事,做好事,展现学生的风采,推动社会主义精神文明建设。第五,要加强艰苦奋斗传统教育。培养和教育每一个学生从自我做起,从小事做起,节约水电、节约粮食、珍惜劳动成果。

三是形式设计方面。活动形式依附于活动内容而存在,形式的设计要与学生的年龄特点相适应,并与季节、场合、人数、环境相协调。多姿多彩的活动形式,不仅能增强精神文明教育的可接受性,满足学生求知成才,探索人生价值,开展社会交际、文化娱乐活动等方面的需要,同时也鞭策学生在轻松愉悦的校园文化活动中,自觉地塑造健康的人格,陶冶道德情操,树立崇高的理想,升华人生的意蕴。具体包含两种形式。第一种是系列教育形式:把一些传统活动、重大节日、重大事件、重要的历史人物、党的基本方针和政策以及优良传统等与本院校安排的教育形式有机地结合起来,形成一条主线,提出鲜明的专题及各阶段的要求。举办一些诸如化装舞会,即兴小品表演,球类、棋类比赛,快乐的侃大山,电影月,周六故事会等形式的活动,不仅能检验学生们的语言表达能力、想象力及欣赏水平,还能缓解紧张学习带来的疲劳。戴上小动物的头饰,沉浸在小动物的角色中,无疑会增强学生热爱集体、热爱校园的感情,心和集体也就靠得更近。第二种是求知激励形式:每一个大学校友都愿给大家留下美好的印象,我们因势利导寻求多种形式为他们提供显露自己聪明才艺的机会。

如：书画展览，才艺表演，科技、人文、生态环境等知识竞赛，书法比赛，智能比赛等。这类活动要力求新鲜、多样，各具异彩。

第三节 校园文化建设的运行机制

所谓运行机制，是指复杂组织系统存在、运行、发展所依赖的因素及其相互关系，它反映该系统存在、运行、发展的规律，是该系统内在结构得以完善、外化功能得以实现的保证。校园文化建设的运行机制是校园文化的现实操作抓手，更是校园文化不断发展行进中的动力系统和根本保障。要更好地实现这一目标，既要从校园文化建设的社会发展推动机制、自主发展机制出发，创造小文化"气候"或氛围机制，又要从校园文化独特的"心理暗示"和"文化无意识"机制四方面入手，促进校园文化健康、持久发展。

一、校园文化建设的社会发展推动机制

整个社会的进步与发展是政治、经济和文化相互联系、相互制约的结果。作为社会的一个子系统，现代学校的发展与整个社会的进步也是紧密地结合在一起，社会系统中相关领域的变化势必会对校园文化建设产生重大影响，同时，校园文化建设的发展也将在一定程度上反作用于社会。

（一）社会政治对校园文化建设的影响

我国学校校园文化发展的历史表明,社会政治的变化和发展直接影响校园文化的变化和发展。解放初期，校园文化建设紧紧围绕当时党和国家的方针、政策进行，如朝鲜战争爆发，党中央决定抗美援朝，保家卫国，这时期校园文化空前活跃，具有强烈的爱国主义和国际主义色彩，极大地激发了广大师生的爱国热情和必胜信念。20世纪80年代初，在解放思想、实事求是的方针指引下，校园师生开始思考和讨论人生价值观问题，于是，"发奋读书、立志成才、实现自我"成为大学校园文化的主旋律。20世纪90年代以来，社会政治进入一个和平稳定的发展阶段，校园文化空前繁荣。校园文化在总结经验、吸取教训的基础上呈现出五彩缤纷之势，校园内、校园与社会之间的文化交流日益频繁，校园文化活动不断丰富，学术讲座、社团组建、社会调查等活动层出不穷，自编、自导、自演的文艺节目精彩纷呈，学生的精神风貌在这些活动中得到了充分的展示。

实践证明，社会政治的发展会带来社会文化的繁荣，校园文化的蓬勃发展也成为必然。没有社会政治的进步，就不会有欣欣向荣的文化，校园文化就将缺少成长的沃土，正是当前优良的政治环境才促使我国高校校园文化进入了一个全面、迅速、充分展现个性的稳定发展时期。新时期，社会政治的发展直接影响校园文化的政治方向，社会主义的政治要求校园文化建设必须坚持社会主义性质与方向，社会主义的政治要求校园文化建设必须以培养"四有"新人为目标，科教兴国战略为校园文化建设提供了宏大的背景支持，政治文明的发展催生了校园文化的自主意识。

（二）社会经济对校园文化建设的影响

一个国家、一个民族在经济上如果没有什么作为，那么在引领校园建设中也是鲜有作为的。经济基础是指由社会一定发展阶段的生产力所决定的在社会中占统治地位的生产关系总和，是构成一定社会的基础。经济的发展水平影响、制约、促进着学校的发展水平、发展层次、发展结构。

随着社会的发展，特别是我国社会主义市场经济的发展和逐步完善，使校园文化与社会经济的关系越来越密切，校园文化的发展越来越离不开经济和生产的发展。市场经济的繁荣提供了校园文化建设所需的大量的人力、物力和财力。现代的校园文化建设离不开经济与生产这个基本前提，校园文化的发展又紧紧围绕培养人才进行，而人才的培养离不开经济与生产这个基础。历史事实表明，在计划经济时代，校园文化发展的物质条件得不到充分保证，因此发展速度较慢，其质量得不到保证，导致校园文化的总体水平不高。在市场经济条件下，经济水平不断提高，生产规模空前扩大，我国经济发生了翻天覆地的变化，从而为学校校园文化的发展提供了现实的可能性，为校园文化物质设施的建设和完善以及校园文化活动的开展提供了有力的经济后盾。此外，社会经济发展也带来了校园人观念的更新。经济发展和科技进步拓展了文化研究的领域，给文化发展提供了新的内涵。另外，经济的发展又增加了人们对文化的强烈需求并把社会文化发展中处于核心地位的文化价值观念推到更加突出的地位，成为判定现代人行为特征和方向的基本要素。社会主义市场经济的发展，创造了校园文化发展的大好形势，成为新时期推动校园文化健康快速发展的根本动力。

但是，我们不得不承认，社会经济在带来更多的物质资源和先进观念的同时，也带来了容易引发错误导向的投机意识、唯我意识、金钱意识等，从而对校园文化产生双重影响。因此，我们要在充分认识社会经济对校园文化的影响和社会经济的发展是校园发展的最终决定力量的正确论断的基础上，加强校园文化自身建设并不断完善，使校园文化能够抵制市场经济的负面影响，充分发挥其良性影响力，保持积极向上的活力。

（三）社会文化对校园文化建设的影响

学者李贵在《论社会文化和政治对高校校园文化发展的影响》一文中论述到："社会文化，是一定社会的经济和政治在观念形态上的反映，是人类社会历史发展的积淀和产物。而先进文化则是人类文明进步的结晶,又是推动人类社会前进的巨大动力,它顺应历史潮流,反映时代精神,代表社会发展方向,体现人民群众的根本利益。从文化与经济、政治的相互关系看,文化在总体上具有鲜明的意识形态性,其核心部分直接反映并服务于一定社会的经济和政治的要求,直接反映了一定社会群体的利益要求。"

李贵认为,"社会文化是社会的主文化、大文化、起主导作用的文化,校园文化是置身于社会文化大背景下的一种独具特色的亚文化,属于社区文化的范畴。二者不同之处在于:一是从形式上看,校园文化与社会文化的范围不同,校园文化表现于学校内部,本质上是社会文化领域一个角落的特殊文化形态;社会文化是存在于社会各个领域的一般文化。二是从内容上看,校园文化与社会文化的活动形式、活动产品不一样,校园文化活动方式主要是教育学,社会文化活动方式是社会生活本身,是以物质生产实践为基础的各种各样的实践活动。校园文化的活动产品主要表现为精神产品,使学生的思想观念和知识水平提高到新的精神境界,社会文化的活动产品包括精神产品和物质产品"。学者王荃、王莎在其撰写的《高校校园文化与社会文化互动繁荣的运行机制》一文中认为,校园文化和社会文化之间既有部分与整体、局部与全局的性质,又有个别与一般、个性与共性的性质,是相互连接、互相渗透、互相制约的系统与子系统的关系。社会文化是校园文化系统十分重要的输送来源,而且这种输入也不总是强制性的,校园文化总是主动地选择和吸收社会文化中对其有益,能为其所用的东西。校园文化的地位决定了它必须与社会环境相适应,它的发生发展都受到社会文化的制约和规定。社会文化在一定程度上影响着学校的办学方向、发展目标,人才培养的规格。同时社会文化提供校园文化教育的内容,这就是社会文化对校园文化强有力的渗透作用。社会文化是校园文化的源泉,校园文化一旦与社会文化相脱离,就会成为无源之水、无本之木,陷入抽象主义的泥潭。

社会是个大舞台,既有大量的正剧上演,也有不少的反剧出台,一些劣质的社会文化进入校园也会危害校园文化的发展,因此,在关注社会文化积极作用的同时,也要时刻注意社会上不正之风对校园的侵袭,加强对学生的思想引导,提高学生的文化鉴别能力。

二、校园文化的自主发展机制

近年来,学校自主发展日益受到关注。《辞海》对自主的解释是"自己作主,不受别人支配",强调一种独立性,校园文化的自主发展机制主要体现为校园文化目标的自主取向、校园文化内容的自主选择、校园文化过程的自主管理、校园文化体制的自主创新和校园文化效果的自我评价。

(一) 校园文化目标的自主取向

校园文化是学校的灵魂,体现了学校的主体精神。一个学校的文化定位对学校的发展和进步起着重大的推动作用,未来校园的发展,很大程度上是文化论输赢。学校能不能自主发展在很大程度上取决于校园文化的自主发展,校园文化的自主发展是学校自主发展和学生自主发展长久不衰的动力机制。校园文化建设的目标固然要以国家教育的总体要求和社会发展的总体需求为依据,但更多的是根据学校自身发展的现实要求和未来方向。校园文化的总体目标确立以构建个性化的校园精神为最终的价值取向,而这种校园精神更多地以学校的文化传统、办学理念和学科特点为依据。比如北京大学和清华大学的校园文化建设更多的延续着其历史传承的文化特点;而对于师范院校,其校园文化建设更多指向人才培养的规格,其校园文化建设核心目标即培养乐教适教的未来教师者,具体目标可以分解为培养学生职业理想,培养学生从教技能,培养学生完善的教师心理品质,培养学生多才多艺的综合素质等。因此,校园文化的目标更多地体现着学校的自身特点,是学校在一定范围内自主选择、自我定位的结果。

(二) 校园文化内容形式的自主选择

目标的自主性决定了内容和形式的自主性,校园文化建设的内容有了更加宽泛的选择空间,从内容题材到活动形式,从优秀的历史文化传统到时尚热点焦点话题,从国内时事政策到国外先进教育理念,从校内班团活动到校外社会实践,校园文化的内容都具有很强的开放性和自由度。学者秦旭鹏在《论大学校园文化的创新》中认为:"在内容上体现出多层次、多类型,要开展融思想性、趣味性、知识性、艺术性、竞技性为一体的丰富多彩,使学生喜闻乐见的文化活动,校园文化内容的自主选择决定了校园文化的多样性。在形式上,校园文化可以划分为以下类型:思想教育型,对参加者的政治立场、道德品质、思想方法、人生观、价值观等教育为主;扩充知识型,各种知识竞赛、讲座、报告会、信息发布会、科技挑战赛等;增加交际能力型,如各种沙龙、座谈会、舞会、集体旅游、联欢会、各种联谊活动等;审美型,如文艺表演、诗歌朗诵、书画比赛、采风、才艺展示等;竞赛型,运动会、球类比赛、健身活动等;娱乐消遣型,如弹琴下棋、歌舞游等。校园文化活动的具体形式可谓多姿多彩,无所不有。学校可以根据客观需求选择校园文化的教育内容,学生也可以根据自身的兴趣爱好,自发开展各种内容和形式的活动。"

(三) 校园文化过程的自主管理

在校园文化的建设过程中,学生是活动的主体,又是自我教育、自我管理、自主参与的主体。特别是在高等教育学校中,发展学生自我教育、自我管理的能力是其校园文化建设的核心目标之一，校园文化活动主要是学生自治、自立、自主参与的活动。学生的自主管理分为以下两方面。一是校园生活学习的自主管理。2005年3月，中华人民共和国教育部颁发了《普通高等学校学生管理规定》，针对大学生的管理给予明文规定，并在2005年9月1日起开始执行。在这个新的管理规定颁布的大背景下，各高校都要重新制定各种相关的管理制度。在这个过程中，更应注重学生的主体性，要尊重学生的利益，注重学生的全面发展。尤其是学生特别关注的一些制度，如学籍管理制度、奖励与处分制度等。在这些制定的过程中，应以国家法律及相关规定为前提，要通过本校的专家、学者、相关人员和学生代表，进行广泛而深入的探讨和研究，制定的各项管理制度应体现出尊重学生的切身利益，尊重学生顺利成材，尊重学生健康成长等理念，使管理制度内涵深刻地彰显人文关怀。二是校园文化活动的自主管理。学生是校园活动的组织者和管理者，学生校园文化活动多是学校指导、学生自发组织的活动，有些学校通过开展校园文化招标制引导学生自主自发地开展校园文化活动，充分调动学生的积极性主动性，锻炼学生的组织管理能力。因此，学生在学院文化过程中发挥了自主管理、自我教育的作用和功能，同时也进一步提高了自主管理、自我教育的能力和素质。

（四）校园文化体制的自主创新

创新性是自主发展的一个主要特征，一方面是指在自主发展过程中的创造性，即方法论上的创造性，它是从独立性、自主性中提升出来的，表现为个体在自主教育过程中的探索精神和科学的怀疑精神。学校校园文化在不断发展过程中，拓展了很多好的教育方法和教育模式，比如各类文化节活动，校园文化招标制等；另一方面是指作为自主发展载体的创新性。新时期，校园文化的载体创新主要体现在充分发挥网络的载体阵地作用，建设好融思想性、知识性、趣味性、服务性于一体的校园网站。不断拓展校园文化建设的渠道和空间，积极开展健康、向上、丰富多彩的网络文化活动，形成网络文化建设体系。牢牢把握网络文化建设的主动权，使网络成为校园文化建设的新阵地。此外，校园文化还积极倡导和推进文明、健康的手机短信用语。

三、创造小文化"气候"机制

长期以来，人们使用文化概念时，其内涵和外延由于不同的视角而呈现出无限的差异，故此文化有广义和狭义之分。广义的文化立足于人类与其他动物，人类社会与自然界的本质区别，着眼于人类卓然独立于自然的独特的生存方式，其涵盖面非常广泛，又被称为"大文化"，它从人之为人的角度上立论，将人类社会历史生活的全部内容统统摄入"文化"的定义域之中。而与之相对的则是狭义的"文化"，它排除人类社会历史生活中关于物质创造活动及其成果的部分，只关注精神创造及其成果，内容较狭窄，又被称为"小文化"。二者之间是不可分割的，在逻辑上"小文化"是从属于"大文化"的。校园文化相对于整个社会的文化来讲是一种子文化、小文化，而校园文化本身也包含了许多小文化。社团文化、班级文化、寝室文化等都是校园小文化"气候"的一个重要体现，是一种重要的心理环境，它对青年学生的影响是极为深刻的。

（一）建设社团文化的运行机制

学校社团文化，是指学生社团在长期的活动中所创造的精神财富、文化心理氛围以及承载这些精神财富、文化心理氛围的活动形式和物质形态，是学生社团物质财富与精神财富的总和，包括社团活动、社团形象、价值观、社团精神、社团品牌和文化产品等主要方面。学生社团是学校社团文化的基本组织单位。社团活动是学校社团文化的动态表现与具体表现，是学校社团文化中最具特色、最具影响力的部分，是社团的生命力所在。学生社团的蓬勃发展，日益丰富着学生的第二课堂，也使校园文化精彩纷呈。夏育林还认为，立足于培养高层次的复合型人才的客观需要，构建以学术社团为主体，娱乐、服务并存的社团格局，必须从以下方面加大对社团的管理和支持。

第一，选派有特长的教师参与指导，促使社团活动提高水平。社团是学生根据个人兴趣、爱好自发组织起来的，其内部成员的水平和能力参差不齐，负责人往往难以起到核心作用，整体活动水平低，内容缺乏新意。因此，选派有一定特长和学术水平且在学生中有较高威望的教师，担任社团的指导老师，就成为社团提高活动质量的关键。学校党委和行政不仅要鼓励优秀教师承担这一重任，而且要在有关政策上予以支持，如计算工作量，与评职称、评先挂钩等，建立起良好的导向机制。

第二，加大对优秀社团的投入，包括资金和场地两个方面。当前学校社团的活动场地普遍有限。应该充分考虑社团的实际需要，腾出固定的场地，为社团开展活动创造条件。社团的资金来源主要是会费，少数社团会有一部分资金来源于学校。从社团运作的实际情况看，该部分资金是难以维持局面的。现在，许多社团在活动中开始寻求商业赞助，这给部分社团带来了生机。然而，商业赞助是有明确目的的，一些前沿的热门社团如计算机协会、管理协会等，就会相对受到企业的偏爱。相反，一些理论性很强的社团如马列协会等，就难以得到商业赞助。学校应该根据不同情况，有针对性地予以支持。

第三，加强对社团干部的管理。社团干部在社团中有着特殊的地位和作用，是社团的核心，主管部门应当适时地集中对他们进行短期培训和思想教育，逐步提高他们的素质。同时，应注意对后任社团负责人的培养和锻炼，使社团能平稳过渡。

第四，打造社团自己的品牌活动。创立社团活动品牌是凸显社团文化的重要手段。这是社团吸引更多同学关注、加入、参与其活动的基本前提。一个社团，如果没有品牌活动，就无法吸引已有成员的积极参与，也不可能在校园中树立形象、扩大知名度、增强影响力，吸引更多的同学参与。所以品牌活动对于社团的发展是无形的精神财富。例如，东北师范学校红烛志愿者协会成立于1994年1月，成立10年来，它以"自愿、互助、奉献"为原则，打造出了"支教助学、帮贫济困、社区服务、互帮互助、环境保护、赛会服务"等6个品牌活动。具有师范特色突出、参与人数多、活动层次广、社会影响大等特点。到目前为止，红烛志愿者协会共有注册志愿者6900人，20个分会。再如，广西医科学校的学生社团"绿色沙龙"在创建、发展的过程中，一直将品牌活动作为社团最主要的任务来抓，先后集中力量在南湖水资源调查、保护母亲河宣传、南宁市摩托车尾气污染物调查以及创建全国学生暑期"绿色夏令营"上下功夫，努力创品牌。特别是"全国学生绿色营"，坚持9年，每年都有不同的主题和特色，这些品牌活动得到全国不少媒体的关注和报道，因而使社团在短短几年内扬名全国，多次获得全国性大奖，获得多个基金的项目赞助。在创建品牌活动的过程中，又使社团自身的制度获得完善，形成了独特的"绿沙精神"，使得社团文化最终创立起来。

第五，加强社团的民主化管理。社团管理的核心是民主办社团，没有会员真正意义上参与社团的民主选举、民主决策、民主管理、民主监督，实现社团宗旨就是一句空话，也不可能实现社团的发展。要拓宽会员参与社团管理渠道，建立健全与会员的联系、服务、沟通、监督等机制，使更多会员能积极参与社团工作，努力形成"社团是我家，发展靠大家"的良好民主氛围，将社团发展纳入民主自治的轨道。此外，主管部门在对社团的管理上，还可以尝试建立社团协会的评估体系，依据"等级评估"的制度，定期对所有社团的整体状况进行评估，出色的升级，反之则降级。这既肯定了优者，同时对不足者也是一种督促。

学校的学生社团建设是校园文化建设的重头戏，对学生的思想品德的影响、独立人格的形成、专业知识的巩固，都起着相当重要的辅助作用。社团的建设和管理，牵涉诸多方面的因素，只有在党、团组织的领导下，实现社团管理的规范化和制度化，提高社团干部的素质和能力，才能充分发挥其积极作用，使学生社团成为学校校园文化建设中一道靓丽的风景。

（二）创建班级文化的运行机制

班级文化，是指学生在所处的班级这一特定的集体及其所处的环境中，由班级全体成员（包括与之相关的教师及其管理者）为实现社会、学校的要求和自身目标，在教育、教学、学习、生活等实践活动中创造形成的一切物质形态、精神财富及其创造形成的过程。

一方面是班级文化的内涵。从班级文化的存在形态看，它包括显性文化层和隐性文化层两个层面。班级显性文化层是班级文化中能直接感觉得到的部分，包括班级各种规章制度、班级综合成绩、班级人际气氛以及班级共有的物质环境等。它是班级文化的载体和基础。班级隐性文化层是班级文化的深层部分。班级隐性文化层的核心内容是班级精神文化。健康的班级精神文化是班级的真正财富。班级精神文化可分为智能型的知识文化、素质型的心理文化、情感型的审美文化和意识型的观念文化。四者相互渗透，凝结成班级文化的内在精神。知识文化是班级精神文化的中心内容，是同学们对知识的态度，对科学文化认识的总和，它直接决定一个班级的学风，并对班风的形成起基础性作用；心理文化则是历史传统、民俗习惯、道德情操等体现在同学们身上的精神风貌，是人的自身修养，是班级正气和风尚的源泉；审美文化，表现在娱乐交往中，就是同学在爱美、求美、创造美的过程中所需要的审美情感；观念文化是指在一定的价值目标支配下形成的对客观事物的看法、思想和观念体系，内含情感价值观、道德、习惯、传统、人际关系、集体舆论、理想等成分。观念文化一旦内化到个体心理结构中，就可支配人的行为，左右人的意志，调节人的情感，塑造人的性格。它是精神文化的核心和灵魂。

另一方面是班级文化建设的运行机制。一个班级的班级文化对班集体建设和学生的成长有很大的影响。健康的班级文化有助于学生综合素质的全面提高和人格的完善，而班级文化的生成及再创造、再发展，能推动学生实现自我教育、自我管理、自我主动地感受外部世界，自觉地进行思想转化，完善自己的思想并付诸实践，从而形成符合社会发展需要的思想品质和行为规范。因此，在积极营塑良好校园文化的今天，我们要发挥班级文化对学生教化、内化和潜移默化的作用。学者吴云助在《高校班级文化建设刍议》一文中认为应该从以下几点入手。

一是优化班级物质环境，注重班级形象塑造。在学校校园，班级的概念不像中小学那样鲜明。因此，在班级成立之初，班主任（辅导员）要在学生心中强化班集体的意识，鼓励同学为班级争取荣誉、参加各类活动，努力为班级争光，以塑造良好的班级形象，使班级每一个成员树立班级的集体自豪感和荣誉感。

二是建立健全班级各项规章制度，保证班级文化的健康发展。学生往往过于追求个人兴趣，缺乏把握班级文化方向的能力。建章立制可以杜绝不健康的文化现象，是班级文化健康发展的保证。班级制度建设一要做到系统、齐全；二要可行，要让绝大多数学生能接受；三要可检，制度制定后不能束之高阁，要定期检查总结；四要以激励为主，惩罚性的措施要慎用，要立足于引导。班级内部最好能形成自己的班徽、班歌，这样有利于加强班级的集体荣誉感和班级凝聚力。东北师范大学学生处负责管理的"班长联席制",就是通过将各班班长组织成一个团体,来加强班级间的相互沟通与联系。"班长联席制"中参与的班级都拥有自己的班徽、班歌,这就增强了同学们的集体归属感。学校还定期对这些班级进行评比,发放一定的经费作为鼓励,这就更加强了学生对班级的热爱。

三是培养班级文化建设骨干,充分发挥学生在班级文化建设中的主体性、主动性。学生是班级文化的受教育者,同时也是班级文化建设的主体。班主任(辅导员)要充分认识到自己是班级文化建设的引导者,其主要作用是引进社会主流文化,而不是代替学生包揽一切。让学生成为班级文化的主体,教师要积极培养文化建设的"领头雁",使班级干部成为班级文化的核心力量。同时更要注意培养学生的特长,使班级拥有一批能让同学自豪、能在学校的活动中为班级争取荣誉的骨干、"明星",让他们成为班级文化建设的中坚力量,从而进一步带动全班同学。四是丰富班级文化活动,增强班级文化建设的实效性。文化活动是班级文化的载体。丰富多彩、健康向上的班级文化活动,既可以陶冶学生的创造能力,引发学生的潜能,同时也提供给学生展示才能和个性的机会。班级文化活动的开展在注意尊重学生的人格和意愿的同时,还要求能有层次、成序列、上档次;在力戒空洞说教的同时,也不能局限在学生"唱唱跳跳"上,而应该引发学生思考,寓教于乐。五是建好班级文化阵地,树立良好的班级舆论。班级文化阵地包括班级的墙报、黑板报、班级自办刊物等。班主任(辅导员)要加强这些阵地的建设,可以利用墙报、黑板报培植典型,实施"标志性工程",要让班级自办刊物成为学生抒怀积极向上情感的阵地,而不能使其成为发泄低落情调的场所。通过阵地建设,弘扬正气,抑制不良风气的班级舆论逐步形成。班级是学校的基本单位,是学校教育的主阵地,班主任(辅导员)要充分认识到班级文化建设的重要意义,通过班级环境、制度、骨干、活动和阵地的建设,形成健康的班级文化,使这个隐性课程在培养和提高学生综合素质方面,发挥其应有的功能。

(三)建设寝室小文化的运行机制

寝室小文化是指寝室的物件陈设,寝室成员的思想观念、生活习惯、行为模式及相互关系的总和。寝室小文化是在寝室成员的共同作用下形成的,寝室成员长时间接触和共同生活,形成了十分亲密的关系,互相之间的情感和思想交流也十分普遍,经过长期的社会互动,形成了一个寝室比较稳定的寝室规范和价值观念,这就是寝室小文化的中心。"充分调动学生组织的积极性,加强学生自我管理、自我教育、自我服务的意识。学生是学生寝室的主体,在寝室管理与教育的各项工作中充分发挥学生的自我教育和自我管理的作用,一方面既有利于调动学生参与寝室建设的积极性,发挥他们的聪明才智,为寝室文化建设注入新思维;另一方面也有利于在实践中培养和锻炼他们的能力,增长他们的才干,这对学生创新素质的培养也极为有利。"

第一,要充分调动学生组织在寝室管理中的作用,锻炼学生的管理能力,提高寝室管理效率。学校可以让学生依托各种类型的学生自治组织参与寝室管理,充分发挥学生组织的号召力和带动作用。在寝室的日常管理工作中,可以发挥由学生选举产生的各种类型的宿管会、食管会的作用,让他们部分参与寝室楼的管理,并在日常工作中配合有关部门和管理人员的工作;同时也可及时反映广大同学的要求和呼声,在管理层和学生之间起到桥梁作用。在寝室精神文明建设活动中,更要依托学生会、社团等学生组织,以他们为骨干,组织和动员社区的学生们行动起来,积极参与到诸如党团活动、志愿服务、课外科技、社区服务和文体活动等工作中去,共同建设一个和谐健康的寝室文化氛围。在各类学生组织参与寝室管理的过程中,学生的管理能力得到了锻炼,同时,学校的学生工作部门和后勤部门也应给予大力支持并进行必要的指导。

第二,在学校寝室管理过程中,应吸收学生代表参与决策,加强民主化管理,提高学生的决策参与能力。但随着时代的发展,在今天的学生寝室管理中要真正体现学生的自我管理和民主管理,就必须吸收学生代表参与到寝室管理的决策层中来,并明确他们的具体权限。学生可以通过对决策过程的参与,向校方和后勤工作部门提出合理的意见,保障他们的利益;另一方面通过这样的过程所制定出来的决策意见也能较为符合实际情况,容易得到学生们的理解和执行。这更能让学生们在参与的过程中逐渐提升自我管理和自我教育的意识。

第三,建立一套完善的信息反馈、监督和测评机制,实现良性互动。学生寝室真正的服务对象是学生,因而各项工作应本着有利于学生成长及有利于培养学生的素质需要来开展;各项工作的成效如何,其最终结果也只能由学生们自己来评判。学校应对后勤管理部门的服务质量和水平进行测评和考核机制,并直接与其经济利益挂钩。在学校后勤社会化改革之后,后勤公司将与学校分离,在寝室管理中主要负责物业管理与服务,与学生之间实行服务收费制度。以往对这些后勤管理部门的年终考核更多的是学校管理层的参与,而学生们的意见虽有反映,但所起的作用并不是很明显。因此,在后勤社会化的渐进过程中,可以考虑建立一个由学校相关职能部门负责,吸收学生参与的评价监督机制,真正听取广大学生们的真实评价,这样既有利于真实客观地做出评价,也会对寝室管理工作产生较大的督促作用,做到良性互动。只有把学生参与寝室文化建设的积极性充分调动起来,他们才会有"家"的感觉,寝室文化氛围才能更和谐。

四、校园文化独特的"心理暗示"和"文化无意识"机制

(一)建设校园文化独特的"心理暗示"运行机制

心理暗示在日常生活中随时随地都可以看到,它是用含蓄、间接的办法对人的心理状态产生迅速影响的过程,它用一种提示,让我们在不知不觉中接受影响。优秀的校园文化能够提供一种良好的教育环境和氛围,使教育者和受教育者情绪愉悦,身心和谐,从而在不经意的熏染中,在积极的心理暗示中,获得较高的工作效率和学习效率。校园文化既不同于课堂教学,也不同于课外活动,它是一种潜在的隐性课程。其教育功能是通过学校健康向上的精神因素以及优美的物质环境所施加给学生的积极影响而实现的。

不同的校园文化气质对学生的个人气质有着不同的影响,形成了独特的"心理暗示"。校园文化在加强心理暗示,强化学生的心理品质和行为习惯教育中,有其独特的作用与效应。因此,我们应当重视校园精神文化气质的建设,并努力使其育人作用得以充分发挥。校园文化气质乃是一种文化生态的表达。校园文化生态中,或有诸多因素非吾辈所能或所应驾驭,它是一个自然而然的长期培育过程。但其中某些支柱学科、关键学者及其突出而持续发展的重要性则不言自明,这就是为什么牛津、剑桥、哈佛等名校能各领风骚于世,而国内某些名牌理工院校虽倾力恢复发展文科却难见其成的"玄"因。

首先,建设特有的校园文化生态机制。一个学校的命运就是她气质的外化。学校是培养人才的地方。一个人进入学校的目的,是几年后走出校园,成为社会的创造者。学校培养的应当是社会的"标准件",少生次品,多出精品,这样才能在社会上获得高度认同。这样一来,"出品"的过程控制,就成为人才培养中非常重要的因素。我们用什么来达成这种过程控制?最稳定可靠的机制,就是一种特有的校园文化生态。本来具有类似基础的同学,经过不同的学校生活,最终形成不同的风格和创造力,其中的决定因素固然很复杂,但校园文化的作用是一个不可低估的成分,即使同一校园培养出来的同学,创造力也有很大差别,其中固然有个人素质的原因,但接受校园学术文化浸染的程度也是一个重要参数。校园文化对学生具有十分重要的心理暗示意义,一个成功的学校无疑将造就更多成功的学生。校园文化的浸染性不仅传递给我们每个人,而且出于我们每一个人。我们从前人那里获得传统,传统在我们身上得到继承并传递给后来者。校园文化的生态就存在于你我之间,其气质如风行草上,行教化,成学问,岂可以轻言哉。

其次,提升校园文化扩张意识。校园文化是一个综合体,必须将其作为一个生态来看待,才能有意识地思考它的培育和维护。真的学问如野草,是某种文化生态的产物。一个有悠久历史的综合学校应具备形成自己的校园文化生态条件,只是往往缺乏这种意识。学校不应把

校园文化约简为我们在自己的校园里培植出的一种内在氛围，否则就可能使她变成无源之水，失去创造力。学校应当有一种开放心态，有一种校园文化扩张意识。要经常地把学科外、校外、国外的著名学者请来做学术报告，带来新鲜空气、前沿信息、成功经验；学校的教授、学生应能经常走出校园，到其他院校去讲、去听各种有益的知识或学术讲座，与他们一起探讨学术问题，扩张校园文化的影响；如果可以，学生还应争取去其他院校旁听一些本校所无而自己又很感兴趣的部分课程，在扩展知识面的同时，体验另类学科带给自己的冲击，把另类的校园感受传递回来，学校选派师生出国研修留学就具有这样的意义。随着时间的推移，就会发现它使学生受益无穷。这样的校园文化将是一种开放而有生命力的文化生态，使生活其中的人引以自豪。就在这气象之间，栖养名士，孕育新人。在学校中我们经常可以看到，在一些大家名人所做的讲座、报告后，学生们围着问个不停，有些还希望与其保持更多学术联系，这让人感到新一代学生思想"鲜活"的一面。教授们应该腾出一点点时间，以多种形式与学生们在一起，听他们提问题、听他们谈幻想，为他们做个学术后盾，引导他们了解本学科以外更多的东西。因为，从创造力的角度看，学问是个"杂食动物"，它的生命有赖于人的灵感机器的不断发动和它的思维系统的多维扫描。文科学生对科学技术领域的陌生和疏远，会使他们在未来丧失很多机会：在科学研究方面无力发现新问题、开创新学科，无力承担跨学科科研或管理的任务。理工科学生如果长期处于人文环境薄弱缺失的状态，在科技领域的创造性激情也会逐渐变得苍白、缺乏生机。真正的有希望的人才，往往产生于多学多艺的人当中。有些在校学生之所以能做出科学发明，除了聪明才智的原因，也和他们积极地学术参与和思考密切相关。不同学科教师之间的学术交流不仅能驱除校园里的沉寂，更会产生许多不期而遇的学术灵感，在自己意想不到的地方发现科学研究的新空间，乃至形成新兴交叉学科。

最后，提高学生的使命感和责任感，使校园气质获得崇高。一个有责任感的人总能从他的领域找到关注现实的视角；使命感则使他能够默默奉献自己，负责任地把前面传递过来的力量毫不折损地传递下去，让社会前进。一个社会的良好发展就有赖于这样一种观念。而这种观念在学校里面应该说最有条件得到实现。如果你处于管理者的岗位，你就必须恪尽职守，认真负责地履行自己的工作职责；如果你是一位教师，你就必须认真完成你的每一次课堂教学，不至于让学生的青春以读书的名义浪费在你的手里，误人子弟。一个人在自己的岗位上，就应当像啮合着的齿轮上的一颗齿，决不能在责任面前退缩打滑，承担自己该担的责任，付出自己该付出的力量，让团队的力量通过自己负责任的行动传递下去。这不仅应当是每一个教师所应为，也是每一个管理者和校园里的每一个人所应为。行政系统在工作效率上下工夫，就可避免张口"禁止"闭口"不得"的十足官气，让人感受到学校应有的学究之气。如果我们大家都这样做了，我们的学校就会形成一种特有的校园气质，形成一种踏实、负责、守信、上进的风气。这种风气支配下构成的合力，将是任何力量无法战胜的，它会推动我们的学校和她的每一个成员获得成就，对文明进步有所贡献，并进一步使我们的校园文化气质获得崇高和永恒，形成我们自己的风骨。

"校园文化作为一种潜在的隐性课程，在对学生的心理健康教育和良好的行为习惯的养成教育方面，具有情境性、渗透性、持久性、暗示性和愉悦性等特点。"校园文化正是以它形象直观的表达形式，把心理健康教育寓于各种具体可感的情境之中。

（二）建设校园文化的"文化无意识"运行机制

校园文化作为隐性的德育课程，它对学生的影响潜藏于各种显性教育的背后，也隐蔽于学生的学习生活环境之中，学生在不知不觉地、无意识状态中接受各种载体的隐性影响。隐性课程与显性课程在道德方面的影响最大区别在于，它不是让学生端坐静听，而是通过丰富生动的情境和活动陶冶学生的道德情感，潜移默化地影响学生的道德人格，是一种知、情、意、行统一的过程。这些隐性课程毫无疑问通过无意识地、非特定地的心理反应，无时无刻不影响着学生的成长及品德形成与发展。

1. 校园文化的隐性德育效能

校园文化是一所学校凝聚力的体现，是构成学生发展的重要条件，对学生思想道德素质的提高发挥着潜移默化的作用，作为无形的德育资源，具有多方面的德育效能。

首先，教育方式的间接性、潜隐性。显性的德育课程主要是以直接的、外显的、明确的方式影响学生。校园文化作为隐性德育课程的影响是潜在地隐藏于各显性教育的背后，也隐蔽于学习活动环境氛围中，学生会不知不觉地接受各种载体的隐性影响。学生通过各种暗示、从众、无意识、情景效应等复杂心理活动来学习和接受各种德育因素。比如学校组织学生参加游览，在活动过程中，摆脱了显性教育那种注入式教育给学生带来的紧张感，学生心里放松了，情感上易于得到共鸣，教育者适时的言行会让学生乐于接受。因而隐性德育的内隐性特点，使隐性德育往往是在自然、和谐、愉快的氛围中进行。

其次，发生作用的无意识性。校园文化对学生来说是一种无意识的教育影响，它的作用方式和效果是通过学生无意识的，非特定的心理反应发生的，或者说是通过隐藏于内心深处的摄取机制而接受教育的。隐性教育是无形的，内隐式的没有明显教育痕迹的教育方式。它以无形的方式渗透于道德教育过程中，以及隐含在学校各种学习环境和氛围之内，受教育者往往不是在有意识的教育环境中接受教育，而是通过受教育者易受暗示性和强烈的归属动机等方面发生作用的。总之,学生是在不知不觉中受到潜移默化的影响,从而达到"春风化雨,润物无声"的境界,教育的效果往往是显性教育所不能达到的,但对教育者来说随着认识的不断深入,能够逐渐认识到它的存在和作用,并掌握其规律,预料其教育效果。

最后,教育效果的持久性。显性教育作为直接、正面、公开的教育活动,它所追求的是如何在最短的时间内把社会所要求的道德内容以最快的速度传达给教育对象,强调立竿见影的效果。然而,由于显性教育并没有调动教育对象内心深处真正的心理需求,没有针对教育对象接收信息渠道多样化、思想复杂、多变化的特点实施教学,因而无法把社会所要求的道德教育内容随着课程的结束、考试的完成而深化,教育效果难以持久性。而校园文化是生长、发展在学校教育环境中,校园文化的内容、方式以及校园文化所形成的文化环境和文化氛围,对学生有着直接或潜移默化的导向作用,深刻影响着每个学生的思想品德、行为规范和生活方式的选择,它对学生的影响像滴水穿石,日积月累,可以改变一个人的生活方式、思维方式,对他们的品德养成都将起到不可磨灭的影响,并持久地发挥作用。

2.建设校园文化的"文化无意识"运行机制

要想在"文化无意识"背景下发挥校园文化的隐性德育功能,必须探讨其内在联系和运行机制,"文化无意识"的运行机制主要体现在以下两方面:

一方面,构建陶冶式教育方法。即营造一个健康、乐观、向上的文化氛围和教育环境,开展喜闻乐见的文化艺术活动,使师生在耳濡目染中受到思想道德熏陶的方法。简而言之,就是寓教于境,寓教于情,寓教于乐。这里的教育环境既包括有形的自然景观,文化景观,也包括无形的校风,学风,教风,班风等校园文化氛围和社区人际关系氛围。自觉运用陶冶式教育方法,一是美化校园和社区环境,建设校园文化景观;二是开展丰富多彩的文化艺术活动;三是重视校园媒体建设,把握正确舆论导向,促进校风,学风建设。组织并引导学生参加丰富多彩、形式多样的校园文化和社会实践活动,陶冶学生高尚情操,促进其全面发展。通过各种活动,加强学生思想、感情上的交流与沟通,努力营造有利于学生健康成长的良好氛围。如杭州师范学院团委积极组织"文明劝导日"活动,通过实践"八荣八耻"教育活动来陶冶学生思想情操。还可以在高等院校中对学生进行音乐素质教育,如在学校开设"音乐理论基础与鉴赏"课。这既是学习音乐知识的过程,也是进行审美教育的方式。可以帮助学生树立正确的审美观,培养感受与鉴赏美的事物的能力,训练表现美、创造美的能力。

另一方面,以育人为宗旨,开展各种校园文化活动。校园文化活动是课堂教学活动的补充和延伸,它是一种隐性的德育课程,在校园文化建设和学校德育工作中有着重要的地位和作用。一是开展思想意识类的活动。这是深化校园文化活动,把表层活动推向深层活动的重要途径,在青年中开展的"青年志愿者行动""希望工程活动""向特困生献爱心活动等",使活动的参加者在身体力行中陶冶了情操,升华了理想,完善了人生价值。二是开展群众性的文体活动。学校利用双休日和课外活动时间大力开展丰富多彩、积极向上的娱乐活动,使每个学生受到一定程度的锻炼和提高,形成高尚的思想、美好的心灵和良好的性格。如为纪念某一重大节日、为充分发挥学生的才能而开展的文艺比赛;为陶冶师生性情而开展的欣赏性、评论性、创造性、联谊性等活动,使师生员工在健康、高雅、丰富多彩的组织中自觉参与精神文明创建活动,在活动中增强了集体荣誉感,建立了和谐的人际关系,促进了师生之间相互沟通,相互帮助,培养了乐观向上的生活态度和健康愉悦的性情。三是大力开展社会实践活动。组织师生走出学校、走向社会、志愿参与各种生产劳动和社会服务活动,将学生所学到的知识和社会需要紧密结合起来,有力地推动学生加倍地学好专业知识,密切地关注社会的发展和需要,服务社会的好形势。轰轰烈烈的社团活动、清新活泼的文艺演出以及扎扎实实的社会实践,都可以丰富师生的实践体验,提高师生思想道德素质的方法。

校园文化的育人功能充满了学校校园,应充分发挥校园文化的载体作用,对学生进行道德教育,以无声无形的力量对校园人产生巨大的心理影响,潜移默化地熏陶、感染每一个校园人。

第四章　校园文化建设氛围营造及体系的构建

第一节　校园文化建设氛围营造的原则及条件

"文化氛围表征了大学校园文化含量的高低与多寡。""它是一个具有复合型、整体性、动态性的文化有机结构,这个结构表现为表层、深层和核心的圈层形态,是对大学生实施教育的特定的文化精神空间。因此,大学文化氛围指的是弥散于大学内的环境、气氛、传统、人际关系乃至校园内的一草一木之中的一种意识层面的东西及其物化形态的东西。"

一、校园文化氛围营造的基本原则

英国的M.波兰尼认为:"人的知识有两种,一种是言传的知识,一种是意会的知识,意会的知识比言传的知识更根本。"而大学生"意会"知识的获得,取决于大学校园文化氛围的质量。"校园文化氛围是在文化的基础上,经过时间的积累,形成的一个学校固定特有的文化底蕴和文化环境。学校特定的文化氛围,集中反映了学校的历史传统、精神风貌、目标追求、价值体系、道德情感和行为规范。"学者龙鸣在《论大学校园文化氛围》一文中认为,大学校园文化氛围对大学生心理影响的"方式主要是感染、暗示、模仿等,通过无意识发生作用,使学生在观察和模仿中形成自己特定的思想品德和个性特征。生活在校园文化氛围中的大学生通过潜移默化的'浸泡''渗透'和'熏陶',将其内化为一定的文明素质"。

按照学者胡国平、罗文俊在《加强校园文化建设,提高学生思想素质》一文中的观点,"校园文化氛围营造的基本原则是必须坚持弘扬主旋律,提倡高品位、保持高格调;必须坚持德育为先,育人为本,帮助学生健康成才;必须坚持以人为本,尊重学生主体地位,充分调动和发挥大学生的积极性和主动性;必须坚持加强管理,坚决抵制各种有害文化对学生的侵蚀和影响;必须坚持创造自己独特的校园文化风格,彰显学校鲜明的个性和特色;必须坚持与时俱进,广泛吸收世界文明成果而不媚外,继承传统而不保守,开拓创新而不猎奇"。他们还认为,"努力实现校园文化建设的工作目标,要始终立足改革开放和现代化建设的伟大实践,不断从博大精深的传统文化中、从激昂向上的革命文化中、从健康有益的外来文化中、从与时俱进的最新实践中,汲取营养和力量,努力建设体现社会主义特点、时代特征和学校特色的校园文化,不断满足大学生日益增长的精神文化需求,为培养社会主义合格建设者和可靠接班人提供强大的精神动力,使学校成为发展中国特色社会主义先进文化的重要基地、示范区和辐射源"。党的十八大指出,"文化是民族的血脉,是人民的精神家园。全面建成小康社会,实现中华民族伟大复兴,必须推动社会主义文化大发展大繁荣,兴起社会主义文化建设新高潮,提高国家文化软实力,发挥文化引领风尚、教育人民、服务社会、推动发展的作用"。校园文化作为社会主义文化建设、精神文明建设的重要组成部分,是提升教育内涵、促进教育可持续发展的重要途径,理应在加强社会主义核心价值体系建设、全面提高公民道德素养、丰富人民精神文化生活、增强文化整体实力和竞争力上充分发挥特色和优势,做出积极的贡献。

二、校园文化氛围的必要条件

学者魏欣然在《大学文化:大学发展的核心竞争力》一文中认为,"文化氛围不是自发生成的,它是在文化交流、文化传播、学术实践与争鸣过程中营造和孕育出来的。文化氛围是一个开放的体系,在发展中通过各种交流活动不断吸收新的健康因素,与其他民族文化相交融,所以文化氛围是不断变化的。只有不断自觉地营造和呵护它,才能使它不断获得新的发展,不断趋向广博、浓厚和浓烈,从而产生广泛的渗透性和影响力"。加强校园文化建设是一个系统工程,营造校园文化氛围要有精神内核、物质外衣和制度构架,按照学者于英焕在其论文《对加强我国高校校园文化建设的理性思考》和龙鸣在《论大学校园文化氛围》中的观点,校园文化氛围的必要条件具体可分为以下六个方面的必要条件。

一是良好的校风。教育精神具有神圣性和崇高性,《礼记·大学》开篇写道,"大学之道,在明德,在亲民,在止于至善",教育精神对于文化氛围的营造具有至关重要的作用,而校风校训往往凝结了教育精神,砥砺学生成长。"要在充分挖掘学校历史传统宝贵资源的基础上,大力营造具有时代特征和学校特色的良好校园风气。"扎实开展师德教育,加强学生教育和管理,努力建设刻苦学习、奋发向上、诚实守信、敢于创新的良好学风。形成学校以育人为本,教师以敬业为乐,学生以成才为志的优良校风。

二是人文素质和科学精神教育。要探索和坚持真理,20世纪,陈寅恪先生提出"独立之思想,自由之精神"的主张,当代的大学建设更要加强对学生人文素质的培养和科学精神的教育,要扎实推进"大学生全面素质教育工程",把人文素质和科学精神教育融入人才培养的全过程,贯穿教育教学的各环节,逐步建立起内容覆盖课堂教学、课外活动的人文素质和科学精神教育体系。

三是校园文化活动。要精心设计和组织开展内容丰富、吸引力强的思想政治、学术科技、文娱体育等文化活动,把德育、智育、体育、美育渗透到文化活动之中,使大学生在活动中思想感情得到熏陶、精神生活得到充实、道德境界得到升华。充分利用"五四"青年节、"七一"建党纪念日、"十一"国庆节、"一二·九"运动纪念日等重大节庆日和纪念日,开展主题教育活动，办好大学生科技文化节、大学生"挑战杯"、大学生艺术节、大学生运动会，营造健康向上的校园文化氛围。

四是校园文化建设的新载体。要充分发挥网络等新型媒体在校园文化建设中的重要作用，建设好融思想性、知识性、趣味性、服务性于一体的校园网站。不断拓展校园文化建设的渠道和空间，积极开展健康向上、丰富多彩的网络文化活动，牢牢把握网络文化建设主动权，使网络成为校园文化建设的新阵地。要充分发挥大学生社团在校园文化建设中的重要作用，大力扶持理论学习型社团，多加鼓励学术科技型社团，正确引导兴趣爱好型社团，积极倡导社会公益型社团。

五是校园文化环境。精心打造"人文校园""数字校园""绿色校园"，使校园的规划、景观、环境呈现一种和谐美。要重视校园人文环境建设。写好校史，建好校史陈列室，确定好校训、校歌、校徽、校标，激励大学生继承和弘扬学校优良传统。充分发挥校友在校园文化建设中的独特作用，用优秀校友的人生经历和感悟、创业历程和成就，激励大学生立志成才，报效祖国。要重视校自然环境建设，使校园的山、水、园、林、路等达到使用功能、审美功能和教育功能的和谐统一。在公共场所布置具有丰富内涵的雕塑、书画等文化作品，营造高尚健康的氛围。

六是管理。校园里的各种规章制度，包括成文的和习惯的行为模式与行为规范，具体包括学校的各项政策、组织结构、教学管理方式及其评价机制、学生活动安排方式等，都是学校教育实践经验的积淀并制度化的结果。要建立健全人性化的学生管理制度，要确立"服务"意识，确立"一切为了学生，为了学生一切，为了一切学生"的思想观念，"用连贯发展型的工作方式对学生实施人本关怀，即把教育、关怀、管理、服务四者连贯起来，使彼此相互关联、相互促进、从静到动、从刚到柔、从表面到内在、从有形到无形，从一般到入微地贯彻人本关怀"。把工作的出发点和落脚点放在学生的成长和发展上。

根据党和国家的教育方针，根据相关文件及其配套文件的要求，以大学生心理发展规律为依据，促进大学生在思想、文化、科技知识等诸多方面得到全面和谐的发展，成为适应时代需要的全面发展的且有健康个性的社会主义新人是素质教育的根本任务。因此，在紧抓教学主渠道之外，也要注重对学生进行思想政治教育及道德规范教育，积极营造良好的育人环境，丰富学生的校园文化生活，培养学生的个性发展和人格的成熟，提高他们的综合素质，使广大学生能够在积极、健康、浓郁的文化氛围中丰富思想和学习知识，形成尊重的、符合学生身心发展规律的亚文化环境。根据校园文化的功能和作用，本文将校园文化的氛围划分为实践活动氛围、思想文化氛围和心理文化氛围，提出要结合时代发展、学生发展的新要求，依托于校园文化氛围的软件、硬件建设,力争营造以学术科技创新为主的校园实践文化氛围,营造充分发挥德育功能的校园思想文化氛围,营造积极、健康、乐观、向上的校园心理氛围,实现大学的育人功能,有效促进学生和谐发展。

第二节 校园文化建设氛围营造的路径

一、搭建活动平台,营造实践氛围

校园文化具有自我教育、自我锻炼的功能。校园文化建设为学生提供了实践锻炼的大舞台,为学生创造了各种表现自我的机会。他们从中可以正确地认识自我,认识社会,找准自己的角色和位置,可以在实践中培养自我组织管理、与人交往合作的能力,以及独立自主、自我调控的能力,学生参与校园文化的过程,实际上就是实践锻炼并提高个人品格的过程,可以使优良的方面得到肯定、强化、巩固和发展,使不良的方面得到否定、弱化、矫正和改进。让学生更好认识自我、熟悉学校、了解社会,又能使学生把知识内化为个人的思想认识,基本素质得到提高。集学术性、娱乐性、创造性为一体的校园文化为磨砺学生的意志品质提供了机会与舞台。高品位的校园文化培养了学生的坚韧性,增强了学生敢于面对磨难和失败的勇气;引导学生不唯书、不唯师,敢于向已知和未知的领域挑战;培养了学生良好的心理素质,既不狂妄自大又不妄自菲薄。良好的德育能促进校园文化的健康发展,健康的校园文化建设能引导和保证德育目标的实现。因此,构建符合校园实际、显现校园特色的校园文化,充分发挥校园文化的德育功能,是学校落实科学发展观、建设和谐校园的一项重要任务。

营造以学术科技创新活动为主的校园文化是教育体制改革深化发展的要求。在日趋激烈的市场竞争中,就业成为影响学生在校一切思想行为取舍的指挥棒。以知识为基础,以技能为手段,成为学生参与竞争就业的共识。市场对学生的选择既注重知识,更注重知识的应用能力和实用技能的掌握,学生在学习基础知识的同时,迫切希望学到新知识、新技能,参与市场竞争。在这样的时代背景下,增强学生的动手能力从而间接提高学生的就业能力成了学校普遍关注的热点,而学生动手能力的提高更依托于校园实践氛围的营造。加强实践性环节,弥补课堂教学的不足,提高学生的动手能力成为大学校园文化活动的新课题。按照学者于英焕的观点,校园的实践活动氛围营造可以从以下三个方面入手。

（一）举办健康高雅的校园文化活动

校园文化活动是校园文化中最活跃的动态因素，是一种能让人在轻松、愉快的气氛中增长知识、陶冶情操、颐养身心、提高修养的活动，它是课堂教学活动的补充和延伸，是进行思想政治教育的"隐形课堂"。开展校园文化活动要注意主要包括以下三方面。

一是要强化校园文化活动的品牌意识，增加科技文化含量。学校校园文化与社会文化、企业文化、军营文化的显著区别在于它的科技文化含量高，以学术性、专业性和教育性见长，尤其是在当前建设创新型国家中学校担负着重要的科技创新任务。因此，浓郁的学术氛围和良好的学习风气是学校校园文化建设中的重要内容。一方面鼓励人人重科研、讲科研、搞科研，开展各类科技创新活动，形成崇尚科学、勤奋创新的热潮；另一方面以全国大学生数学建模竞赛、电子设计大赛、机械设计创新竞赛为主线，举办大学生科技、论文、小发明竞赛，设立大学生科技创新基金，形成以科研学术为中心的校园文化。

二是要充分利用双休日和课外活动时间大力开展丰富多彩、积极向上的文化教育和娱乐活动。各种节庆日和纪念日是开展主题教育活动的好机会。如：利用"五四"青年节、"七一"建党纪念日、"九一八"国耻日、"一二·九"运动纪念日等，开展"永远跟党走"演讲比赛、"青春中国"大型诗歌朗诵会、革命歌曲大合唱、观看爱国主义影片等活动，都能够有效培育大学生的民族精神，激发爱国热情，激励立志成才、报效祖国的情感。此外，其他的一些主题教育活动，如：新生入学教育、重温入党誓词、毕业教育等，也是对大学生进行思想政治教育的大好时机。

三是要深入开展文明创建活动。通过开展"文明班级、文明寝室、文明宿舍"等"创先争优"评选活动，树立大学生身边的典型，使广大学子学有榜样、赶有目标，营造积极向善、向上的校园文化内涵。近年来，一些学校开展的"校园标兵""十佳大学生""我喜爱的老师""感动校园新闻人物"等评选活动反响良好，学校校园文化在这一过程中不知不觉地得到了建树和受益。

（二）开展丰富多彩的社会实践活动

中共中央《关于加强社会主义精神文明建设若干问题的决议》指出："要积极组织学生参加生产劳动和社会实践，帮助他们认识社会，了解国情，增强建设祖国、振兴中华的责任感。"学校校园文化活动中应充分重视社会实践教育，让学生在实践中体验生活，增长才干，健康成长。

近年来，各类社会实践活动使大学生走出书斋，走向社会，用自己的身心感知社会，如近几年提倡的"红色之旅""重走长征路"等实践活动，让学生亲眼看见祖国日新月异的变化,感受国家和人民对自己的期望,从而树立社会责任感和历史使命感。志愿服务、勤工俭学、军事训练、社会调查活动,增强了大学生的社会责任感,使他们把对个人的自我追求升华到为社会做贡献与自觉行动上来,把实现自我价值同振兴中华、实现中华民族伟大复兴联系起来。例如,全国大中专学生志愿者暑期"三下乡"社会实践活动,使学生在实践中看到自己的不足和渺小,从而虚心向劳动人民学习,不断充实自己,完善自己。这些思想含量高、体验效果好的社会实践活动,受到越来越多的大学生的欢迎和积极参与。

（三）加强校园文化活动的创新

丰富多彩的校园文化活动能促进大学生由"校园人"向"社会人"的转变,缩短理想与现实的距离,对培养高素质创新型人才有着不可低估的作用。在新世纪,知识经济已显端倪,以多媒体技术、虚拟技术为代表的信息化社会已经到来,数字化学校的建设,改变了人们的生活,终身教育的提出和学习型社会的建立,使校园主体的结构发生了变化,校园的内涵和外延得到了进一步拓展。校园文化必然产生新的增长点,体现校园文化的活动内容和形式更需要我们去创新。

一是小型活动多样化,推陈出新。校园文化活动是大学生活中必不可少的组成部分。小至寝室活动、班级活动、系内活动,参与人数虽少,但是与每个参与人联系密切。这些活动,除了正常寝室卫生评比、班级联欢、系内通报会外,可以在内容与形式上动些脑筋,如现在有些学校举办的"寝室文化大赛""感动班级人物评选""头脑运动会"等,在大学生的日常活动空间里做文章,受到众多同学的欢迎。

二是常规活动制度化,常抓常新。校园内有许多常规性活动,诸如一年一度体育节、学风建设动员会、大学生科技文化艺术节等,假如总是按照常规思路去做,收效不一定明显。如果在其内容和形式上每次都有新突破,就会取得事半功倍的效果。比如体育节,可以在传统比赛内容上增加团结、协作类项目,使学生感受到集体力量的巨大;学风建设动员会,邀请成功毕业生回校,以过来人的角度谈学习的重要性等,一定会比空洞的说教真实可信;大学生科技文化艺术节,在传统歌曲、舞蹈比赛的基础上,增加科技创新的比重,增添时尚的文化元素,也会受到同学们的青睐。

三是大型活动精品化,开拓创新。校园文化活动内容丰富、形式多样,但切忌不要流于俗套。在这方面,尤其是大型活动建设上要走精品之路。如北京理工大学"计算机闯关大赛"、广东工业大学的"女生节"等已成为学校校园文化中的品牌活动。

然而,在校园实践氛围营造的过程中同样存在着困难。这表现在现代的教育从传统的灌输知识为主转变为以获得知识的手段和方法为主,培养学生的创新能力,而教育的超前性与结果的滞后性，必然产生教学与需求的矛盾；面对日新月异的科学技术的发展，学校教育的课程设置、学科建设、教材编写以及师资水平，都有一定的周期性和规律性，不可能随机变化，科学技术的发展和教育的现状不可避免地存在"时间差"；教育经费的不足导致实践性课程、试验性课程减少。因此，如何营造校园实践氛围，如何营造满足学生需求和兴趣的实践氛围则成了关键。很多学校往往依赖于在学生群体中开展各类实践、动手活动来实现校园实践氛围的营造。以华中科技大学为例，从97级本科生开始面向全体本科生开设公共必修课"社会调查"，这门课程的开设是华中科技大学深化文化素质教育工作、拓展文化素质教育空间、把文化素质教育向第三课堂（社会大课堂）延伸的一项新举措。该课程包括社会调查方法课堂讲授、暑期社会调查和总结评比表彰。

组织大学生开展社会调查和社会实践活动，对于培养高素质的创造性人才具有十分重要的意义。2005年2月18日光明日报报道，华中科大通过开展大学生的课外科技创新活动，培养大学生创新思维和创新能力，引导追求真知，崇尚科学的校园风尚是华中科技大学校园文化建设的一大特色。学校每年都要举办科技节和文化艺术节，先后开展了网络知识竞赛、电子线路设计竞赛、创业计划竞赛、团队文化设计竞赛、网页制作竞赛、英语话剧大赛、主持人大赛、歌手大赛等30多项科技文化活动。该校还拨出专款100多万元，相继在电气学院、电信系、机械学院等院系建立起13个大学生科技创新基地或训练营。这种依托院系专业特色，整合各类资源的科技创新平台，培育和提高了学生的科技创新能力。学校在国内外一系列重大竞赛中获得好成绩，在第六届全国大学生电子设计竞赛中，获一等奖7项，并捧得最高奖SONY杯；在第八届"挑战杯"大学生课外学术科技竞赛中，勇夺"优胜杯"，获奖总数居全国学校前列；在第四届"挑战杯"中国大学生创业计划竞赛中获金奖；获两岸四地大中华学校网络资讯大赛团体季军，个人赛冠军和季军；获美国半导体国家实验室竞赛亚洲赛区冠军等。华中科技大学在营造学术科技创新的校园实践氛围上做出了样例，其理念和观点以及相关的做法和成果是值得其他学校来学习、研究的。

二、弘扬时代旋律，渲染文化氛围

游学民在《发挥社会主义先进文化在校园文化建设中的引领作用》一文中认为，当今世界文化与经济和政治相互交融、相互渗透。文化的力量，不仅深深熔铸在民族的生命力、创造力和凝聚力之中，成为综合国力和国际竞争力的重要组成部分，而且对人们的思想政治影响越来越大。创新是民族进步的灵魂和国家兴旺发达的不竭动力，也是文化始终体现先进性和永葆生机的源泉。校园文化是先进文化的创新基地，对学生的思想具有重大的引领作用。传承文化是学校的基本功能，研究文化是学校的活动基础，创新文化是学校的崇高使命。因此大力加强校园文化建设，营造积极向上的思想文化氛围，意义十分重大。

（一）校园文化是科学思想萌生的催化剂，是先进文化创新的重要载体

校园文化既从先进文化中汲取营养和力量，又为发展先进文化提供强大动力、做出巨大贡献。储玲玲在《"90后"大学生思想教育方法的探讨》一文中说道："校园文化具有强大的育人作用。先进文化要发挥社会作用，就要把文明内化到人们的灵魂里，积淀到人们的思想中。"办大学就要建设校园文化，让学生学习、感悟、理解，从而净化灵魂，陶冶情操，完善自己。校园文化是引导人、鼓舞人、激励人的一种内在动力，是凝聚人心、鼓舞斗志、催人奋进的一面旗帜，它对大学生的思想政治、道德品质、行为规范产生深刻影响。当前，面对多元文化思潮，我们的校园文化建设必须代表中国先进文化的前进方向。我国是一个社会主义国家，主流文化是中国特色的社会主义文化。学校校园文化建设必须保证沿着中国特色的社会主义文化这一正确的方向发展。具体地说，学校校园文化建设必须坚持以马列主义、毛泽东思想、邓小平理论、"三个代表"重要思想和科学发展观为指导，坚持以培养四有新人为目标，唱响爱国主义、集体主义、社会主义的主旋律，用社会主义的政治思想和我国优秀的民族文化传统武装学校校园人的头脑，同时要科学对待各种文化尤其是外来文化，对他们做细致辨析筛选、取其精华、去其糟粕，优化校园物质文化环境。苏联教育家苏霍姆林斯基曾就校园环境建设说过这样一段话"无论是种植花草树木、还是悬挂图片标语，或是利用墙报，我们都将从审美的高度深入规划，以便挖掘其潜移默化的育人功能，并最终实现连学校的墙壁也在说话的远大目标"。学校的各种建筑和设施，都应精心设计合理布局，既要体现艺术性给人以美感，更要富有教育性，使人从中受到感染教化和启迪。

（二）校园文化有利于引导大学生形成符合时代要求的价值观

校园文化的核心与灵魂是校园精神，而校园精神中最深层的就是师生共同认同的价值观，它对师生的精神状态、行为方式起着决定性的作用。从文化的心理机制而言，文化可以看作是一定群体所形成的共同心理程序，即群体成员对一定的社会刺激产生的类似反应，因此，在校园这一特定的社会环境里，校园文化就成为学生的一个"风向标"，它所肯定的事物、行为，必定为大多数学生所推崇、追求，它所否定的事物、行为，必定为大多数大学生所批判、鄙弃。校园文化的这种导向功能，能将符合时代要求的正确的价值观融入校园文化活动与文化建设之中，在校园内形成正确的舆论导向、价值导向，并持久地对学生产生巨大的作用，使学生通过校园文化的熏陶、浸染，形成比较一致的、符合时代要求的、正确的价值观。

（三）校园文化有利于更好地规范学生的思想行为，提升其道德水准

校园文化的重要组成部分——校纪、校规、校风、校训等，是全体师生共同创造、认可并须遵守的，它表现为一定的纪律性和规范性，要求师生的思想行为必须符合一定规范。凡是符合规范的行为，必将得到鼓励和肯定；而违背这些规范的行为，则会受到人们的谴责。因此，校园文化对学生具有较强的约束力，它规范着学生的思想和行为，对不良的思想和行为起着抑制作用，促使其向好的方向转变，从而使学生的道德水准不断得到提升。作为管理范畴的校园制度文化，是对校园文化价值观念的具体化和规范化，它通过各种规章制度，直接规范和约束着学生的思想和行为。这种约束具有强制性，是一种"硬约束"，这种约束使学生知道什么能做，什么不能做，做了会受到什么处罚，从而抑制学生的错误行为，促使其转变为正确的行为，并逐渐转化为自己的习惯，内化为自觉要求。比这种强制性的"硬约束"更能约束学生的思想行为的，是校园精神文化所具有的那种非强制性的力量。校园精神文化能使理想信念、价值观以及学校精神在学生的心灵深处形成一种心理定势，构造出一种响应机制，在外部诱导信号发生时，就可以得到积极的响应，并迅速转化为预期的行为，因而它具有一种无形的"软约束"力。这种"软约束"通过熏陶、感染，在学生无意识状态下对其发生作用，使他们自觉地认同学校的办学目标、办学思想、行为准则以及共同价值观，从而自觉地把自己的思想、行为以及价值取向统一到学校的目标上来。

（四）校园文化能营造和谐的思想政治教育环境，创造有利于学生成长的良好氛围

构成校园文化的物质文化、精神文化与制度文化能分别从不同的角度去营造物质和精神环境，从而营造出有利于思想政治教育实施的和谐、融洽的校园环境。一方面，校园物质文化是校园文化的外在标志，它为思想政治教育提供了有形的物质空间。我国古代就有"借山光以悦人性，假湖水以静心情"的说法，可见良好的环境对于人性修养的重要性。具有审美意义和价值寓意的校园物质景观，能激起学生心灵深处的感奋和共鸣；整洁有序、景色优美的校园环境，能使生活在其中的学生陶冶性情、纯净心境，保持愉悦、乐观的心情，也使他们保持积极主动的学习心态，从而收到良好的教育效果。另一方面，校园精神文化与制度文化能为思想政治教育营造良好的无形的精神环境。作为校园文化核心的精神文化以及体现校园精神的制度文化，既对大学生具有导向与凝聚作用，又对大学生具有激励和约束的作用。优秀的校园文化是一种心灵的黏合剂，能形成巨大的向心力和凝聚力，使师生员工相互信任、和谐共处，从而形成良好的校风和学风，营造出有利于学生成长的优质环境。而良好的文化氛围，往往能产生一种激励机制，唤起学生的成才欲望，激励他们刻苦学习、奋发进取。

三、依托心理辅导，促进健康氛围

在倡导和谐发展的今天，构建和谐校园是学校改革发展的重要任务。随着社会发展和科技进步，人们的社会生活节奏普遍加快，人们的竞争意识增强，择业观念和风险意识都发生了根本的转变，因而人际关系也就呈现出多样性和复杂性。这些对学生的健康，即心理素质和身体素质提出更高的要求。心理健康是个体和谐发展的保障，个体的和谐发展是校园和谐发展的保障，因此，促进学生的心理健康，营造积极、乐观、健康、向上的校园心理文化氛围是必要的。

学者罗臻兰在《加强大学生素质教育的有效途径》中说道："当代大学生面临学习压力、经济压力、就业压力，加之大学生自尊心强，人际关系能力较弱，情感丰富而多变，其身体素质存在下滑趋势，心理素质问题更加突出。因此，加强健康教育，提高大学生健康素质是一项重要而紧迫的任务。"提高大学生身体素质，主要靠学生的"日常锻炼与学校组织的各种体育比赛等活动，而在大学生心理素质教育方面，学校要培养大学生运用马克思主义的立场、观点和方法看问题，正确地对待自己、他人和社会，正确对待成败得失。学校要建立大学生心理卫生与健康教育咨询机构，配备专业教师，举办形式多样的心理卫生知识宣传活动，开展大学生心理健康咨询指导工作，帮助大学生学会自我调适，消除心理障碍，维护心理平衡，建立良好的人际关系，学会悦纳自己，宽容他人，养成健康的人格和健康的心理素质"。心理健康工作正日益受到人们的重视，全国多数学校均设有专门的心理健康教育工作机构，有专业人员从事具体工作，负责心理健康知识的宣传与普及、学生的心理咨询与调适等。有的学校着力开展此工作，形成符合学校特色的心理健康教育体系，在专职机构的指导下，形成了学校有督导、学院有专员、班级有使者的"全民皆兵"的规模。使心理健康教育工作重心下移，更加落到实处，让学生从中受益。在日常的心理健康教育工作的基础上，各学校也都着力打造"5·25"心理文化节，力图通过大型的集中活动，对学生进行更有效、更具影响力的教育和引导。如北京多所学校联合发起"心理阳光工程"，通过竞赛的形式，普及大学生心理健康知识。学者李琳在《试论校园文化的心理功能》一文中对学校的心理文化氛围做出了深入的探讨，她认为有以下几点。

（一）普及心理健康知识

每学年举办一次"心理文化节"，每学期举办一次"心理健康活动月"。根据学生生活、学习不同阶段的心理特点，开展一些有特色的心理健康教育活动，发放心理健康宣传材料，播放心理健康电影，利用橱窗、展板、校园广播、校报宣传和普及心理健康基础知识，培养学生心理调适能力，提高学生的学习兴趣、创造能力、自我调适能力等综合素质。可以举办心理健康系列讲座、交流会、座谈会等，如举办《今晚与你有约》谈话节目给广大同学提供交流和倾诉的场地；举办心理健康读书活动，开展读书心得评比和交流会，提高同学的修养和素质，增强同学之间的了解，增进友谊；建设心理健康网站，建立网络健康教育平台，让学生在各种活动中获得提高，使心理健康知识得到普及。

（二）发挥学生社团的主体作用

大学生心理健康协会，是大学生自愿加入，宣传心理健康知识的群众性社团，是有着共同的兴趣和爱好、有着很强的个性意识和交往意识的学生所组成的自我管理、自我发展的一个开放性组织，本着以人为本，关注生命的宗旨，宣传心理健康知识，塑造良好心理素质，营造良好学习氛围，繁荣校园文化。可以举办"大学生心理健康教育骨干培训班"，由心理学教研室专家授课，提高学生的自我认识能力、普及心理健康知识、培养业余心理帮助者。开展心理健康调查，建立学生心理健康档案，能及时向学校反映同学的学习、生活等各方面情况，也有利于及时发现问题，随时调整对学生的教育和管理。通过来自不同系科、不同年级、不同专业的会员与广大同学密切接触，可以产生良好的影响和辐射作用，有利于形成和保持优良校风、学风。

（三）注重个别教育

校学生会、大学生心理健康协会联合建立起心理健康咨询日制度，设立咨询办公室，定期邀请校领导和心理学专家参加，对学生进行个别教育，开展心理咨询与治疗，使学生了解真实的自我，正确分析自己所存在的问题，从而更快地走出心理困惑，提高学生的心理调适能力，增强学生的生存能力。可以开展大学生人生发展导航行动，围绕大学生成长成才的迫切需求，针对大学生成长发展的特点和必要环节，通过知识传授和实践锻炼的方式，对大学生责任意识、职业规划、社交技能等方面进行全方位、阶梯式的塑造和熏陶。通过有效的导航行动，激发学生培养多种兴趣，帮助学生进行正确的职业设计、人生规划，促使其各方面素质得到提高。与此同时扩大大学生家教中心的社会宣传、加大困难补助金发放和勤工助学力度，联合社会力量办学，优先满足特困生的需要，力求通过特困生的诚实劳动获得报酬，从而达到既解决实际困难，又实现自我教育的目的，增强他们的责任感和使命感。

（四）培养学生的创新精神

制定鼓励学生参与科技活动的激励政策，引导广大团员青年自觉地参与创新实践活动。举办大学生课外学术科技作品竞赛，广泛开展各类学科竞赛活动，让每一位同学在校期间都能参加竞赛活动。通过有意识地创造教育活动，可以唤醒、启发、诱导、挖掘大学生丰富的创造潜能，使学生深刻感受到创造可以体现在自己的学习、工作、生活等各个方面。使之以全新的观念审视自我,意识到自己所拥有的丰富创造力。通过创新教育可全面提升大学生的整体心理素质水平,促进人格的健全与完善。心理的健康会促进身体的健康,二者共同组成健康的个体,健康的个体才能向前发展,健康的校园才能实现最终的和谐发展。因此,要力图通过创新的工作形式,丰富的活动来营造健康、积极、向上、和谐的心理文化氛围,让大学生在大学有限的四年时光里健康生活、快乐成长!

第三节 校园文化建设体系的构建

校园文化建设是一项庞大的系统工程,具有长期性、艰巨性、广泛性、复杂性的特点,因此,校园文化建设必须建立科学的组织体系、管理体系和资源体系,消除校园文化建设中的自发性、盲目性、随意性和偶然性,进而形成长期的文化积淀。

一、校园文化建设组织体系的构建

校园文化的发展基础在于完善的组织制度,亦即校园文化建设的体制。校园文化建设的体制可以明确培养目标,指导校园文化活动的组织形式,规范人的行为,使校园文化发挥积极的作用,利于学生的成长成才。

(一)校园文化建设的宏观指导

当前的校园文化建设以马克思主义、毛泽东思想、邓小平理论、"三个代表"重要思想和科学发展观为主要内容的主流意识形态占据着学校校园文化中的主导地位。加强校园文化建设,必须以马克思列宁主义、毛泽东思想和邓小平理论为指导,以培养高素质的有理想、有道德、有文化、有纪律的社会主义建设人才为目标,坚持解放思想、实事求是、与时俱进的思想路线,使其体现时代性、把握规律性、创造性、实效性。要立足于中国现实、立足于学校现实,体现时代精神,继承历史文化和学校发展的优秀传统,不断吸取中外文化的有益成果。要认识和把握校园文化建设规律,坚持按规律办事,使校园文化在科学的轨道上发展。

目前,教育部司局机构设置的职能部门,其中包括办公厅、发展规划司、直属学校工作司、思想政治工作司、教育督导团办公室等部门都与学校校园文化建设的工作相联系。各职能部门根据司局的职能设置,按照国家指导思想、规划的发展方向不断开展对各省(自治区、直辖市)教育部门及学校校园文化建设的指导,加强校园文化建设。对高等学校校园文化建设的总体要求是以中国特色社会主义理论体系为指导,坚持社会主义先进文化的发展方向,遵循文化发展规律,借鉴吸收人类文明有益成果,以实施科学文化素质教育为基础,以建设优良的校风、教风、学风为核心,以优化校园文化环境为重点,以树立正确的世界观、人生观、价值观为导向，弘扬主旋律，突出高品位，加强管理，注重积累，努力建设体现社会主义特点、时代特征和学校特色的校园文化，不断满足大学生日益增长的精神文化需求，为培养社会主义合格建设者和可靠接班人提供强大的精神动力，使高等学校成为发展中国特色社会主义先进文化的重要基地、示范区和辐射源。中共中央、国务院在《关于进一步加强和改进大学生思想政治教育的意见》中明确指出，"校园文化具有重要的育人功能"，并把"大力建设校园文化"列为"努力拓展新形势下大学生思想政治教育的有效途径"的重要内容之一。在《中共中央关于进一步加强学校德育工作的若干意见》中也指出，"重视校园文化建设，要大力开展学生喜闻乐见的、丰富多彩的、积极向上的学术、科技、体育、艺术和娱乐活动，建设以社会主义和优秀的民族文化为主体、健康生动的校园文化。要努力净化校园环境，抵制消极、腐朽思想的渗透和影响，抵制低俗文化趣味和非理性文化倾向，引导校园文化氛围向健康高雅方向发展……在整个社会精神文明建设中，学校应成为最好的环境，并对大环境的优化做出积极贡献"。这既指出了校园文化建设在学校德育工作中的重要性，也明确了校园文化建设的主要内容和发展要求，校园文化作为一种独特的文化现象，它适应了广大青年学生的心理、生理特点和需求，是寓教于乐、寓教于美、行之有效的形式和方法，具有陶冶情操、启迪智慧和娱乐身心等功能。校园文化建设在党委领导体制下，确定了发展方向，确立了发展目标，提出了发展要求，为学校教育和培养人才提供了保障。例如，南昌大学坚持以"三个代表"重要思想为指导，以人为本，与时俱进，积极构建育人平台，让校园文化在培养学生的人文精神中担当重要角色。该校充分利用革命传统教育资源，以网络为载体，把革命圣地井冈山、红色故都瑞金、英雄城南昌的有关资料制作到网上，进行革命传统教育，特别是用井冈山精神来激发学生的政治热情，兴起一股校园文化旋风。另外，江西师大开办"青蓝之声"思想政治教育工作网站，运用数字化信息手段，开展网上思想政治工作和文化建设。"青蓝之声"网站深受学生欢迎，点击率直线上升。学校开展"入世与我校改革发展"大讨论，"弘扬井冈山精神、提高思想道德素质"读书教育，使菁菁校园的空气得到净化，清新之风沁人心脾。

（二）校园文化建设的中观规划

校园文化建设始终坚持在党和国家的领导下，适应社会发展方向需要，同时，以校长为首的行政系统为主，结合学校自身发展特点不断进步、完善。以校长为首的行政系统作为学校的管理者，一定要在自己的办学理念和管理思想中强化校园文化建设意识，切实加强和改进对校园文化建设的管理，特别是要建立有利于校园文化建设发展的长效机制，实现校园文化全面协调可持续的健康发展。如陈慧在《现阶段我国高校校园文化建设对策初探》中所述：

"改革开放后,随着教育方针的逐步完善,素质教育和'以人为本'的教育理念的推行,'党委领导、校长治校、教授治学'的管理模式的逐步确立,人才培养、科学研究和社会服务等大学功能进一步明确,中国学校办学理念逐步走向成熟。进入21世纪,面向知识经济的兴起,经济全球化和文化国际化的发展,广大教育工作者,特别是大学的校长及高层领导,应当在办学理念的探讨中不断增强自觉性与紧迫感,与时俱进,以培养人才作为大学的首要职能和任务,从学校实际情况出发,充分关注大学的功能定位诸方面的内在规律及相互关系等涉及办学思想的基本问题,树立科学发展观,培植科学的办学理念,从而引导校园文化建设思路的形成。"在校园文化建设中,既要考虑青年学生的思想热点,满足心理需求,又要重视校园文化的政治导向,必须旗帜鲜明地突出主旋律并与党的教育方针保持高度一致,坚决抵制消极的腐朽的文化入侵。

学者郭鹏认为"校园文化建设要成立领导小组,统一领导、指导和督促学校校园文化建设,要全员参与,齐抓共管,即建立科学决策、动力激发和调控指挥机制"。依靠制度的规范性、稳定性和制约性,提高校园文化建设的可操作性,激发师生主动参与的积极性。重点是建立和健全教育机制和渗透机制,在内容上将政治导向、思想教育及文化陶冶有机结合起来,推进学生自我教育,相互教育,构成"大教育"工作网络。学者夏宝慧也认为"各部门、各单位,领导、教师、学生要积极参与,全方位推进校园文化建设,完善校园文化建设的政策和措施,在人、财、物等方面加大投入,确保校园文化建设工作顺利开展,切实解决校园文化建设过程中遇到的实际问题和困难"。领导以身作则,率先垂范,学校领导是校园文化建设的领导者和模范实践者,在校园文化建设上,学校领导,尤其是党政一把手要为教职工做出榜样,靠人格的力量去影响和带动全体职工,把校园文化建设纳入学校整体规划,要充分重视校园文化对学校发展和人才培养的重要作用,使校园文化成为学校发展的重要内容之一,健全机构,职责明确,即设立相应的职能部门,具体负责校园文化建设的日常工作。

坚持党委领导,以校长为首的行政系统为主,组织领导校园文化建设,从宏观方面对校园文化提出建设方向和发展要求,推进教育事业的发展,努力为社会发展的需要培养人才。

(三)校园文化建设的组织架构

校园文化建设在党委和行政系统的宏观领导下,要建立专门具体负责校园文化建设的领导机构,宏观指导、统一规划、协调校园文化建设工作。也可以说校园文化是通过创设一种特殊的文化环境来实现课堂以外的教育目的和教育效果,实现这种教育目的和教育效果必须要有教育者运用科学的教育模式和有效的教育方法。校园文化建设不是一朝一夕所能完成的,需要长期、艰苦的努力才能收到一定的成效。目前,学校校园文化丰富多彩的主要表现是文化活动繁多,而且主要偏重于丰富学生的课余生活,很少有学校把这类文化活动纳入学校的长远规划。

校园文化建设的体制需要专门具体负责校园文化建设的领导机构,实现指导思想的一元化。校园文化建设的指导思想是一元的,而校园文化建设的内容却是丰富多彩、百花齐放的,要实现和坚持校园文化建设中的一元指导与多样化发展的统一。建立专门具体负责校园文化建设的领导机构,按照党委领导的指导方向,结合传统和自身特点,制定校园文化建设的发展路线和目标,开展校园文化活动,丰富校园生活,培养学生的素质和能力。按照"党建带团建"的要求,加强党对团的领导,保证校园文化健康有序地发展。校园文化的育人功能,决定了学校党组织在校园文化建设中应是直接的领导者,而团组织作为党的助手和后备军,则是直接的实施者之一。党组织对团组织建设校园文化的领导,主要是要牢牢把握先进文化的前进方向,以不断丰富师生的精神世界,增强精神力量,满足师生的精神文化需求。在整个校园文化发展的方向确定后,党组织就放手让团组织和学校有关部门去具体策划和落实。抓好学校团委、学生工作部门的队伍建设,成立学校领导小组,由校长任组长,以党、政、工、团各级领导组成核心研究力量。成立教师工作队伍,荟萃各具特长、特色的教师精英,组成研究实践的常规工作队伍。培养学生骨干队伍,组建一支高素质的、具有特长、特色的、相对稳定的梯队形学生工作队伍。

校园文化建设是一项系统工程。只有切实加强领导,采取得力措施,才能形成齐抓共管的格局,使校园文化建设既坚持正确方向,又能健康、蓬勃发展。校园文化建设的组织架构可以呈现出不同运行机制,其中,学校可以建立健全的、由主要校领导参与的校园文化建设领导小组或相关文化活动的指导委员会,负责制定校园文化建设的总体规划和不同时期的实施方案。例如,为加强校园文化建设,贵州电大党委在 1998 年对学校加强"校园文化建设"规划了总体目标,提出了主要任务和具体要求。在实施过程中,形成了"一把手亲自抓,分管领导具体抓,领导班子成员共同抓"的领导机制。建立党政齐抓共管的领导机制。党委部门要负责指导、制定校园文化建设方案并组织实施,对处(室)、教学部党支部进行具体领导;各分校、工作站、行政处(室)主要侧重于校园文化管理和物质文化建设;团委、学生处、各教学部是校园文化建设中的重要力量,要负责制定具体实施方案,重点进行校园文化活动的开展。同时学校可以设立校园文化工作委员会、学生课外活动指导中心、文化艺术指导中心等专门的校园文化组织机构,具体组织师生开展校园文化活动。同时,加强对校园文化活动的具体指导,形成由学校领导、学校职能部门、教师、学生干部组成的队伍,对文化活动进行有目的的指导。提高全员对校园文化建设重要性的认识,以理想、责任、义务的高尚教育理论为出发点，从校风、教风、学风、生活作风等多方面入手，逐步形成领导者、教师、学生、职工逐级逐层协调进步的全员建设校园文化的良性工作机制。积极发挥校园文化建设管理者和研究所、社团、学生会、文艺团体等学校民间组织的作用，有规划、有步骤地开展系列学术科研、文艺创作、文体活动，努力提高校园文化建设质量。完善校园文化设施建设。加大对图书馆、研究所、文体活动场所的建设力度，对各项工作提供必要的经费支持，促进教育教学手段现代化，创新工作空间，优化育人环境，加快校园文化建设体制的形成和发展，严格落实制度，实行工作目标和动态管理。

以南昌大学为例，南昌大学创造性地建立了团委、学生会和大学生素质拓展中心"三位一体"，科学文化活动中心、青年志愿者服务中心、社团联合会、爱心基金会"四轮驱动"的主体格局，充分调动团内组织资源、校内部门资源和校外资源，繁荣了校园文化，加快了素质教育的进程。又如北京航空航天大学，2005年启动了《2005年校园文化建设实施方案》，共确立30个建设项目，这是该校从实际出发，对学校文化建设作出整体规划，扎实推进校园文化建设的有力举措。该校强调把校园文化建设作为学校整体工作中的有机组成部分予以系统推进，成立了校园文化建设领导小组，组长由书记和校长担任，成员由学校各主要部门负责人组成，办公室设在宣传部，由宣传部部长任校园文化建设办公室主任；落实了专项工作经费，学校计划每年投入100万元用于校园文化建设，同时在校内调动各院系的积极性，在校外发动校友和社会各界的力量，共同支持学校校园文化建设。为确保方案的顺利实施，每个项目分别由一名校领导负责，一名校领导协助，一个主要负责部门和一批协助部门共同执行，并对项目使用经费进行评估，年终进行检查和审计。

校园文化的组织架构应遵循一元领导、多元组织控制、多样化发展的原则建立。在校园文化活动中强调专项化的主题活动，成立能够开展特色项目活动组织，不断创新、丰富校园文化，同时加强活动组织间的横向联系，促进合作，共同发展，最终可以使校园文化建设得以发展和完善。

二、校园文化建设管理体系的构建

校园文化建设需要与之相适应的管理体系，所谓管理体系就是管理的机构和制度，它既是校园文化的重要组成部分，又是校园文化运行的内部组织系统，对校园文化创新与发展具有极大的影响作用，我国大中小学校园文化管理的根本目标就是贯彻党的教育方针，用积极健康的思想占领校园思想文化阵地，全面提高师生员工的思想道德素质和科学文化素质。

(一) 校园文化建设管理的目标

根据校园文化的组织体系构架，校园文化管理的目标，也可以分为宏观、中观和微观三个层次。一是宏观管理目标。宏观管理目标是全局的，指党和国家及各级教育主管部门对各级各类学校校园文化建设提出的总目标。正如学者夏宝慧所言"它要求校园文化建设必须在党的领导下，坚持社会主义方向，在校园文化建设的过程中全面推进素质教育，培养德、智、体、美等全面发展的社会主义事业的建设者和接班人"。宏观管理目标具有统揽全局的指导意义。二是中观管理目标。中观管理目标是分门别类的，是指特定学校在有关部门要求的基础上提出的本校校园文化建设的建设目标。中观管理目标起到承上启下的作用，其核心是文化价值观，主要的如教育思想、办学理念、人才观等，它决定着校园文化建设的内容、规模、形式和特色等。三是微观管理目标，微观管理目标是就特定工作或活动而提出的，指学校校园文化的专兼职管理机构对本校各方面校园文化工作所制定的具体目标。作为宏观和中观管理目标的具体体现，微观管理目标是具体化了的校园文化活动目标，微观管理目标通常具有可操作性和可视性的特点。

在文化学和管理学视野中，校园文化并不是仅仅作为一种背景陪衬于学校教育教学过程中，在一定意义上，学校全部教育教学也是校园文化的一部分；校园文化既是校园师生员工各种活动的背景，又是校园师生员工正在进行的重要实践。总之，校园文化始终贯彻于学校工作的各个方面和整个过程中。

为了有效地实现管理职能，学校依据有关政策法规规定设立了各种组织机构。按大类分，有党群组织机构、行政组织机构；按职能分，有决策组织机构、指挥组织机构、执行组织机构、监督反馈组织机构及咨询组织机构；按工作性质分，有党政组织机构、教学组织机构、科研组织机构及后勤服务组织机构等。各个组织机构彼此间有机结合，构成了学校管理的组织系统。应该说，在我国的学校中一直都有校园文化的管理机构，近年来，专司校园文化的组织机构有所增加。

(二) 校园文化建设的管理制度

规章制度是学校物质文明和精神文明建设成果之一，它代表和反映着学校的整体风貌和形象，是学校办学宗旨和文化精神的集中体现。制度现代化管理是现代社会的重要标志，也是现代学校管理的重要方式。推进制度化管理，科学规范地开展校园文化建设，改变管理随意性过大、持续发展效果较差的局面需要努力加强制度建设。提高对制度建设的认识，确定全校工作一盘棋的观念，引导全员确立自觉按照制度办事、转变工作作风、提高工作效率的意识。为此，加强校园文化建设体制的制度化管理，制定出一套新的、统一的能够充分体现校园文化精神，代表校园文化前进和发展方向，为校园文化的建设和发展提供制度保障的学生管理规范体系是校园文化建设的关键。科学建立制度，健全制度，形成校园文化建设制度大全。建立社会主义的学校校园文化，必须建立一套科学的、规范的、行之有效的工作机制和管理格局。对于学校来讲，应该在党委的统一领导下，以校长为首的行政系统为主实施校园文化建设的管理体制，明确党委、行政系统及工会、团委等在校园文化建设中的工作职责。同时，强化日常管理、调查研究、检查评估等机制。不断改善工作机制，完善各项管理制度是形成良好工作机制的基础，也是校园文化建设的重要内容。要不断完善校园文化建设的政策和措施，切实解决校园文化建设过程中遇到的实际问题和困难。要加强理论研究，积极探索新形势下加强和改进校园文化建设的新思路、新举措。

以大理学院校园文化建设情况为例，充分认识大学生在校园文化建设中的重要地位并给予准确的角色定位是全面认识和了解学生管理和校园文化建设关系的关键。大学生作为校园文化建设的主体，既是校园文化建设的参与者，又是直接的受益者，在校园文化建设中扮演重要角色，校园文化建设必须重视研究这一重要角色。学生管理的每一项工作或规章制度都会影响到学生学习生活及文化娱乐等各个方面，对学生起着教育、引导、惩戒等作用。要通过一系列的管理制度对学生学习态度、学习方法及行为习惯进行严格教育和规范，使学生在学习生活中，能够树立正确的世界观、人生观、价值观，以唤起他们的自尊、恢复他们的自信、端正他们的学习态度、矫正他们的学习方法，培养他们良好的行为习惯，促进良好班风、学风、校风的形成。这是学生管理制度自身不断发展、完善的需要，也是校园文化建设所要达到的理想目标。

各有关部门应重视制度建设，科学合理、详实有效、协调统一地加强建设工作。要切实注意把握制度建设的科学性、人文性、持续性，开展调查研究，梳理问题，从"新""实""严"三字上下功夫，把制度建设抓紧抓好，避免出现制度真空，提高制度运行效率。加强制度落实，要把制度文本切实转换为操作规程，高效实施。建立校园文化建设评估体系。陈慧在《现阶段我国高校校园文化建设对策初探》一文中认为：制度建设的完善可以促进校园文化建设规范化。校园制度是在特定的校园活动领域中，围绕一定目标形成的具有普遍意义的、比较稳定和正规的校园规范体系。通过合理的制度、条例等约束学校师生员工的行为，同时还要通过制度的力量来发展、繁荣校园文化。因地制宜，不断完善校园文化建设的管理和工作机制。制度建设应着眼于如何转变办学观念、如何实施素质教育、如何做好学校的发展规划与定位、如何提高教师业务素质、如何强化校园文化设施等问题，通过建立相应的管理和工作机制，科学有效地规范校园文化建设的日常工作，这既有助于凝聚人们的价值观念和行为准则,又有助于塑造良好的校园制度文化,从而形成良好的校园文化。邓小平指出:"制度好可以使坏人无法横行,制度不好可以使好人无法充分做好事,甚至会走向反面。"徐金贵,任佳忠认为"制度对于观念和风气的形成,起着其他方式无法起到的作用。建章立制,用组织制度管理校园文化,这是形成优良的校园文化的根本保证,也是校园文化的生命之所在"。正如薛林峰在《试论依法治校》一文中提道"要建立和完善学校有关建设校园文化的各项制度,依法治校,科学管理,实施公正、公平、公开的管理,促进校园文化建设的科学化、民主化,适应师生发展的需求,激发师生员工的积极性和创造性,构建既稳定有序又充满活力、文明和谐的校园环境"。

三、校园文化建设资源体系的构建

校园文化是校园人共建、共有、共享的群体文化,只有校园文化的主体都能积极参与、协同作战,才能保证校园文化的生长、传递、延续和发展。校园文化建设的资源体系构建主要包括四个方面内容。

(一)学生主体的广泛参与

比较教育学专家认为,美国的强大和它的教育体制的先进性有着极为密切的关系。它把教育自主权下放到每一个教育主体。所以每个美国大学都各有特色,各有专长领域,培养出来的学生也是万紫千红。而我国千百万中学生每年都读着一样的中学课文,做着一样的数学题,进行一样的物理化学实验,写作文是一样的格式,高考考着同一样的试题。中国的教育缺乏个性,怎么能苛求学生有创造力呢?所以说在我国这样的大背景下,在学生进入大学,逃脱了"束缚"的条件下,大学就应该注重学生主体的广泛参与、自主活动和创造力的高涨。学生群体是学校中占主要地位的群体,学生主体的广泛参与、自主活动和创造力的高涨是主体资源合理配置和充分发挥效应的标志之一。首先必须从学生自身情况出发,让学生广泛参与学校组织的各项建设活动,也可以让学生自主筹划组织活动,从而增强创造力。人无完人,但是每个人都有自己的特点和优势。学生创新能力的提高,潜能的挖掘,是学校教育的基本内容。学生是学校的主体,学校应想学生之所想,办学生之所办,学校和教育工作者应该充分挖掘学生的潜能与特长。只有让学生根据个人的意愿和节奏,选择适合个人兴趣的活动,自由自在地学习和探索,才能激发学生的积极性,才能培养学生的创新能力,才能整体提高学校的教育质量,创建优秀的校园文化。同时,激励师生在创建校园文化中的自觉行为,从而形成奋发向上的精神风貌,对内增强凝聚力,对外增强吸引力。

在学生主体中还存在着一部分优秀人才,他们的创新精神、品质、创造成果都起着示范作用,激励着其他学生,这是带动广大同学共同进步的重要途径。在校园文化活动中,有一些学生思维敏捷，联系广泛，凭着自己的学习成绩、文艺才华或重情义讲信用的品格，博得同学的普遍尊重；他们在文化活动中异常活跃，具有相当的鼓动力和感召力。牵好这些"领头羊"，有助于对校园文化活动的有效引导和调控。如果要想让某项活动开展得轰轰烈烈，生机勃勃，就得调动这些骨干的参与热情；如果想降温，也要首先做好他们的思想工作。利用骨干、"明星"的感召力，把活动引向正确的轨道，把同学吸引到有益的活动中来，帮助其施展才华，实现自我。

（二）教师文化的发达

学者毛连军、成容容在《大学教师文化构建与高校师德建设》一文中说道，"清华大学老校长梅贻琦先生曾经讲过，'大学者，非大楼之谓也，乃大师之谓也'，很精练地点出了教师在大学中的重要性"。因为"一所大学没有成熟的教师文化就会是松散的，缺乏影响力和凝聚力的。若缺少教师文化就意味着丧失教师特色，动摇教师发展的根基。如果没有教师文化的深层次支撑，任何教育教学改革和教师发展都将是表面的和暂时的"。《资治通鉴》中有一句话，"经师易遇，人师难遭"，就是说大学教师文化"要有原创性、奠基性、开拓性、前沿性的学术成就，同时，要把治学的态度、治学的精神、做人的态度、对社会的责任感、对他人的责任感结合在一起，这样才能为人师表，才是'大'"。毛连军、成容容认为，大学教师文化是指处于一定的大学文化氛围中的大学教师在长期的职业行为过程中不断汲取社会道德和其他文化因素的营养，经过积淀、整合和提炼而形成的价值观念体系和群体意识，是教师精神世界的主要组成部分，它不仅代表着学校的精神风貌、价值观念和学术精神，还蕴涵着学校的办学思想、管理理念，预示着整个民族的文化趋向和价值取向，反映了大学教师的精神信念、价值取向、学术风范和职业道德。它调节着教师的职业行为，推动教师不断进行自我修养、完善和优化职业行为，促使教师向理想的职业人格和更高的精神境界努力。寄托了教师的理想、希望和要求。教师文化的形成将大大推动校园文化建设，推动主体资源的合理配置。

按照学者毛连军、成容容的观点，发达的教师文化主要体现在三个方面：首先，富于科学精神是"大学教师文化的重要特质。科学精神是人类生存和发展的精神支柱。大学教师是崇尚科学、追求真理、创造知识、创新理念的典范，引导学生进入科学殿堂和激励学生攀登科学高峰的领路人。崇尚科学、弘扬科学精神、以科学育人，是大学教师的主要职责，也是新世纪合格的大学教师的基本标准"。其次，"深厚的人文精神是大学教师文化的另一重要特质。教师应该具备相应的人文素质，具有深厚的人文精神。人文精神就是先进的世界观、信仰、操守以及思想道德修养。落后的、腐朽的精神状态不是人文精神。人文精神在当今应当是整个人类文化所体现的最根本的精神，是人类文化生活的内在灵魂，是指人类文化创造的价值和理想，是指以人的主体生命层面的终极关怀。只有将科学真理的认识与道德的真诚和情感的趋势有机地结合起来，才是完整的、现代的人文精神。现在，培养高尚的人文精神已经成为校园文化建设的重中之重。在学校，或许可以把各个科技专业的学术成果视同物质文明，而师生的人文精神培养当属精神文明。校园文化建设的当前目标是两个文明一起抓，两个文明双丰收，特别是精神文明的丰收，也就是师生人文精神真正得到确立。校园文化建设的长远目标则是通过学校师生的示范作用，把先进的人文精神推广到全社会，使广大人民群众严格自律，做高尚的人，做有道德的人"。最后，开拓创新是教育发展的不竭动力。全面更新教育观念，努力提高教书育人的思想境界，是新世纪大学教师修养的一个重要课题。"全新的教育观念，开拓创新的科学精神，是新世纪大学教师在教育工作中建功立业的先决条件，也是新时代大学教师为人师表不可或缺的可贵品格"。北大校长许智宏说，在他们上学时，教授们都有自己的讲义，教材只是一个参考。"每个教授都应该有他自己的讲课的特色，重要的是要有新思想、新知识。要有教师自己的思想（学术个性）在里面"。

（三）管理文化的形成

美国著名的管理学家，现代管理学理论的奠基人彼得·杜拉克曾说，人类社会的每一次重大变革，总以思想进步和观念更新为先导，知识经济时代学校的变革同样也离不开观念更新和思想解放。学校管理创新如果没有管理观念的创新作先导，无论是管理过程创新还是管理目标创新都无法实现。管理文化的形成将成为一所大学校园文化建设的重要方面。大学管理文化作为一种新的管理理论，将成为学校的精神支柱和管理的灵魂，并对"大学管理的全过程起着主导的作用。大学管理本身就包含并渗透着文化的内涵。其中，管理理念是大学管理的灵魂和精髓，其本身就属于文化建设的范畴，而管理模式和方式、方法的选择也是大学文化建设的组成部分"。

学校要转变观念，重构新的学校管理文化，其首要措施就是要加强管理队伍的建设，选拔优秀管理队伍作为学校的管理人员。优秀的管理人员要具有良好的思想品德意识、依法治校意识、服务意识、竞争意识、效益意识、创新意识、公平公正公开意识、合作协调意识、自我发展意识，管理人员的思维观念要适合学校的生存与发展，适应科学定位和特色化办学思想。其次，要形成良好的管理环境。2002年6月份在北京师范大学举办的"大学党委书记论坛"对校园文化形成的"软环境"提出了一系列的"指标体系"，这是值得大力提倡和探索的。

管理不是控制，管理必须以人为中心、以文化为依托。曾琼芳、贺晓斌在《创建高校教师文化刍议》一文中认为，"确立以人为本、知识管理和文化管理等新的管理思想是学校管理从更多关注管理目标的具体实施与控制，转变到更多关注学校共同远景的形成和学校所有成员发展的战略重心转移。随着政府对学校管理的权力下放，学校办学呈现主体多元性和学校管理自主性的趋势，在这种变革的格局下学校如何生存和发展，其本身就有管理上的创新"。任何一所学校都不应低估教师在院校管理中的作用，教师应获得更大的权力。在学校的内部管理中，"尽管最终的决策是大学学术领导和理事会的责任，但是只有得到教师的配合，战略计划才能得到最好的贯彻和执行人员的积极参与——所有参与者的智力、驱动力或者承诺——这是大学走向成功的关键"。因此，罗伯特·伯恩鲍姆教授在最近的一项研究中指出，教师管理在四个方面发挥作用：促进学院或大学的管理；为学校政策的制定和教师辩论提供论坛；在教育目标或学校目标中形成一致观点；成为承担专业价值和权威义务的象征。目前，"教授参与"一直为斯坦福、哈佛、耶鲁、麻省理工等一流大学所尊奉。当然，也可以按照杨士恒在《现代教育下的校园文化建设》一文中的观点，提倡学生自主管理，客观上确立学生的主体地位，适当让学生参与到学校管理中来，把管理工作变成学生学习的第二课堂。这样，既加强了学生的独立意识、自主意识和责任感，也使学生养成了勤勉、敬业、守纪、公正等良好的品质和行为习惯。学校的管理贴近了学生的愿望和要求，学校的管理制度、措施就容易被学生所接受，也就更有利于学生的成长。杨士恒认为，"学校可以通过培养学生的自我认识能力、培养学生自我鼓舞与自我激励的能力、培养学生自我控制与自我调节的能力等来培养学生的自主管理能力，以平衡学生自主管理所产生的消极影响。也可以通过教师主管阶段、师生共管阶段、学生自管阶段的逐步过渡来保证实施学生自主管理的效果"。

学校管理文化是在一定的社会历史条件下，学校管理机构及其管理人员在各种管理活动中形成的一种精神文化形态，是学校管理机构及其工作人员共同具备和遵守的理想信念、文化观念、价值观念、道德标准、行为模式、文化环境、人才品质等各种社会准则与行为规范的总称。因此，一旦社会环境转变，学校管理文化也要适应性地发生变化才能够促进学校文化的发展。

（四）校园文化力的形成

整合是将不同文化加以协调、平衡。整合的要旨是要在文化各形式、要素之间建立起相互协调、互相支持的关系，使成员在一定程度上共享相互的价值和思想观念，这在一定程度上是人的社会化的过程（获得一种特殊的文化身份的过程）。在一定意义上，教育传递文化的过程就是形成文化整合的过程，也是形成校园文化合力的过程。文化系统自身的目的因素或者说价值因素，是整合过程中的核心因素，正是因为它们的存在，才把文化的各种形式或要素联结起来，结成相互联系的整体。教育自身包含着多种文化形式，教育要有效运行，就要对自身所包含的各种文化形式加以关联、联结、协调以及平衡，逐步理顺各文化形式间的关系。

校园文化的要素主要有群体层面的教师文化、学生文化、领导者文化；组织层面上的班级文化、团队文化；其他层面上的课程文化、活动文化等。对这些文化进行整合，使之能补充、丰富校园主文化，构成多彩生动的校园文化是体现校园文化建设的重要方面。我们应以传统优秀文化为基点，吸收先进德育思想的营养；运用校园文化载体，加强思想政治教育；树立校园文化全员共建意识；构建美丽校园，优化育人环境；积极开展心理健康教育，促进学生个性和谐发展。"校园文化的要素间存在着一定的联系，它们相互作用，相互制约，体现出校园文化的有机整体性。校园的物质文化是校园文化的基础，制度文化则反映校园文化主体活动的规则，校园精神则是校园文化的核心，对其他文化层面起着决定性的指导作用。"由此我们可以看出，"校园文化是一个多层次的有机体，是靠自身固有的规律结合起来的，按照自身固有的结构展现出来、发展下去的。学校校园文化建设的结构是指校园文化各构成要素之间的有机联系与相互作用的方式或顺序。其功能的发挥依赖于各构成要素之间的相互衔接、协调运转，依赖于各要素功能的健全"。

按照学者陈海在《大学校园文化建设简论》一文中的观点，"大学的校园文化建设，是综合性的工程。它应该囊括人类的智慧与文化的精华，历史与现世的文学艺术的精华，哲学、美学、历史学的以及各种学术与科技的成就，文化与教育方面的种种设施，体育与娱乐中的项目，衣食住行及工艺美术活动等，都属校园文化活动的范畴。文化的渊源是绝对不能割断的，传统的民族的精神与文化，应成为文化教育中必不可少的部分"。陈海还认为"在高等学校，文化活动牵涉面相当广泛，几乎涉及社会生活的各个方面。具体地说，如民族的历史、人类的发展史、民族文化的摇篮、古都文物、古塔寺院、壁画石刻、丝绸之路等的研究及其演化的艺术品，都是弘扬民族文化增强民族自豪意识的最好教材"。

可以说"大学校园文化建设的综合工程，也体现在教学及各种文化学术活动中，体现在各种生活技能的培养之中，如哲学、史学、逻辑学、经济管理学、美学、宗教、医学、农学的领域是重要的文化活动阵地，各种文学作品、绘画、书法、雕刻、歌曲、舞蹈、电影、电视、相声、杂技、魔术等也是文化活动中的热门内容"。

第五章　新媒体对校园文化繁荣的推动作用

第一节　新媒体环境下校园文化的变化

一、新媒体的界定

（一）新媒体的定义

所谓的新媒体是较之于传统媒体而言的。学术界对新媒体的定义可以说是众说纷纭、各有见地，没有统一的定义。比较有代表性的见解有以下几种。从技术角度定义，如"新媒体是个宽泛的概念，是利用数字技术、网络技术，通过互联网、宽带局域网、无线通信网、卫星等渠道，以及电脑、手机、数字电视等终端，向用户提供信息和娱乐服务的传播形态"。郭庆光教授认为，"我们所谈论的新媒介主要指伴随卫星通信、数字化、多媒体和计算机网络等技术的发展而出现的新型传播媒介，包括跨国卫星广播电视，多频道有线电视，文字、音像的电子出版以及作为信息高速公路之雏形的互联网络等"。美国《连线》杂志把新媒体定义为"所有人对所有人的传播"。熊澄宇教授以发展的眼光来强调新媒体的特点："首先，新媒体是一个相对的概念，新相对旧而言；其次，新媒体是一个时间概念，在一定的时间段内代表这个时间段的新媒体形态；第三，新媒体是一个发展概念，它永远不会终结在某个固定的媒体形态上。"从以上的不同见解可以看出，研究视角和出发点的不同直接导致人们对新媒体解读的差异。

回顾伴随着互联网的兴起而快速发展的新媒体的发展历程，在数字技术的支撑下迅猛发展，要始终客观地看待新媒体发展所带来的正面、负面的影响。短短的几十年内，大众传媒发生了多次革命性的变革：从最开始的纸媒介到无线广播媒介再到电视媒介，还有现在发展势头迅猛的互联网多媒体革命。每一次媒介的发展和变革都会掀起一场破旧立新的浪潮。比如因特网在20世纪末的发展，一经先行者使用，便引起了追捧，互联网的使用迅速席卷全球。那个时候新媒体的代名词就是因特网。进入21世纪以来，新媒体这个词越来越频繁地出现在人们的视野中。如今新媒体已经成为一个泛称，人们将所有与数字技术有关的不同于传统媒体的信息传播工具和接收工具统称为"新媒体"。传播学的研究更加关注"新媒体"。研究对象也不尽相同，有数字电视、报纸、杂志、移动电视、手机媒体、IPTV等，甚至把依赖于网络的博客、微博等也列入范畴之内。如今新媒体的队伍不断地壮大，以数字技术为支撑，借助互联网技术，经由各种电子通信工具，产生了一个多样且范围仍然不断扩大的新媒体集体。以互联网为首，数字杂志、数字报纸、数字广播、手机短信、移动电视、数字电影、虚拟社区等,新的媒体形态如雨后春笋般涌现。

(二)新媒体主要特征

新媒体革命的发生不仅仅是推动了传统媒体的整合调整,更是对整个社会的生活方式产生了深刻的影响。相对于传统媒体而言,新媒体在继承了传统媒体优势的同时,还具备了自己独特的新优势。在新媒体平台上全球信息的传播逐步发展为一个整体。目前新媒体正逐渐呈现出将现实世界与虚拟世界相交融的趋势。相对于传统媒体而言,新媒体有如下特征。

一是交互性、信息传播点对点。新媒体与传统媒体的最大区别就是,新媒体是交互性和去中心化,传播状态是多点对多点的。传统媒体通常要有一个明确的信息中心,受众获取的信息都必须依赖于这一中心。而新媒体就传播状态而言,使每一个人都可以成为信息传播的主体,与受众真正建立联系,极大地延伸了大众传播的领域。例如借助手机、博客、微博、互联网可以及时没有任何阻拦地将自己的观点、图片、音频和视频等信息直播到网上,大大提升了大众在媒体传播中的地位。此外,相比传统媒体,新媒体的信息传播采取多点对多点的方式,每一个人都可以进行信息的传播,增强了受众的主体性,但同时也给信息的安全监管带来了挑战。

二是海量信息。新媒体的发展使得信息传播具有海量性与广容性。"即发布信息的容量不受媒介'容积'限制,新媒体对信息量的包容是无限的""限制新媒体的容量的因素仅仅是计算机的存储空间和网络的带宽——这两者都很容易千万倍地扩大。所以,只要满足计算条件,一个新媒体中心即可满足全世界的信息存储需要。"新媒体媒介借助链接技术,使得信息不再是孤立的个体,而成为一个立体的、巨型的相关联的信息库。点击一个链接,就相当于打开了一个网状的信息数据库。受众所获取的信息也不再仅仅是单独的信息个体,而是与之相关的一个信息集合,并且可以随时对信息进行修改、增补和传播。

三是跨时空。新媒体环境下的信息传播消解了传统媒体传播信息时的时空限制。消解了不同地域、社群、产业之间的界限。使得不同地域的用户可以同时进行多项信息的交流。解决了困扰传统媒体的时空限制和及时反馈等问题。全球范围可以共享新媒体的网络服务和使用平台,这使得传统教育方式发生了深刻变革。学生对各种信息的接触完全超出了传统高校教育所提供的范围。新媒体形态的发展实现了"所有人对所有人的"信息的跨时空传播。

四是交融性与个性化。新媒体将文本、图片、音频、视频等各种信息形态,通过传输渠道如固定网络、移动网络、卫星等,与各种接收终端如电脑、电视机、手机、等整合在一起,从而使得各种信息站点与各种媒介的受众联系在一起。保证受众可以在任何时间、地点,通过任何终端进入新媒体信息网络内,得到直接或间接的服务。同时新媒体技术的产品如QQ、博客、微博等为大众提供了张扬个性、展现自我的载体，提供了强大的个人展现平台和信息交流平台。

新媒体独具的优势使得新媒体成为当前最受推崇、最方便、发展最为迅速的信息传播媒介，为信息的获取与传播提供了极大的便利。新媒体的出现和发展给人们的日常生活方式带来了巨大的变革，特别是对于思想活跃、易接受新信息的青年人而言。生活中的方方面面无时无刻不渗透着新媒体的印记。新媒体技术的发展为研究学校的思想教育工作提供了新的思路与途径。新媒体的出现，使得对校园信息的控制从理论上说成为不可能，这会推动校园政治思潮的多元化，传统的一元化政治教育观将面临巨大的挑战。

（三）新媒体的两重作用

新媒体对社会的发展产生着深远的影响。它突破时间、空间等方面的限制。传统媒体即便如卫星电视，其传播的信息充其量也只能覆盖全球1/3的地区。而新媒体不仅为人们提供了技术信息的新平台，而且为实现信息的多点传播提供了可能。新媒体对于受众是极具优势的。一份报纸能有上百万的发行量就是一件了不起的事情。一份报纸无论如何定位都要受到各方面因素的影响。而网络则不会受到任何限制。虽然现在报纸种类越来越多，但是这远远无法比上网络以秒计算的更新速度。新媒体为社会日常生活带来便捷的同时，也不可避免地带来一些负面影响。

首先是个人隐私的社会伦理问题。信息传播技术的飞速发展改变了我们日常的生活方式。个人的信息泄露，个人生活置于社会的监控之下，这使得交往过程中人与人之间的关系产生了许多的不确定性。当我们用网络、手机等阅读各种新闻信息的时候会发现，虽然我们面对海量的信息，但是由于缺乏对信息的监管，我们会看到各种真假难辨的信息，甚至在看遍了所有信息后大呼上当。网络监管缺失，使得我们在获取有益信息时浪费了大量的时间和精力，而且信息的真实性和准确性也很难得到切实有效的保障。其次是如何面对强势文化的过度影响。数字技术的发展为人们提供了信息的大量共享和融合。信息的融合使得文化趋于一致性，这种现象容易导致民族文化和地域文化的一元化，使得人们的价值观念、思想意识趋于统一。对多元民族文化的发展构成极大威胁。英语是世界通用语言，互联网中的信息有90%都是用英语写的。这对于非英语民族的人们来说，在使用互联网的过程中不自觉地接受英语所构成的文化价值观的影响。另外还有现实世界虚拟化问题。虽然新媒体技术为我们提供了前所未有的互动模式，但是这些互动都是在虚拟的网络空间中，通过0和1的排列组合而实现，这就形成了人们在现实生活中的交流缺失。人们非常容易混淆虚拟世界和现实世界，在长期的网络生活过后对于现实世界会有一种适应不良的反应。QQ上的好友多了起来，但现实生活中的朋友却少了。人们的生活看似与全世界的每一个角落紧密相连,实际上却是越来越封闭。这是因为虽然电脑界面变得越来越人性化,但是电脑和网络永远不可能成为真正的人类。我们从现实的人际交往中得到的经验是网络永远无法给予我们的。对于年轻人来说一方面他们具有强烈的好奇心,对各种信息都充满了兴趣,另一方面他们接受新事物,新观点的能力强。在他们尚未形成稳定的世界观、人生观和价值观的时候,社会舆论导向和学校、家庭的教育对于年青人的引导是十分重要的。如果在网络信息管理制度尚未成熟的时候就过多地接触网络,他们容易受到一些负面信息的影响,甚至受到一些反社会网站,错误信息的不良影响,这对于青年人的健康发展是极为不利的。

二、新媒体环境下校园文化的新变化

（一）教育途径多元化、获得知识和信息的渠道多元化

新媒体的迅速发展改变了大学生的学习思维方式。传统意义上的学习,大多是指学生在教师的指导下进行课堂学习。但在新媒体时代,则是基于计算机或者在线网络教学,使得课堂学习变得更加生动形象。诸如网络等新媒体为大学生提供了更多交流的机会,不再拘泥于课堂讨论,而是可以在论坛、博客上与全世界的朋友共同研究交流。新媒体技术以其快捷、广泛性极大地拓展了同学们获得信息的渠道和容量,特别是新媒体的信息共享对于拓展学生的知识广度起到很大的作用。能够帮助大学生尽快了解所学专业领域最前沿的知识信息,有助于专业知识结构的合理构建；能够开阔青年学生的视野,拓展其知识面,学习和掌握专业领域之外的知识。新媒体可以使青年学生及时了解行业就业需求,从而根据就业需求及时调整自己的知识体系以适应就业竞争。

（二）校园文化主体的参与方式呈现新的特点

校园文化主体是指参与校园文化建设的全体师生员工,包括学生、教师、行政人员、后勤人员等。在新媒体环境下,校园文化主体的参与方式呈现出许多新特点。

1.交往的虚拟性与平等性

新媒体环境下交往的最大特征在于虚拟性,它创造了一个虚拟世界。"虚拟环境下使别人不知道你是男是女,是老是少,虚拟状态为人际交往提供了安全屏障,在网上,你可以向别人直抒苦闷之事,流露真情实感,甚至可以自暴'家丑'而不必担心对自己形成危害和感到难为情。虚拟条件下,青少年网民的交往角色是虚拟的,不存在上下级、老板雇员或长晚辈那样的垂直型交往关系,交往似乎更加平面化,属于典型的横向式交往,不仅如此,网上交往的虚拟性还淡化了现实生活中的同学、同乡等种种交往界限,从而使交往变得更加自由、平等。"对于高校教育来讲,教师通过化名或匿名的形式开展思想教育工作。在虚拟世界的

交往中双方是平等的,且保障了个人隐私。它使得大家能够畅所欲言,民主气氛和交往的互动性增强,这对于学生而言具有极大吸引力。相对于传统的教师、学生、干部之类的角色分工的活动而言,学生对于新的交往方式更充满了热情。

2. 选择的自主性与多样性

青年学生正处于世界观、人生观、价值观形成的关键阶段,易受各种思想的影响。价值取向也出现多元化和个体本位化的特征,这在校园网络文化中表现得极为明显。互联网的开放性、互动性、包容性特点决定了它是一种多层次、多形式、多方向的复合型或混合型文化,能最大程度地满足不同网民的需求、满足他们的各种价值选择和兴趣爱好。自主选择权在网络上表现得尤为突出。首先,网络具有信息的集聚功能,将多种层次、类型、品位的文化都网罗殆尽,并通过一个个窗口和链接将其集中展现在信息受众面前。其次,网络使得活动参与极为方便,轻轻一点就可以参加虚拟状态下的各种讨论,不善交谈者或者有疾病者都可以轻松交流。再次,网上参与消除了时空、行业等种种限制,借助信息链接,你任何时刻都可以看到自己想看到或到达的地方,多视窗操作。这些特点为人们的选择提供了极大方便。

3. 展现的自由性和独特性

新媒体是数字技术和现代文化发展的产物,也是对传媒产业的变革。新媒体为人的自由创造了一个理想的空间。尽管是虚拟的自由,但这并不妨碍人们在虚拟世界中展示自己丰富多彩的个性。从中国的学校教育来看,各学校对自己网站的设计也是争奇斗艳,内容丰富。各学校借助网络来展示自己的办学理念和学校精神面貌。走进校园网,各学院、各社团、各班级以及个人网页都精彩纷呈,以鲜明的个性展示各自的风采。新媒体平台成为展示个性的舞台,主要原因在于新媒体的独特性和自由度。

4. 参与的开放性和大众性

新媒体环境下大众是文化的主体,这显然有别于传统的"精英"文化。可以说网络文化是真正意义上的大众文化。互联网具有参与的开放性和大众性。首先它要面向所有的人,面向世界,包括校园网在内,覆盖面是十分庞大的。任何一个终端都是四通八达的世界网络上的一个点。其次互联网要面向未来,不断变更和提供新的信息。再次它是面向大众的,通过有线或无线信号和各种信息接收终端来实现信息及时大量的传播,最大限度地吸引大众。对于校园网络的发展而言,不仅仅是为学生提供共享校园文化繁荣的平台,也为他们积极地交流,共同参加各种讨论,进行网上的各种竞赛等网络文化活动创造了条件。

(三)校园文化与社会知识传播趋于同步

传统媒体的信息交流是一点到多点、单向传播。受众对信息不能及时进行反馈。但是网络、手机等新媒体媒介主导的信息传播是交互的。悄无声息中提高了信息的传播速度和传播广度。手机作为新媒体的产物，摆脱了时空和电脑接收终端设备的限制，这一特点使信息传递的针对性和信息接收的及时性大大提高。用户可以随时随地接收文字、图片、声音等各种信息形态。新媒体的优势特点及其媒介的多样性使其对社会的影响力剧增。当代是一个信息大爆炸的时代。大学生处于各种信息的交汇中心，对世界的实时动态都有较强的好奇心，接受各种新信息比较快。新媒体因此成为大学生了解社会、获取知识的重要窗口。据统计，我国高校上网人数几乎达到学生数的100%，大学生将互联网作为重要的信息渠道，社交网站、微博、QQ等这些新媒体已经让当代大学生寸步不离。网络成了大学生解决学习问题的最佳途径，借助新媒体获取各种学习资料、进行信息和情感交流。互联网上的各种新闻热点、国家的大政方针甚至是八卦新闻，都可以通过各种新媒体媒介实现资源共享，大学生通过网络可以随时随地地获取需要的各种信息。灾难面前的大爱思想，身边感动中国的精神等通过互联网的及时传播，引起大学生的关注，引导社会主义核心价值观在高校的发展。国家发展动态或者社会热点问题，借助新媒介如手机达到了及时广泛的传播。如钓鱼岛事件，南海争端等很多都是通过手机短信转发的。以此形成的通讯效应也须引起高校教育者的关注。新媒体高效动态的信息传播形式，引发了学生学习的兴趣，拓宽了知识面。不再是两耳不闻天下事，一心只读圣贤书，而是关心家事国事天下事。使得校园文化的建设能与社会知识同步，紧随时代的脉搏。大学生通过发布各种信息，与不同的人进行交流，了解彼此的动态。这种新型的方式有助于大学生了解社会发展的动态。

第二节 新媒体环境下校园文化建设面临的机遇与挑战

一、新媒体给校园文化繁荣发展带来的新机遇

新媒体时代大学生可以通过新媒介随时随地了解社会发展动态，了解领域的前沿理论。通过网络论坛大学生能够得到实时信息以及对信息的不同视角实时评论。大学生可以通过网络论坛、电子邮件等形式及时进行观点的探讨和交流，从而提高理论水平。新媒体海量的知识和信息，一方面使得大学生容易获得更加丰富的信息，另一方面锻炼提高了大学生从不同视角理性分析问题的能力。大学生借助网络了解和参与社会活动，例如在大灾大难面前，青年人表现出他们所具有的关心国家、勇于承担责任和积极奉献的精神。在汶川地震发生以后，大学生第一时间通过网络、手机等了解灾区的情况。积极响应国家的号召，积极捐款捐物、无偿献血、担当各类志愿者，展现出了当代大学生的精神风采。

新媒体同时也为大学生思想政治教育工作的开展提供了丰富的教学资源。新媒体拓宽了大学生了解时事、认识社会动态的渠道。相较于传统媒体，新媒体技术以其实时性和便利性的优势使资源共享变成了现实。互联网提供了极为丰富且种类齐全的各种资源，为大学生思想政治教育工作者提供了丰富的新知识和现实材料。通过对典型范例和案例的搜集和整理，了解分析问题并将经验运用于思想政治实践工作中，将大大提高思想政治工作的时效性。

（一）新媒体技术和环境为校园文化建设提供了更加广阔的平台

新媒体依托数字技术、网络技术和移动通信技术形成了巨大的网络体系。具有信息容量大、资源丰富、传输快捷和交互性强、覆盖面广、形式多元等优势。较之于传统媒介而言，具有跨越性的发展。传统的思想政治教育方式包括黑板报、宣讲会、宣传栏以及课堂讲授。而在新媒体背景下，出现了许多新的信息传播方式。博客、MSN、校内论坛、手机短信等崭新的信息传播平台所具有的交互性和新颖性，对大学生有很强的吸引力。也为高校的思想政治教育工作的开展提供了新的载体。

校园文化的建设既可以借助新媒体挖掘大量、丰富的资源，吸纳一切文化优秀成果进行文化的继承与创新；也可以通过新媒体主动地、快速地大规模地传播正确思想、理论，而无须受制度、体制和其他烦琐程序的制约。新媒体为大学生思想政治教育提供了崭新、广阔的理论与实践平台。

随着人们价值取向的日益多元化，借助网络的力量使网络成为引导主流思想意识的场所。新媒体为高校党支部的建设提供了有利的补充和延伸，是当前大学生党支部建设的新平台。以网络技术为工作手段，开辟党支部建设的网络虚拟空间，拓宽了党支部建设的新领域，抢占了校园网络阵地的制高点。用大学生易于接受的方式在校园网上宣传主流意识形态，自觉地积极地将互联网的巨大优势为"我"所用，进一步提高了大学生党员的思想觉悟，坚定了他们的理想信念，增强了大学生党员的凝聚力、向心力和战斗力。

（二）校园文化建设途径的增多

伴随着新媒体的发展，新的传播方式诸如手机短信、博客、网络论坛以其快捷、新颖的特点，日益成为思想教育工作的新载体并显示出其独特的优势。它能够使教育工作者更为方便和快捷地了解学生的思想动态，能够及时有效地开展思想政治教育工作，使思想教育更直观、更深入。同时思想政治教育工作者还可以借助新媒体的虚拟空间与大学生进行双向沟通交流，增强思想教育主客体双方的信任感达到良好的教育效果。

（三）自主学习性

新媒体为大学生提供了丰富的信息，学生可以自由地选择学习的内容和浏览的信息，这潜移默化地改进了学生的学习方式,提高了学生主动学习的能力。学生可以借助新技术思想政治教育的效果也不断地提升。新媒体环境信息传播的双向互动,使得受教育者过去的消极被动接受知识转变为积极主动地探索新知识,从而增强了大学生在思想政治教育过程中学习的自主性。

二、校园文化繁荣发展带来的新问题

以互联网、手机等为代表的新媒体作为新兴的传播介质,直接对大学生思想政治教育提出了一系列严峻的考验。大学生是思想活跃、感觉敏锐的特殊群体。文化发展的多元化趋势必将对大学生世界观、人生观、价值观的形成产生深远影响,给校园文化繁荣发展带来严峻的挑战。

(一)西方意识形态的渗透

新媒体消解了国家、地域的边界。不同文化和势力都力争利用它争夺受众。西方国家利用网络进行意识形态的渗透。新时期我国意识形态领域的安全受到了新殖民主义的挑战。这对于如何教育大学生坚守马克思主义和共产主义远大理想,树立正确的人生观、价值观提出了严峻的挑战。给高校的思想政治教育工作带来了极大的压力。

(二)多元价值观的冲击

新媒体在推动人类文明发展和进步的同时,也因其开放性、迅捷性、虚拟性和互动性等特点导致海量信息自由传播,使得对信息的监管难度加大。海量信息的自由传播打破了传统主流媒体的话语壁垒。新媒体环境下信息的不确定性增加,对信息源难以控制。一些与社会公德相违背的不良信息的滋生蔓延,敌对势力趁机进行意识形态的传播和渗透。这给我们社会文化和意识形态领域的建设带来了极大威胁。大学生稳定的人生观和价值观尚未形成,缺乏理性的辨别能力和道德认知。面对海量信息,缺乏对信息的辨别和主动思考,而更多的是被动地接受。这就导致大学生易受到各种信息的影响。多远价值观的存在,使得青年人无所适从,导致理想信念动摇、价值观念混乱、道德伦理意识淡化等问题。不利于大学生身心的健康发展。

(三)心理危机和人格障碍问题凸显

新媒体超越了时空的界限,构建了一个虚拟世界,新媒体的开放性、匿名性和互动性等特点,使其迅速被大学生接受并广泛使用。但它同时给大学生的健康发展带来了消极影响。借助网络等新媒体大学生可以在网上设置个人主页张扬个性、展现自我。由于网络的虚拟性,其言论的真实性难以保证,甚至会出现攻击性的言论,导致学生在现实交往中,缺乏对他人的真诚和自我真诚,进而影响到良好人际关系的建立和发展。少数学生沉溺于虚拟空间,沉溺于网络聊天、网络游戏,在虚拟世界中花费大量的时间,与现实世界脱离,最终导致性格紧张孤僻、对现实生活产生厌倦、逃避现实甚至丧失自我、心理危机、人际交往危机和人格障碍的出现。"而一旦新媒体中经常性的表现逐渐固化,并与现实具有很大的差异时,就会出现个体的双重人格或多重人格现象。现实人格与虚拟人格如果频频地转换,必然会导致人格障碍。"

（四）传统思想政治教育影响力下降

在长期的思想政治教育实践工作中,高校积累了许多行之有效的思想教育方式。随着新媒体的兴起,不少方式已无法适应时代发展和学校教育,收效甚微。以互联网为代表的新媒体正在与我们争夺教育对象,正潜移默化地影响和改变着大学生的学习方式、思维模式和行为方式。高校的教育随着新媒体的发展逐渐使得教育社会化,学生的自由度相对来讲更多了,而传统思想教育工作开展的范围缩小了。与此同时,学生手机、网络等新兴媒体在大学生中的广泛应用和普及,使得学生主动接受各种信息,信息量扩大。传统思想政治教育工作的难度增大、影响力下降。

新媒体的虚拟性和互动性,一定程度上对大学生身心的健康发展造成了危害。容易引发大学生心理危机、人际信任危机和人格障碍。新媒体如手机短信、微博、网络论坛等具有的虚拟性和迅捷性,对相对自由时间较多的大学生而言诱惑性极大。据统计,网络使用人群中,比例最大的就是年轻人。而大学生自由度高且思想活跃,对新事物的接受能力强,同时又由于自控能力差容易沉迷于虚拟世界。网络的虚拟性使得一些大学生逃避现实困难,游离现实,沉醉在虚幻的世界的成就中。沉溺虚拟世界缺乏正常的人际交往,形成大学生极端的个人主义,极容易产生一些人际交往障碍和心理疾病。虚拟空间学生大多以匿名方式进行交流沟通,部分言论真实性无法保证,甚至会故意传播虚假信息欺骗他人。虚拟世界中的人际信任危机可能会延伸到现实交往中,影响健康人际关系的建立,进而影响到大学生个人的社会化发展。虚拟角色和心理交流在一定程度上减轻了大学生的心理承担能力,大学生在虚拟世界中展现真我或者磨灭自我。一旦在虚拟世界中的人格逐渐固定下来,与现实自我具有很大差异时,就会造成双重人格甚至多重人格的产生。当转换出现问题时,必然会导致人格障碍甚至危害自我和社会安全。新媒体信息传播的无边界,增大了学校思想政治教育工作的难度。

学校主要对大学生进行包括树立正确世界观、人生观、价值观以及政治思想、道德与法制观念等方面的教育。高校作为国内外各种思想文化的聚集地,西方文化、民族文化,传统与现代教育方式进行着激烈的交锋和融合。网络世界中各种信息混杂。对于稳定的世界观、价值观尚未形成的大学生而言,极易被各种错误思想迷惑,受到腐朽没落思想的影响。某些别有用心的人利用新媒体传播反动言论,诱惑大学生做出过激的行为,造成恶劣的社会影响。不良信息的存在也加大了学校思政教育工作的难度,增加了正确舆论导向的困难,削弱了学校思政工作的实效性,增添了思想政治教育工作的难度。

第三节 新媒体推动校园文化繁荣发展的对策

面对新媒体环境下校园文化的现状及其所存在的问题,要明确新媒体与校园文化发展繁荣的关系,有针对性地提出切实可行的解决方案。使新媒体能够发挥整体优势,在校园文化建设中起到良好的促进作用。

一、坚持正确的指导思想和方针

(一) 以社会主义核心价值体系为指导

当前正处于信息大爆炸、思想空前活跃和各种观念碰撞交融的时代。高校思想政治教育必须坚持社会主义核心价值体系的指导,顺应时代采取有效措施推进校园文化的发展繁荣。

高校校园文化建设必须坚持社会主义核心价值体系为根本。当今是一个价值观念发生深刻变革的时代,先进和落后、健康和腐朽的文化同时并存。面对复杂的社会形势,高校校园文化建设必须坚定指导思想,坚持和巩固马克思主义思想的指导地位,深入贯彻马克思主义中国化的理论成果,推动校园文化的健康发展。思想和文化潜移默化的影响,使马克思主义的理想信念和价值观深入人心,真正成为高校师生的精神支柱和高校的主导思想。江泽民同志指出:"校园文化应该成为继承传播民族优秀文化的重要场所和交流借鉴世界进步文化的窗口,成为新知识、新思想、新理论的重要摇篮,努力创造和传播新知识、新理论、新思想,不断促进社会主义文化的发展。"弘扬和培育以爱国主义为核心的民族精神和以改革创新为核心的时代精神这一主旋律,提升校园文化的凝聚力。推进校园文化的创新发展,引导高校师生树立坚定的民族自尊心和自豪感。要始终坚持贯彻与时俱进、实事求是的思想。推进校园文化的创新发展,积极培育创新人才和创新意识。努力营造创新人才和创新意识发展的氛围和空间。使得高校校园文化建设适应时代的发展要求,保持文化发展的先进性。高校校园文化建设要注重创新文化活动方式,采取灵活的文化思想宣传方式。"要充分发挥榜样的作用,尤其要注重师生身边先进人物的示范作用,营造和谐良好的校园文化氛围;引导广大师生牢固树立和认真实践社会主义荣辱观,强化道德责任意识,明确是非、善恶、美丑界限,自觉履行法定义务、社会责任、家庭责任,推动形成良好的校风学风、和谐的人际关系以及文明的社会风尚。"

只有坚持社会主义核心价值体系，坚持马克思主义中国化的最新理论成果作为指导思想，把中国特色社会主义共同理想作为高校校园文化建设的价值取向，以民族精神和时代精神作为高校校园文化建设的深刻内涵，以社会主义荣辱观作为判断高校校园文化建设是非成败的标准，我们才能在高校校园文化建设中坚持正确的政治方向，才能大力弘扬先进文化，积极支持健康向上的文化，努力改造消极落后文化，坚持抵制腐败文化。坚持社会主义核心价值体系为根本，为高校校园文化建设奠定坚实的思想基础，提供了正确的目标指引，也为高校校园文化建设提供了强大的精神动力和规范的道德基础。

（二）利用新媒体技术深入开展校园文化建设

当今社会新媒体快速发展，网络文化崛起。大学生接受新知识、新事物的能力特别强，成为新媒体坚定的拥护者。同时，他们又是学校的主体，是校园文化建设的主力军。学生对网络文化在大学校园中的迅速发展起了很大的推动作用。网络文化形态对传统文化既有冲击，同时也为校园文化的建设提供了重要机遇。面对着这种新的文化形态，学校的管理者，应加强对新媒体技术的学习和应用，充分认识新形势下加强校园文化建设的紧迫性和重要性，充分认识新媒体技术的兴起对校园文化的继承与创新带来的机遇和挑战。将新媒体的应用纳入校园文化建设的总体规划，增强推进校园文化建设的主动性和积极性；要认真研究新媒体的传播规律和特点，利用各种新媒体形式促进校园文化的发展繁荣。新媒介为校园文化提供了全新的物质支持。网络检索、电子邮箱、网络论坛、博客、微博、手机短信、飞信、彩信等新兴的媒介手段在传播信息的同时，也形成各自的文化形态。打造品牌校园文化，借助新媒体技术突出具有学校特色的校园文化建设，宣传特色校园文化，增强学校的影响力，增强校园文化对师生的感召力和凝聚力。

二、坚持学生参与为主

（一）强化学生的主体意识

新媒体时代大学生获取信息的方式发生了巨大的转变，他们获取信息的方便、快捷，处理信息的个性化、自主性，促使他们个性的多元化和发展的多样化，传统"灌输"与"管束"的教育方式不再适应大学生成长成才的要求。此外，除了通过正面教育进行信息的疏导和强化信息防范系统之外，还要着力培养大学生的自我教育和自我引导能力。

新媒体环境下校园文化建设中要注重发挥学生的主动性和积极性，激发学生的创新意识，尊重大学生的主人翁地位，培养大学生的责任感。首先培养学生的主动意识。启迪学生的主动学习能力，调动学生追求成功成才的积极性。要充分认识学生在校园文化发展繁荣中的主体地位。高校教育者要充分认清自身角色和自我定位，认清学生是主动者而不是被动接受者，认清学生的主体地位，提高学生在高校校园文化建设中的主体地位。只有尊重学生的主体性，才能激发学生发展的内在动力，调动其积极性、主动性。其次要积极创造机会，使学生发挥其主动性。如果教育工作者单方面地不停地制定校园文化建设的方案，而不注重发挥学生的主动性和充分参与，那么校园文化很难取得成效，甚至会引起学生的反感。根据学校发展的实际情况，充分发动青年学生，使他们感受到参与的成就感，促使他们更加积极主动地参与文化活动。再次培养学生的全面发展意识。在校园文化建设中，要进行正确的网络行为引导，要使学生提高自控能力。引导学生在参与校园文化建设中注意文化的继承和创新发展。最后要培养学生的人文关怀意识，即对人类社会的关心，这将是强化学生主体意识的一个重要因素。要培养学生给予自己、家庭、社会、国家以及自然界充分的关心。对社会充满信心，对生活充满热情。

校园文化是以学生为主体的学生群体在课外活动中的文化表现形态。校园文化活动的参加者主要是学生，组织者往往也是学生，这就决定了开展校园文化活动的过程本身就是学生锻炼自己的过程。校园文化活动可以培养学生的参与意识，扩展学生的社会活动面，知识面和交际面，为将来步入社会奠定基础。

（二）加强媒介素养教育

媒介素养是指人们对各种媒介信息的理解、抉择、质疑、评估的能力以及使媒介信息为我所用的能力。大学生对新媒介缺乏足够的认识和鉴别能力，易受到一些不良信息的影响，影响正确的价值取向。因此，有必要通过对大学生媒介素养的教育，增强大学生对信息的辨别能力。面对多元价值取向能够保持清醒头脑，避免迷失方向。具体来说，一是高校要高度重视大学生的媒介素养教育，加大对大学生媒介素质教育的人财物的投入，健全制度保障机制。通过开设媒介素养教育相关的课程，注重媒介素质的社会实践，鼓励学生开展相关的调查研究活动。通过这一系列活动的开展，完善学生关于媒介素养的知识结构，培育学生正确解读良莠不齐的媒介信息的能力。从而增强在海量信息中获取有用、健康信息的能力，而不受制于消极信息的牵制。学生要正确有效地利用新媒体为自己的学习、生活服务，提高自己在媒介使用中的主动地位。二是高校要密切关注新媒介的发展趋势，及其在校园内的应用范围，要及时追踪发展现状和出现的问题，对其进行合理有效的引导。大学生思维活跃，对于新鲜事物具有强烈的好奇心，富有想象力和创造力。但同时又缺乏理性辨别和判断的能力，高校要注重教育和引导。提高大学生的媒介素养水平不仅是学校的责任。媒介素养教育是一个教育链条，包括各个新媒体的参与，要组成包括传播理论研究者、教育工作者、传播技术工作者、政府部门、家庭以及传媒机构的共同体。共同提高大学生媒介素养的水平，提高大学生辨别信息的能力,最大限度地避免他们受不良信息的影响,帮助其树立正确的价值取向。

（三）积极开展广泛的文化交流

文化交流可以互通有无,增进文化的发展和丰富。从目前来看我国校园文化的国际国内交流是不充分的:学校之间交流的形式单调,内容贫乏且渠道不畅通。在校园文化建设中要坚持走出去和引进来相结合。对此高校要采取积极有效的措施,拓展渠道积极主动地加强对外文化的交流。特别是注重与发达国家高校的文化交流与互动,在发达国家文化引入上要增多渠道。积极拓展以教师和学生为主体的文化的国际性交流活动。面对国外的尤其是发达国家的思想文化不能一概否认,避之唯恐不及。要有积极面对外来文化的勇气和热情,不能抱有排斥和抵触情绪,要客观地认识它,借鉴其优秀成果。不能以保护自己文化的特色为借口,对外来文化消极抵触甚至全然否定。同时,要积极探索文化交流的形式,要改变过去教条、形式的考察方式,真正深入校园生活切实感受不同校园的文化氛围。在这些活动中要以承担校园文化建设直接任务和思想政治教育工作的年轻骨干教师为主。高度重视学校间的文化交流和互动。考察发达国家校园文化的过程中,不仅关注校园文化建设取得的成就,更要深入思考其背后的深层次原因。要注重发挥学生的主体地位,积极开展以学生为主体的文化交流活动。当前我国高校对外联谊活动较少,而且内容、形式单调。加强校园文化建设除了自我建设以外,还要积极主动地与其他学校开展文化交流。开展形式多样的文化交流方式,比如文艺、体育比赛,科技竞赛,文化知识问答等活动。大学生作为校园文化的主体,通过主动参与和真切的感受,了解其他学校或国家的文化,吸收借鉴先进文化。所以让大学生走近其他学校的学生了解他们的生活方式和思维方式,具有十分重要的意义。在与发达国家高校的联谊活动中,要充分发挥学生的自主性,实现自由、平等、坦诚的文化思想交流,但也不能放任自由,教师要给予一些合理的建议和引导。如有条件的学校可以挑选一些青年学生到发达国家的高校进行参观、访问、调研。此外要高度重视学生社团、协会等学生组织在与发达国家进行校园文化交流中的作用。

三、健全共同推进校园文化建设工作机制

（一）加强校园网络文化建设和管理

在新媒体时代,网络论坛、QQ、手机短信、飞信、微博、电子邮件等新媒介,在以新的方式传播信息的同时,也自然而然地形成了一种校园文化形态即校园网络文化。在中国的网民中,有近一半网民是高校大学生,上网已经成为当代大学生生活中不可缺少的一部分。网络环境中既包括良好的一面,也包括恶性的一面。良好的网络环境诸如网络上的各种合法有益的信息、论坛、游戏、影片等,对大学生的品德形成和人格塑造都具有一定的促进和陶冶作用。在新媒体环境下，要想推进校园文化发展繁荣，把握校园文化建设的主导权。我们就必须重视新媒体、新技术对校园文化建设的影响作用，必须进一步加强校园网络文化建设。要重视校园网络文化建设的先进性，用先进的思想理论引领校园网络文化的建设。要用社会主义的先进文化来引领高校校园网络文化。要借助网络技术，运用生动、形象和直观的文化素材，丰富思想政治教育主题网站的内容和形式。使校园网络文化更加贴近校园，贴近大学生的学习生活和适应大学生思想的变化。高校思政教育者要充分利用新媒体在传播速度、图文声像兼具等方面的优势，提升校园网络对大学生的吸引力和感染力，共同推进校园网络文化建设。

（二）加强队伍建设，把握网络文化建设的主导权

根据传播学原理，"大众传播效果的形成受到多种因素和条件的制约，但在这一过程中居于最优越地位的无疑是作为传播主体的传播者"。信息的传播者不但掌握了传播的工具和手段，而且还决定着信息传播的内容，控制着信息的传播过程。

当代社会伴随着科学技术的发展，人们的社会生活越来越离不开大众传播，大众传播在为人们的生活提供便利的同时也不可避免地产生了一些负面影响。信息的来源多元及监控的缺失，不良信息的传播动摇了人们的理想信念。某些媒体缺乏职业素养，过分追求经济利益，传播一些低级、庸俗甚至色情、暴力、凶杀等不健康信息，败坏社会良好风气，更对青少年的健康成长造成恶劣影响。要净化社会风气，维护社会发展和稳定，就要占据大众传播的主导地位，引导正确舆论导向。充分发挥其在思想建设方面的正面宣传作用。进一步提高广大传媒工作人员的综合素质，建立真正高效、畅通的信息传播渠道。

提高传媒从业人员的政治素质、建立健全自律机制。传媒从业人员作为信息传播的把关人，要使大众传播沿着正确的社会主义方向发展，就必须提高自身的政治素质。一方面有关单位要加强对从业人员的思想政治教育，提高政治理论水平。引导他们践行社会主义核心价值观，树立正确的人生观、价值观。另一方面要提高从业人员的整体素质，注重培养道德责任感，提高道德自律能力。使媒体从业人员成为知识丰富、人格高尚的信息传播者。作为社会媒体要认识到自己在信息传播过程中的重要地位，要恪守自己的职业道德和职业操守。客观公正真实地反映社会事实，这样才能获得公众的关注和信任。媒体同时要发挥监督作用，要揭露阴暗面，宣传模范，引导健康风气的形成，形成良好健康的社会舆论氛围。从而使得社会主义文化建设得到事半功倍的效果。

随着新媒体的发展和应用，新媒介逐渐成为弘扬社会先进文化和校园主流文化的手段，成为师生进行沟通交流、学校进行思政教育的重要平台。加强校园网络文化的主阵地建设，

把握校园网在思想文化教育方面的主导权，引导校园网络文化健康发展。高校要建立健全对网络文化建设的规划和领导，培养一支既具有较高的政治理论水平、熟悉思政教育工作规律，又能较好地使用网络、熟悉网络文化特点的思想政治教育队伍，指导和参与校园网络文化建设。学校建设者要意识到新媒体给大学生思想政治工作带来的机遇和挑战，要正确认识新媒体的传播特点和规律，把握新媒体环境下思想政治教育的规律。要把握校园网络文化建设的主动权，体现思政教育的针对性。

（三）利用新媒体发展现代传播体系

现代科学技术进步日新月异，科学技术水平已成为国家综合竞争力的重要体现。而信息传播科学化对于一个国家来讲也是不容忽视的，它是一个国家和文化发展的不竭动力和智力支持。大众传媒出现之前，科学传播只是少数人或者是精英人士所掌握的力量。科技知识在高等学府或者少数人之间进行传播，整个社会的科学化层次低。在大众传媒比如报纸、电视等刚刚出现时，科学家们排斥，甚至不屑与媒体合作，这在一定程度上阻碍了科学传播的壮大和普及。但是大众传媒日益扩大的强大影响力，使得科学家改变初衷，逐渐认识到大众传媒对于科学理论与实践应用的重要推动作用，即大众传媒能使科学传播理论与大众传媒的实践活动相互结合、相互依存。

在海量信息传播迅速的时代，可以毫不夸张地说成也媒体、败也媒体。调查数据显示，我国新媒体发展水平处于世界领先地位，网民数量已经跃居世界首位，大部分公众认为网络将会成为中国民主建设的重要渠道。可见新媒体对社会发展的影响力已经超出想象，其巨大作用也是不可估量的。尤其是随着数字时代的到来，日新月异的新媒体已经主宰了人们的日常生活。在信息大爆炸的时代，想要扩大信息的影响力，引导社会舆论的发展就不得不提高民众在传播中的主动性。因此，政府作为管理者要加强政策上的支持和引导科学传播理论在实践中的应用，充分有效发挥新媒体在科普教育和科学传播方面的优势作用。高校应该顺应时代的发展要求，创新教育方式实现现代传播体系在高校校园文化建设中的积极作用，抓住机遇，迎接挑战，建立和完善现代传播体系充分发挥其积极的影响作用。

（四）提高舆论引导能力

新媒体具有更快捷、更开放的特性。新媒体给媒体行业带来了许多新的理念和模式，真正实现了大众传播。它为公众提供了一个巨大的、人人都可以参与的平台。人们利用手机、电子邮件、网络论坛、博客、微博等媒介可以自由地发表言论，改变了传统的媒体传播过程中单一的传授关系，提高了受众在社会舆论传播中的地位。新媒体的使用者积极主动地进行信息的传播和接受，这极大激发了大众参与舆论生产和传播的积极性和主动性。通过网络、博客、手机等新媒体掀起了巨大的社会舆论浪潮,有的甚至影响了国家政策的修改与制订。凭借其传播优势,新媒体打破了传统媒体所构建的封闭舆论形成机制,构建起广大民众自由平等参与的政治舆论平台。

新媒体是新的技术支撑体系下出现的媒体形态,数字化的传播方式使得信息的繁衍传播更加方便快捷,使舆论的形成和引导更加"去中心化"。新媒体传播实现了多点对多点的传播方式,每一个人都可以进行大众传播,受众的主动性大大提高。并且由于其传播成本低且传播速度迅速,而被广大民众所接受和熟练使用。在传统媒体传播的舆论机制中,绝大部分的公众以看为主,他们只能持续地默默关注事态件的发展,没有较多的途径发表自己的观点和看法。但是新媒体环境下公众不在满足于看客这一身份,而是利用新媒体提供的交流平台,发表自己对某一社会现象、社会问题的观点和态度。持续关注事件直到结束,相同观点的汇集形成一定的舆论导向。新媒体为不同社会舆论的形成和传播提供了一个民主自由的平台,为民众提供一个表达自己利益诉求和呼声的平台,让每个人可以自由平等地发表自己的言论。

四、加强和完善校园文化繁荣发展的保障机制

（一）加强对校园文化繁荣发展的领导

要加强对高校校园文化建设的指导。高校校园文化作为社会主义先进文化建设的重要内容,宣传部门、学生工作部门及共青团组织要把校园文化建设纳入议事日程,共同参与、组织协调和指导校园文化的繁荣发展。要建立和完善校园文化建设的评估指标体系,把校园文化建设纳入学校的整体评估体系中。学校管理者要从学生发展和人才培养的战略高度,充分认识校园文化建设的重大意义。组成由学校主要党政领导带头的校园文化建设领导小组,统一领导和指导校园文化的建设。要充分发挥党支部、学生会和学生社团在校园文化建设中的重要作用,全方位推进校园文化的繁荣发展。要从战略和全局高度对校园文化建设进行整体规划设计和资源协调,各行政部门和院系要承担与之相应的文化建设任务。各有关部门既要各司其职,又要相互配合和协调。引导良好校园风气和精神,师生共同推进校园文化的大发展大繁荣。

（二）加强对繁荣发展校园文化的管理和保障

校园文化建设的经费要纳入学校发展预算中。学校要加大人财物等方面的投入,确保校园文化建设各方面工作的顺利开展。要不断完善校园文化建设的保障机制,切实解决校园文化发展过程中遇到的困难和问题。加强教育理论的研究,积极探索新时期校园文化发展繁荣的新思路、新举措。

完善和提高学校各项制度的科学化、合理化水平。教书育人、强化学生思想道德教育是学校工作最重要的部分。学校教学科研、行政工作、后勤服务等是整个学校的重要组成部分，它们直接影响着学校工作的有序运行，关系到学校的稳定和发展。在全面建设小康社会，构建和谐社会的发展阶段，学校必须坚持改革和创新教学、科研、后勤服务等制度，接受广大师生员工科学化、合理化的建议，始终坚持"服务育人"的宗旨，不断加强学校内部管理。强化思想道德建设，创新教育工作手段，提高学校教育的整体服务意识和服务质量。树立先进的服务育人理念，努力构建和谐校园，使学生在接受具体的服务过程中受到潜移默化的教育，从而达到育人之目的。

（三）大力加强学校校园文化环境建设

"校园文化是一种亚文化，是指以社会主义文化为主导，以师生文化活动为主体，以校园精神为底蕴，由师生员工共同创造和享有的群体文化。它包括师生员工的价值观念、精神境界、校风、教风、学风、思维方式、行为准则，学校的传统和习惯，学生社团及文化活动，学校的环境布局与美化等各个方面。"校园文化反映和凝聚了学校内在的思想和精神。高校校园文化的内涵是十分丰富的，我们不能简单地把它理解为空泛的政治说教，也不能简单地理解为校园内的标语和口号。"它作为一种隐性课程，能够对身处其中的师生产生潜移默化的作用。在整个过程中，它没有任何强制性，是一种'润物细无声'的作用过程。"如何有效运用新媒体技术加强校园文化建设，充实和扩大校园文化建设的新内容，增强说服力和实效性，这是新媒体环境下研究校园文化建设需要解决的新问题。

新媒体改变了公众的媒体环境，形成了独具特色的媒介文化。新媒体的开放性，使得它不受时空、地域、意识形态、贫富等级、阶级、性别、种族的限制。通过互联网，人们就能共享世界范围内的信息资源。对于大学生而言，都可以通过新媒体建立自己的主页发表自己的观点，同时也能平等地享有浏览搜集信息和传播信息的权利。利用新媒体特有的信息高度集中、双向交流和共享、实时传输的特点，可以将教育置于新媒体开放环境之中，最大限度地实现学校教育的社会化，这也是传统校园文化建设所不能企及的。因为新媒体对教育的影响增强了教育力量，从而使得高校教育成为更广泛和重要的教育。

新媒体以其"去中心化"和匿名性的特征，打破了传统时空和社会差别给人们的交往所带来的限制。把个人、家庭、社会乃至整个世界与学校联成一个整体，为社会各界关注和参与校园文化建设提供了方便。拓展了校园文化建设的新空间，形成对校园文化建设有利的巨大优势和社会环境。因此，我们必须树立一种新的教育观念，打破学校教育的封闭发展状态，实行开放教育面向整个社会，形成适合时代发展的教育体系。新媒体的发展使世界范围内的文化交流和文化传递成为常态，本土文化与舶来文化既相互碰撞，又相互融合。如何使大学生坚信和认同马列主义毛泽东思想,坚持中国特色社会主义先进文化,坚守社会主义核心价值体系,这个问题不仅仅是高校思政教育工作的任务,更是关乎国家前途命运和校园文化发展繁荣无法回避的关键问题。学校教育必须坚持创新发展、广开思路,积极解决时代发展过程中出现的新问题。优化学校传播中国化马克思主义理论成果的环境,注重理论创新研究,加强全社会的先进文化宣传力度,使马克思主义的世界观真正内化为大学生的基本政治素质。

(四)积极开拓校园文化建设的新载体

新媒体的各种传播媒介具有各自的优势和特点。如何充分发挥不同传媒媒介的优势并实现优势互补、在思想政治教育中发挥新传媒的多种效应和影响,这是新媒体环境下思想政治教育者进行创新时需要深入思考的问题。

只有熟悉和掌握各种传媒媒介的特点,才能有针对性地开展思想政治教育工作。不同的传媒形式有着不同的特点,所以不同的受众对不同的传媒媒介接受程度也不尽相同。如在传统媒介中,由于报纸、书籍等的信息量大,内容丰富深刻,这就比较适合具有一定文化程度的受众;电视、广播等内容由于更新速度快,受众更广泛,因此对受众的文化程度就没有太大的要求。所以在运用电视、广播进行思想政治教育时要尽量运用间接、明快、通俗的语言。因此针对不同层次、不同类型的教育对象,应采用符合实际的媒介载体,才能更好地发挥媒介的作用。

利用多种媒体进行优势互补,多角度开展思想政治教育。大众传媒的一个突出优势就是形式多样,电视、广播、报纸、网络都可以独立存在并作为思想政治教育的载体,从而发挥其教育作用。因此思想政治教育工作者要充分利用各种传媒手段,加强新媒体的政治、思想、道德导向,引导群众在潜移默化中提高自己的思想道德素质和精神品位。另外,思想政治教育工作者也要充分利用各种媒体的特点,协调媒体之间的关系,优势互补从而进一步提高综合影响力。

尊重教育客体的主体性并与之进行有效的互动。"互动"是指利用各种方法和手段在信息传播过程中,充分考虑受众的利益,从而吸引受众参与传播的过程。尊重和调动受众的主动性和积极性,是增强主体意识的必然要求,也是运用好新媒介教育载体的关键。调动群众参与传播的过程,能够不断满足大众的精神文化需求,还能使受众发挥主体性和创造性。另一方面,也应当充分尊重受众的个体特征和全面发展的需要。在教育目标、方式、评价和内容上把个性、多元性、先进性结合起来。既要向受众传递先进的思想道德观念,又要根据受众的个性特征和层次差异开展有区别性的教育。调动受众的积极性和创造性,从而达到利用新媒介载体做好思想政治教育工作。

第六章 新媒体对高校校园文化建设的影响及对策

第一节 新媒体对高校校园文化建设的影响

一、新媒体对高校校园文化建设的积极影响

（一）新媒体硬件技术扩展了校园文化建设的平台

第一，新媒体设施的引进为高校校园物质文化建设提供支持。

高校的新媒体硬件平台除了以电脑为终端的校园网，学校的教务、教学、学生管理系统，还有以移动终端为主的APP，新媒体具有舆论导向的功能，对于校园的重大活动、社会的主流文化具有引领的作用，宣传时效性强、宣传功能强大、效果明显，是学校以及管理者全方位、立体化宣传校园文化、社会文化、国家文化的重要渠道。高校利用移动APP、校园网、校园论坛等新媒体的优势，建设高校校园新媒体硬件平台来及时发布教学管理、思想教育、生活学习等信息，为校园文化的建设提供了新的环境。例如新媒体设施自助触屏查询机出现，使高校学生在获取校园图书信息方面更加快捷、方便，更好地满足了读者的需求。读者能够随时随地地获取图书馆的数字资源，也可以与图书馆管理人员进行更好的互动，从而提高了学校图书服务的专业性、及时性，读者的任何问题基本都可以在新媒体平台上得到回复，这有效弥补了传统的图书信息获得渠道的不足。多媒体教学设备的引进极大提高了教师的教学效率，电子阅览室的出现为学生获取学术资料提供了便利的渠道。

第二，新媒体弥补了高校传统媒体的不足，开拓了校园环境文化的建设。

校园新媒体的形式不断丰富，不断影响着高校的大学生，高校的教育者、管理者以及校园文化建设者要认识到新媒体对高校校园文化建设的重要作用。新媒体具有拓展环境文化的功能，学校可以利用官方网站公布学校博物馆、校史馆、图书馆等的建筑概况和入馆须知；通过开设微专栏、微视频等生动展现学校建筑组群的风貌。而传统校园媒体覆盖范围有限、传播效率低、互动性不足。并不是所有学生都会经常在校报上获取信息，而校园广播也是在固定时间，固定范围内传播信息，校园宣传栏更新速度慢，高校传统媒体的互动性不强，不能随时随地与学生进行互动。

（二）新媒体的传播优势丰富了校园文化活动的内容

第一，新媒体扩展了高校校园文化宣传的新阵地。

新媒体使校园文化传播内容的呈现方式更具多样性、即时性、共享性。高校管理者利用新媒体平台的优势，为校园文化活动的宣传和开展提供多种渠道，如利用校园网、校园论坛、移动终端 APP、校园 LED 显示屏等新媒体平台，在新生开学之际积极发挥新媒体舆论导向功能，向广大师生宣传学校历史传统、校园新闻资讯、学校社团精彩的文化活动等，使学生更全面地了解学校的文化与精神，并快速融入学校的文化活动中。在新媒体这种传播优势下，高校校园文化宣传得到极大的拓展，也为构建主流校园文化奠定了基础。

第二，新媒体为高校的学生提供丰富多彩的文化活动。

传统校园媒体受时间空间的限制，影响力和覆盖面也不及新媒体，所以大学生对传统媒体的关注度也随之下降。校园文化活动可以借助新媒体平台，利用其形式多样化的特点满足大学生的多种需要，增强校园文化的传播力和影响力。如今新媒体已经渗透在大学生生活与学习中，越来越多的大学生利用新媒体学习或者娱乐，比如利用手机媒体参与微课、微公益等微活动，这类活动也在潜移默化地影响着大学生的思想观念。此外，大学生还可以参与其中，能够随时讨论、留言，并提出意见，这也培养了大学生的独立思考能力。手机媒体不断更新与发展，越来越多的大学生利用手机媒体能第一时间获取社会新闻资讯，还可以下载音乐、观看视频，不仅丰富了课外生活，还提高了对社会的认知水平。通过新媒体平台开展学术研讨会的直播、讲座直播，打破了传统的固定时间和地点的限制，传播的形式和内容也更加多样，大学生个人根据自己的时间和兴趣选择性地观看，大大促进了校园文化的传播，提高了校园文化的影响力。新媒体在不断丰富文化活动的同时，也给高校校园的管理者提出了更高的要求。监控校园文化活动的合法性、影响性、健康性、安全性，这是当前新媒体推进校园精神建设的重中之重。

（三）新媒体拓展了高校学生获取信息、学习、沟通、思维的方式

第一，新媒体是在校大学生自我学习的重要方式之一。

新媒体技术帮助学生紧跟时代步伐，能够帮助学生了解学术知识、获取学术资料，从更多渠道获取知识，从多角度认识问题。一方面，新媒体打破了传统课堂教学中教师教与学的局面，学习资料的不断丰富，网络免费课程的不断涌现，便于学生通过媒介终端随时随地进行查阅学习；另一方面，新媒体开阔了大学生的视野，不仅能够使大学生不局限于自己所学的专业，面对众多未知的领域发现自己感兴趣的内容，激发他们自主学习的热情，还能方便其与更多志同道合的同学交流分享、一起讨论互动，全面提升个人能力与素质。

第二，新媒体成为在校大学生人际沟通的主要手段。

随着 BBS、微信、微博、QQ 等新媒体的出现，拓展了大学生人际交往的途径和渠道，也为大学生解决社交问题提供了更多的思路和方法。在虚拟的网络空间中，大学生更能卸下思想的负担与顾虑，畅所欲言，促进不良情绪的宣泄。所以，与传统的面对面倾诉方式相比，

大学生更愿意选择网络新媒体,虚拟空间交流活动已成为大学生不可或缺的交流与倾诉方式。

第三,新媒体扩展了大学生的思维方式。

新媒体信息储量大、传播速度快、获取方便等优势不断对大学生的思维方式产生巨大的影响,使大学生的思维得到前所未有的自由,思维的高度、广度、灵活度也不断增加。具体表现在,当一个大学生需要了解某一方面的信息时,脑中会自动产生关键字,利用新媒体搜索会得到丰富的资料内容,这些资料会从多角度、多方面地给予大学生信息支持,使大脑不断联想、不断思考。这样的长期思考习惯会极大地拓展学生的思维方式。

(四)新媒体促进了教育管理途径多元化、教师教学方式多样化

第一,教育管理者的管理途径多元化。

高校管理者可以利用新媒体平台,建立微信公众平台、官方微博,从学生的角度,对大学生的学习生活动态方便、准确、及时地进行了解,对于大学生群体中具有代表性、普遍性的热点和焦点问题,进行深入思考与研究。利用新媒体可以对学生群体进行更加积极、快捷和正确的沟通引导;定期推送关于考试公告、就业信息、校园新闻、奖励和奖章的公告的信息;还可以通过微分享、微关注、微语时刻等专题会结合国家时政热点、教育热点、时事政治热点、名人传记、励志故事等来传递正能量,从而展现丰富的师生校园文化生活,推进校园的精神文化建设。

第二,教师的教学方式多样化。

新媒体使教师的教学方式更具多样化,一方面,传统的课堂模式主要以"教师为中心",但是基于计算机或者在线网络教学,使得传统课堂受到严重的威胁,这种网络课堂最大的优点是能充分发挥学生学习的主动性,有助于学生个性化的学习。另一方面,新媒体的类型多样,教师可以通过新媒体平台进行远程教学及管理,发布教学计划、讲义、学习方法、布置课后作业等,实现与学生的及时互动,为学生答疑解惑,大大提高了学生学习的效率,并且通过计算机后台对学生提出的问题、人数、次数进行有效的统计和分析,使教师更有针对性地教育教学。同时,教师也可以与学科的专家、名师进行互动,提高自身的专业能力。教师利用新媒体实现教学方式的多样化,形成个人独特的教学风格,使学生有良好的学习风气。

二、新媒体对高校校园文化建设的消极影响

(一)削弱了社会主流文化认同感

第一,社会主流意识形态认同感的削弱。

近年来,互联网时代人人都可以成为媒体,高校是高素质人才的培养阵地,是推动社会主义先进文化发展的重要组成部分,高校校园媒体的主要传播对象就是大学生,高校校园媒

体具有引导舆论、传播校园文化、提供信息的功能。一方面拓宽了高校学生获取信息和言论表达的途径，但另一方面学生在获取大量的信息同时，随着西方文化的逐渐深入，各种社会思潮影响了权威主流文化思想。大学生是互联网的主要使用群体，大学生的思想观念极易受到影响，从而不利于和谐校园的建立，当学校的精神文化受到影响时，也就扰乱了社会发展的正常秩序。

第二，新媒体加速了西方价值观带来的冲击。

媒体的出现，使以美国为首的西方国家传输西方思想的速度加快，西方国家依仗他们的高新技术特别是信息技术优势，强行传输西方社会的民主价值观，在潜移默化中扰乱我国高校学生的思想，从而对我国的社会主义核心价值观和传统文化造成冲击，对正处于基本价值观念形成时期，尚未形成正确的是非观的大学生来说，在精神、道德、思想行为等方面极易受到影响。

（二）传统媒体的权威主导性受到威胁

高校处于互联网发展的前沿，高校师生是最大的网络群体。新媒体的突出特点使大学生能够通过其充分地表达自己的观点和见解，但同时也对主流权威意见产生怀疑，对大学生的思想意识形态也产生影响。在以互联网为基础的新媒体时代，扩大了学生接收信息的自主权，使大学生更易获取信息，发布信息，与他人交流信息，并传播信息。当代的大学生都是追求自我，展示个性的一代，他们在新媒体平台上充分地发表自己的意见和见解，也同时易对主流权威意见产生质疑，新媒体的发展使大学生求证渠道增多，质疑能力提升，不再接受自上而下的灌输与宣传，不再迷信权威，不轻易认同，他们敢于发表自己的看法，挑战权威。接收信息渠道的多样化，导致了各种思想的产生，这使得高校的传统思想政治教育的效果减弱，这不利于校园精神和制度文化的建设。

在传统媒体占据主流的时代，高校校园文化的传播有着较高的主导意识和组织秩序，如高校的校园信息会有专门的机构统一审理后发布出去。从新媒体的传播特征来看，在高校校园传播中出现的多方消息来源和多种意见表达，使在传统媒体中占据重要地位的"媒介把关人"逐渐弱化并趋于失去话语权，这在一定程度上消解了高校校园受众以及少部分社会公众已有的或者正在形成的对高校校园文化的认知和判断力。在新媒体这种大的媒体环境下，没有了权威的指导，学生通常会对校园文化信息持茫然怀疑的态度。传统的校园文化建设中，官方机构、榜样、名人等引领学校的精神文明建设的方向，信息传播的主体也比较明确，具有较强的权威性，学生对传播的信息认同度较高。新媒体产生以后，开辟的一个超越时空的虚拟世界，信息传播者以虚拟的身份活跃在新媒体平台中，信息传播主体身份模糊，任何人都可以利用新媒体表达自己的思想,如果学生缺乏正确引导,就会分不清谁是正确的、权威的传播主体,进而弱化校园文化信息传播主体的地位,消解大学文化说教者的权威。在没有明确的、得到信任的信息传播主体的前提下,领袖及思想政治教育工作者的说教方式吸引力就会下降,给统一正确引导主流校园文化造成困境。

(三)加大了高校教育与管理的难度

第一,新媒体使传统思想政治教育难度加大。

新媒体的不断进步与发展正在潜移默化地影响和改变着大学生的思维模式,他们不单单只是在传统的思想政治教育课或者思想政治教育工作者的教育过程中认识社会,认识他人,新媒体的形式多样化及信息的即时性使大学生接受的各类思想、观点也越来越多,其中也不乏一些违反主流文化的思想。

当前的高校思想政治教育的主要内容包括世界观、人生观、价值观及政治道德与法制观念的教育。一些消极的、腐朽的、落后的思想信息利用新媒体平台传播,这无疑给大学生的思想政治教育提出了严峻的挑战。在新媒体平台获取的信息具有不可操控性和不确定性,很多信息能给大学生的思想意识带来深刻影响,也弱化了高校思想政治教育的积极效果。在传统的思想政治教育中,一些消极的、落后的、不尊重客观事实的信息往往被思想政治教育工作者作为反面教材,告知学生如何以此为戒,并且教育学生应该如何去应对这类信息或者社会现象。但是在新媒体平台上,信息繁杂无序、浩如烟海,并不是所有不良信息都能得到监控和过滤,真假难辨。第二,新媒体导致校园信息良莠不齐,进而使校园舆论监管和引导难度加大。

在新媒体时代,每个媒介个体都是信息的处理者,传播者,加工者。通过微博、微信、贴吧等多种形式自由发表观点,一些缺乏基本媒介素养的人,为了获得关注度,提高知名度,不惜代价制造假新闻,深圳最美女孩的假新闻使得媒体人对媒体传播信息重新思考。人们利用新媒体平台发表意见,甚至可以凭借想象对传播内容进行二次加工,从重庆交通大学学生发布虚假新闻"重庆针刺",到让人目瞪口呆的"打车假新闻",还有"蛆橘事件",在QQ里散布谣言引发全国"抢盐事件"。如果大学生缺乏理性的判断能力和坚定的道德底线,就很易受到外界信息的干扰和影响,易产生盲目从众心理,并受到一些网络言论或者网络"大V"的误导,减少了个人的独立思考空间,影响个人的价值观念,甚至易导致价值观的混乱。网络言论的自由化和新媒体平台传播形式的多样化,使得相关监管部分的舆论监管难度加大,也导致高校的思想政治教育的效果被减弱。

(四)加剧了学生对社会不良现象的片面化认识

第一,导致大学生不能理性、客观地看待社会舆情事件。

现代互联网的环境中,大学生使用互联网并在网络上表达意见和情绪的行为已经成为其生活的重要组成部分。大学生的思维和情感正处于极易波动的时期,在网络言论中更表现出其独立的意识和活跃的思想,所以一些失实、违背社会规律、扭曲事情真相的信息给大学生造成了假象,使其不能客观看待社会事件。由于大学生的思想认知水平有限,缺乏实践经验,很难在短时间内认清事物背后的真相与动机,对社会问题不能理性、客观分析。网络舆情事件的不断出现也造成了大学生道德观念的降低,这极不利于其身心的健康成长。

第二,易导致大学生对社会产生怀疑。

当代大学生具有"反思与批判意识,不愿再一味地信任权威的意见、服从父母的安排,而希望有自己的生活世界、思维空间、个性特色和处事风格"的特点。新媒体的出现使大学生对社会认知的途径也多样化,所以当一些负面舆情事件被媒体极力地宣传与夸大时,就造成了大学生原有的价值体系和道德标准受到一定冲击。在开放的媒体环境中,大学生身心尚未成熟、思辨能力简单,对网络世界的多元化思想尚不具备准确的判断力,容易遭受负面事件和网络风险的冲击,价值取向出现偏差,自身陷入迷惘与现实冲突的困境。过度依赖网络的行为让大学生的思想意识越来越偏离现实社会。夸大个人意识,漠视集体主义观念,逃避责任约束和道德约束,这些现象折射出大学生公民责任意识的淡薄。当代大学生缺乏社会阅历和是非分辨能力,法律意识淡薄、从众心理较强,当谣言中包含负面信息时,大学生的非理性情绪逐步凸显,对社会的态度偏消极化。

(五)导致学生人际关系疏远及思考能力下降

第一,造成大学生人际关系的疏远。

传统的交流方式逐渐被电子邮件、微信、社交媒体所代替,使人与人之间的距离变远。很多人以匿名的身份、多角色与他人沟通交流,无疑淡化了人与人之间现实的感情与关系。在手机媒体中,每个个体都无法真实准确地了解对话人的心理、思想,导致人与人之间的感情淡漠。当长期处于虚拟世界,缺乏亲身体验与接触,不能使自己与真实的世界对话时,处在现实生活中就容易产生虚拟和现实的分离,造成心理孤独感加深,导致与现实中的朋友关系淡化。

第二,过度依赖会导致大学生人际交往障碍。

戴尔·卡耐基提出的人际关系中的三种障碍,语言障碍、认知障碍、行为障碍。主要有:语言障碍,新媒体学生可以在网上尽情展现自己的学识、见解,但是在现实生活中却羞于表达，对个人的人际交往能力造成影响，不利于大学生的心理健康成长；认知障碍，有些人认为在虚拟的网络世界里才能找到自己存在的意义，而回归现实导致他们心灵空洞、自我封闭，感到自身的弱小，直接影响了他们的人际关系；行为障碍：在新媒体时代下，我们通过发布朋友圈、发表微博、QQ空间代替了日记、书信交流，很多人满足于虚拟空间的交流与互动，而在现实生活中不能与他人深入地了解和交流，当在现实生活中与人交流时，出现害羞、语言匮乏的问题，造成了交往能力退化，致使大学生人际交往障碍。

第三，导致学生的独立思考能力下降。

随着手机媒体的发展，大学生利用手机媒体的便捷性和移动性特点，学术抄袭、考试作弊、对于他人的研究成果进行下载、转载后，不进行思考"拿来就用"，导致高校的学术道德建设受到影响。学术道德建设也是衡量学校校风的重要指标，更是衡量整个学校校园文化建设的主要标志。

三、新媒体对高校校园文化建设消极影响的原因分析

（一）新媒体加速了西方思想文化的传播和多元价值观的冲击

西方文化主要通过三种方式进行传播并对大学生产生影响：第一，西方大众文化产品的娱乐化传播，在西方社会工业革命之后发展起来的以现代电子传播媒介，为了满足民众的精神文化需求，进而衍生出电影、电视节目、音乐文化、高科技电子产品。随着我国文化市场的逐渐对外开放，我国人们物质生活水平的提高，现有的物质条件已不能满足人们的需求，而美国拥有先进的生产力，经济的发展水平高，向我国输出文化产品，随之美国的影视文化、音乐、游戏也受到国民的追捧，尤其美国的电视节目、电影不断输入我国。而青年学生正是这些具有娱乐性的西方大众文化制品的主要消费群体，因为西方的文化产品形式新颖、内容丰富、具有想象力、运用高科技手段，能满足青年学生追求新鲜事物、增长见识的需求，西方的电影、音乐的表现形式不同于国内的文化产品，所以更能受到青年学生的喜爱。西方文化宣传的生活方式、消费观念、个人自由主义、享乐拜金主义等，通过电视、电影、音乐对青年学生的价值取向、理想信念造成影响，进而违背我国的社会主义的价值观。

第二，西方国家通过经济活动影响青年学生的生活方式、价值观念。

在经济全球化的影响下，西方国家一方面通过多领域的跨国公司传播本国的文化，另一方面通过商品品牌效应，对其商品进行广告宣传，影响大众的消费观念、生活方式。在我国加入WTO后，我国与西方国家实现贸易交流，西方国家的"洋"文化逐渐渗透，如以麦当劳为主的快餐文化的兴起，造成大学生盲目追求、崇拜美国文化，更愿意追求西方国家所传达的文化理念，对西方的思想观念盲目崇拜。西方国家的经济活动在为我国的经济活动产生积

极影响的同时,其中夹杂的享乐主义、拜金主义、金钱至上、消费至上的价值观和生活方式,也在潜移默化地影响着青年学生,使他们忽视了我们中国传统文化中的勤俭节约、艰苦奋斗的优良传统。

第三,西方国家通过网络,利用新媒体平台传播信息。

在 20 世纪 90 年代,西方国家占据了互联网阵地,通过多媒体技术进行文化传播,尤其是美国,它拥有 70%的数据库,传输的信息 90%以上都是英文,网络技术和信息占绝对的优势,使以美国为首的西方国家占据了文化传播的主阵地,加剧了西方文化的渗入。比如,通过 Google、Facebook 等新媒体传播的西方文化信息覆盖面极广,包括国际政治、经济、文化、社会等多种信息。由于新媒体巨大的传播力和影响力,大学生作为新媒体的主要使用者,在获取到一些垃圾有害的信息时,其主流意识形态极易受到影响,甚至削弱其对主流文化认同感,进而不利于社会先进文化的发展。所以在这种背景下,以及新媒体的力量不断发展的情形下,对于如何引导大学生坚持正确的价值导向,提高社会主流意识形态,树立正确价值取向,提升其媒介素养,使其自觉自律地规范利用新媒体,是高校教育者和管理者,以及社会必须解决的问题。

(二)高校缺乏新媒体与传统媒体有效结合的措施

高校虽然制定了相关新媒体制度,但是在具体实践措施上,缺少可行性的媒介融合措施。高校的媒介融合只是简单的复制,如开通微信公众号,但是其后期的内容建设和管理力度不足,导致学生对该媒介平台的关注度降低。新媒体是传统媒体的延伸,并未真正地被高校作为一个独立的媒体去经营和管理,高校虽然意识到新媒体的巨大影响力和传播力,但是相应的具体措施并未及时跟进,使新媒体始终处于次要地位,并没有传统媒体的影响力范围。此外,高校的管理者借助新媒体加强校园文化建设的意识不强,并未借助传统媒体建设中成熟的平台、人员队伍、渠道搭建自身的新媒体平台,形成自身的发展模式,这就导致原有受众群体注意力的转移。大学生对于信息缺乏足够的理性判断能力,面对此类情况,除了社会的相关部门,如新媒体行业,监管部门应采取措施,还需要高校校园内的管理者和教育者的密切配合,加强学生的思想引导以加强校园媒体环境建设,为大学生提供良好的校园文化氛围。

高校校园建设者的传统媒体和新媒体的融合的目标不明确,并没有有效利用传统媒体强大的"公信力"和"专业化"以及新媒体信息内容的丰富性和传播速度快的特点,现有的传统媒体队伍也尚未运用到新媒体队伍建设上,导致了新媒体队伍的建设薄弱。现有的传统媒体队伍虽然在掌握新媒体技术和管理上存在不足,但是其具备专业的媒体知识与丰富的管理经验,而新媒体虽然具有传统媒体无法比拟的优势,但是其运营者缺乏管理经验和对媒体的深度认知。现有的媒体管理体制不能适应媒体融合的实际需要,所以高校要充分结合二者的优势,充分发挥媒体的作用,占领舆论主阵地,引领校园文化。高校如何在全媒体时代发挥传统媒体引导舆论的主导功能,同时又能合理利用新媒体,成为媒体融合中一个亟待解决的重要问题。

(三)传播途径多样化导致不良信息难以得到有效的监控

第一,信息传播方式的多样化。

校园传统媒体的内容编辑与发布,都有专业的校园媒体团队,而新媒体信息的传播没有专业的团队做支持,大多是转发的形式,缺乏权威性、真实性、客观性,新媒体使每个人成为媒体终端,每个人所发布的信息没有审核机制、评判标准,以移动终端APP、论坛讨论、留言等方式发布,所以信息传播快捷、高效,影响力也不断增强,也为公民发表言论提供了有利的环境。但同时也产生大量的"网络垃圾信息",借助新媒体的优势,传播虚假、暴力、欺诈、谣言等不良信息,严重危害着公民的权益,危害国家安全和社会稳定。例如微信,很多人在无意识的情况下转发了大量的谣言信息,随着浏览次数和转发次数的不断上升很可能导致群体迷失现象的发生。

第二,相关法律法规的不健全。

不良信息的传播,首要原因就是关于新媒体监管体系未能及时制定与落实。《2015新媒体》蓝皮书通过对传播范围广,对社会影响力较大的92条假新闻进行分析,发现在网络上发布的假新闻占32%,59%的假新闻发于微博,7%的假新闻发于微信公众平台,2%的假新闻发于社交网站、网络论坛。在应用软件微信平台上,对3个月内的举报信息进行分析,就其中涉及诈骗信息、虚假信息、色情信息的625篇文章和公众号进行研究,发现政治谣言、虚假新闻、社会道德丧失、拜金主义的信息比比皆是。但是由于微信的特殊性,它属于点对点传播,使主流新媒体平台对不良信息的纠正变得困难。目前对于微信、微博、社交媒体等传播不良信息的相关制度尚未成熟,这也让不法分子传播不良信息乘虚而入。我国网民规模达6.88亿,面对这样庞大数量的网民,加之网络的传播优势,政府要做好监督,是一个艰巨且又长期的过程,对于网络舆论信息的监督和引导的难度加大。在对学生组织新媒体平台的管理引导方面,高校普遍缺乏切实有效的手段,学生组织新媒体平台运作普遍存在自由松散的状况,缺少目标导向和运行规则。有些高校虽然制定了针对学校各类官方新媒体平台的"新媒体管理办法",并对新媒体的设立、运行、内容等提出了原则性的要求,但是尚未提出针对学生组织的新媒体平台建设的具体政策和指导性意见。学生组织新媒体平台在队伍管理、政策机制保障、平台内容建设等方面都缺乏明确指导,监管存在许多漏洞,舆论安全隐患大。

（四）高校学生自身尚未建立起正确的信息鉴别力

一方面，大学生正处于正确价值观的塑造时期，对事物的判断能力还未成熟，他们正是处于充满活力、思想意识复杂多变的时期，面对复杂的社会现实，大学生的思想意识、行为方式、价值观都易受到影响。不论认知，还是情感、意志、对自我认识的把握，都正处于发展阶段。另一方面，由于缺少实践的经验，他们没有成熟的评价和判断事物的规范体系。他们的价值观处于波动、徘徊之中，易受周围环境的影响，价值取向模糊，其思想易受多元文化的冲击。尤其是90后的大学生，是追求自我、追求个性的群体，尚未与社会完全接轨，还不能正确判断自身与社会的关系。还缺乏对社会和现实的认识，缺乏对于社会制度、规范的认识与思考，在信息选择选择上易产生偏差。

在新媒体时代，大学生每天都在接受大量的网络信息，改变了以往的被动接收信息的方式，他们积极主动地探索未知的世界，新媒体的媒体个性化突出，使大学生更加遵从自己的意愿，服从自己的信仰和理想。当大学生遇到一些不符合社会主义主流价值观的、落后腐朽的思想与文化时，易引起与自己固有的价值观念的冲突，引起价值观的认知偏差。当学生的思想产生动摇的时候，高校的思想政治教育也会受到影响，进而影响校园的行为文化建设。新媒体的出现带来了多元的社会思潮，对大学生加强媒介素养的教育，是当前思想教育工作者的重大任务。

（五）新媒体形式的多样性导致学生的过度依赖

新媒体是以互联网为载体，具有网络的虚拟性、匿名性、开放性的特征。尤其是以手机和电脑为终端的社交软件、社交网站、搜索引擎等新媒体的不断兴起，一方面给大学生提供了良好的沟通交流的平台。但另一方面，也造成大学生对新媒体的过度依赖，导致大学生人际关系的疏远和独立思考能力的下降。网络社交网站和APP功能的不断完善，受到了广大学生的追捧。对于这类网络社交的过度依赖，大学生对现实生活中的社交出现漠视和疏远，甚至导致其人际沟通能力的弱化。特别是对于一些性格内向和不太善于面对面表达和交流的学生来说，这些方式屏蔽了表情信息，语调信息，为他们提供了便利的交流渠道，使他们能够自由地表达自己的情感。可见互联网的出现以及新兴的社交渠道的不断扩展，如果过度依赖，会导致人与人之间关系的疏远。由于网络搜索引擎符合并且满足大学生学习上的功利化倾向，他们在学术研究中依赖搜索引擎。在搜索引擎上直接搜索某一问题时，更多的是搜索到问题的直接解决方法和结果，至于该问题为何要这样解决，解决的具体过程是什么，在解决的过程中需要采用的方法和工具等内容则很少，从而导致了学生思维能力的下降。

第二节　新媒体环境下高校校园文化的建设策略

一、实现新媒体与传统媒体在内容、途径、管理方面的融合

（一）内容融合

实现新旧媒体传播内容的融合，利用新旧媒体的优势互补，完善信息的传播内容，运用高校传统媒体信息传播的专业性和权威性的优势，弥补新媒体的传播信息的海量性、繁杂性，传统的校园媒体主要传播国家、社会、学校的主流价值思想，所以高校在进行媒介融合过程中，利用新媒体平台进行文化建设要注重传播内容的权威性和专业性。在新媒体时代，学生已经不满足单向阅读报纸，收听广播，浏览校园网站，学校要实现媒介的内容融合，如将传统的校园报纸与手机媒体融合，创建手机报，对于手机报的内容设置，一方面要保留传统的校报的采集、编辑、审稿的优势，保持学校宣传党建工作和思想政治教育的主阵地，还要弘扬社会主流思想；另一方面新媒体扩大了获得信息的渠道，所以在融合过程中要满足学生对多元信息的需求，除了宣传社会主流文化，还要加强媒体娱乐功能建设，使学生在轻松、愉悦的环境下，对学生思想产生潜移默化的影响。新媒体与传统媒体不同，在进行内容融合过程中，制作相关新闻内容时，要注重利用新媒体快捷性、海量性、交互性以及形式的多样化。校园网、校园公众平台或者校园论坛不应当局限于校园内的人和事，还要融合一些社会新闻、国家大事、国际新闻或者优秀的教育内容，使学生使用校园网就能纵观天下各类新闻。此外，在内容选择上要符合社会主流思想，符合校园自身的特色，集思想性、新闻性、知识性于一体的话题，要贴近社会，贴近生活，贴近学生，要注重所传播内容的权威性和公信力，增强学校师生的凝聚力，促进校园文化的发展。

（二）途径融合

途径融合就是要实现新旧媒体传播途径的融合，提供内容丰富，实时的校园信息，将校园广播、宣传栏与新媒体融合，通过与手机、电脑、平板终端结合，利用应用软件，实现实时广播、实时宣传，使学生第一时间接受校园最新资讯。校园广播站也可通过微信公众号传播校园资讯、社会新闻动态等，将"昨日"新闻进行多角度的审视与回顾，实现与学生的互动与交流，促进校园文化的传播。还可以直接将"优秀学生"请进校园广播的直播间，加强学生之间的交流与互动。学生不仅能通过该平台获得相关资讯，也可以与校园广播台实现互动，通过后台回复、留言，参与到广播中，与广播平台互动。学校利用手机、电脑终端，通过建立官方微博、BBS讨论组，实现校园的宣传栏、横幅等传统媒体的功能，加强学校管理者、教育者与学生的在线交流，另外手机媒体的携带便捷性，使得学生能够随时随地参与讨论，弥补了传统校园媒体受众有限的缺点。只有实现传统媒体与新媒体的有效融合，才能助力校园媒体的建设，才能促进校园文化建设。

（三）管理融合

实现新旧媒体管理上的融合，传统的高校媒体都有专业的媒体队伍，而目前高校缺乏成熟、专业的新媒体队伍建设。实现新旧媒体管理上的融合，就是要利用传统媒体的专业队伍来推进新媒体队伍的建设。传统校园媒体都有自己的专业队伍，无论在信息的采集、筛选上，还是在内容编辑的深度和广度上，总体是优于新媒体的，所以新媒体的队伍建设要以传统媒体为标准，建立一支专业性的新媒体队伍，与传统媒体形成合力，致力于引导校园舆论，传播社会正能量，提高整体宣传教育的效率。在管理过程中，有效地将新旧媒体进行结合，但是不能忽视其中任何一方，一方面要突出传统媒体的权威性和公信力，另一方面，要充分利用新媒体的传播优势。传统媒体具有多年的管理经验和新闻制作经验，对新闻信息的把控力度更为成熟，从信息的编辑到信息的发布，都有正规的途径。新媒体在保持自身的传播特点的同时，可以依靠传统媒体的优势来提升新媒体的影响力和传播力，实现二者的有效融合，为高校学生提供更加便捷、准确、权威的信息，提供给广大师生更加严谨的新闻报道。

二、创建主导性校园新媒体平台发挥育人功能

（一）创建校园微信公众平台

高校打造自身的微信公众企业号或订阅号，实现和特定群体（学生群体）的文字、图片、语音的全方位信息传递，使学校信息更精确地传达到学生的群体当中。可以将校园微信公众平台设置为三个板块，包括校园资讯、学生资讯、教学管理。其中校园资讯可包括校园新闻、学校工作动态、校园最新公告、校园学术讲座、校园文艺活动、校园招聘、校内校外的知识竞赛以及科技比赛等信息；学生资讯可包括学生成绩、获得荣誉奖励、学生就业、创业动态、优秀个人情况、自习室、阅览室、学校周边娱乐、美食等最新资讯；教学管理可包括国内外优秀课堂展示、教师个人魅力展示、互动教学评价模块等。利用微信公众平台订阅号，每天可推送一条单图文或多图文的消息，内容要有创新度、深度，且积极向上，符合主流文化意识，传播主流价值思想，实现学校与师生的良好互动，逐渐实现校园文化建设从传统型向创新型的转变。

（二）学校开设主题官方微博

"微博"是"微型博客"，具有便捷性、原创性、交互性、追踪性等特点，在日新月异的新媒体时代，微博成为越来越多的大学生了解身边奇闻异事的喜闻乐见的新途径。学校开通主题官方微博，通过该平台定时更新微博内容，发布学校新闻动态、历史文化、校园生活、

就业信息等内容，如举办"读书分享会""优秀大学生评选""魅力教师"等活动，营造良好的学习风气，通过开展"微活动""我眼中的校园""老人跌倒，扶不扶？""我的正能量"等活动，引导大学生的主流文化意识。通过建立微博，加强学校、教师、辅导员与学生的交流互动，微博平台上放松、趣味、平等的氛围可使交流变得更加融洽。当学生遇到问题时，由于各方面原因无法与校方直接对话，可在微博平台上向相关校组织提出问题，并且提及相关校领导、老师、同学的微博，使学校更快捷了解自己遇到的问题和困难，从而采取措施更好地解决这些问题。在解决问题的过程中，还可以同步发布问题解决进程，更好地服务于学生，引导主流思想，树立良好的校园风气，培养文明的讨论氛围，从而构建好开放、平等、权威的思想政治教育新平台。

（三）创办校园手机电子报

校园手机报是针对学生们关注的校内动态、校园管理、娱乐、招聘、就业信息以及社会时事新闻等内容，以手机为载体，借助短信、彩信制作成学校专属的"校园手机报"，更快速、更便捷地将信息及时传递到学生们的手机中。校园发生的大事小情尽在校园手机报，即使是分散的校区依旧沟通零距离。宿舍、食堂、图书馆、自习室等等这些每天必经的地方的新闻资讯也可以使学生及时获知。校园手机电子报要秉承贴近社会、贴近校园的理念，将电子报打造成传播社会主流思想的新渠道，服务全校学子的新平台。传统的校园报纸媒体更新速度慢，内容有限；但是以手机为载体，创办校园手机电子报，弥补了传统校报的缺点，充分发挥了新媒体的优势，使得信息内容丰富、传播速度及时。其中电子报的内容可设计为社会热点、国内外新闻资讯、校园新闻、文化活动、学生学习、教学通知与管理等板块，设立"每日一小事"板块，内容囊括社会、校园好人好事，名人事迹，谴责社会恶行，主动占领校园文化宣传的阵地，唱响网络舆论好声音。

（四）创建数字移动图书馆

高校通过建立数字移动图书馆，也就是说只要在手机、平板等移动媒体上安装使用客户端，就可以随时随地实现快速查询、阅读的功能，还可以查询个人的借阅记录、图书馆的书籍类型，实现在线阅读与互动。数字图书馆不仅为学校节省了校园的人力资源，也提高了图书管理员的工作效率，还可以实现与专家、学者的思想交流与碰撞，打破了传统的交流模式。在移动图书馆的内容设计上，可以分为几大模块：（1）资源导航模块，主要包括图书推荐，提供热门图书排行榜，图书、期刊的分类导航；（2）我的空间模块，主要包括个人借阅历史情况、预约借书界面、个人图书检索历史记录、咨询界面等；（3）信息发布模块，主要包括图书馆开馆、闭馆、讲座、会议等工作通知，借书到期提醒界面等。移动图书馆扩大了读者的阅读资源,与读者形成良好互动,满足了不同读者的不同需求。图书馆不仅仅承担重要的文化教育设施,而且还是校园精神文化资源的主要来源,所以高校文化建设者和管理者要充分认识到建立数字图书馆的重要意义。

三、加强校园新媒体管理制度和队伍建设

(一)建立校园新媒体管理制度

要加强校园媒体队伍的建设,才能促进高校校园文化建设的顺利进行,确保新媒体的健康发展。规范、合理的校园新媒体管理制度是校园新媒体健康发展的基础,要制定一系列可行的校园新媒体管理制度,尤其是对于校园网、移动APP、校园社交软件、校园论坛、手机视频等新媒体的管理机制,更好地发挥新媒体的舆论导向、传播信息的功能。包括管理细则,落实到从领导层、管理层到学生层的使用准则;包括内容发布和信息安全的制度,必须遵守国家《互联网信息服务管理办法》的要求,不得转发虚假、低俗的信息,倡导发布文明、健康、积极的信息,高校新媒体平台的主办单位必须加强账号管理和内容监管,确保信息安全,对于出现违规且情节严重的校园媒体平台,要追究其主管领导的责任。新媒体管理制度具有规范、制约、导向的功能,是校园网络舆论正常发展的重要保障,是推进校园制度文化发展的重要任务。

(二)建立一支专业的新媒体管理团队

从人员构成上,组建一支专业的、高素质新媒体团队是非常必要的,该团队工作人员应坚持正确的校园思想文化舆论的引导,首先要具备较高的思想政治素质,还要具有社会责任感。其次还要具备一定的计算机应用和使用新媒体的能力。教师或传统媒体管理者也应主动加入这个新队伍,他们有着丰富的媒体管理经验,能为新媒体队伍建设提供支持。公开招募、选拔优秀的学生干部兼职担任新媒体管理员,另外对于在各类新媒体平台上,敢于公开发表主流意见,积极引导学生正确价值取向的学生,要重点培养,使其成为意见领袖,引导主流思想,为校园文化的传播提供强有力的支持。

从校园新媒体平台传播的内容上看,要组织一批专业的新闻采集、编辑队伍,他们通常要有较强的文字编辑能力、了解并且能够熟练使用各种新媒体;能够深入了解大学生的学习、生活以及校园内外的新闻,并能够对所获得信息进行筛选、编辑,编写出符合大学生思想文化的新媒体内容;能够把握社会热点新闻,一定程度上可以引导舆论朝正确的方向发展。校园媒体人要有专业的媒介素养,能够用客观、公正的态度传播信息,使校园新媒体在高校校园获得影响力,影响广大师生的思想、行为,从而促进校园文化的建设。

从校园新媒体监管队伍来看,要配备专职人员,成立专门的"校园新媒体硬件平台监管

小组",该小组设立主要领导人一名,可以由教师或者干部担任,并设立辅助管理工作人员辅助管理工作,设立由学生志愿者自发组织的监管成员若干。学校领导要重视新媒体监管队伍的建设,要协调学校传统媒体队伍和教师队伍,积极参与到新媒体队伍的建设中;要调动学生的积极性以及鼓励学生社团通过开通微信公众号、微博、BBS、社交网站等新媒体积极配合该小组工作,引导正确的舆论方向,促进高校的校园精神文化建设。

(三)从技术上做好校园传播信息的监控

高校成立专门的网络信息监控中心,从技术上把控不良信息的传播。随着计算机的不断发展,网络的开放性必然会使其受到恶意攻击,出现计算机病毒和安全漏洞。有非法用户肆意窃取国家机密信息,甚至一些军工校园的信息也受到破坏,使得机密信息遭到篡改,造成信息对外泄露。所以对校园新媒体的安全系统要进行频繁检测、及时更新、及时升级。对于高校要有安全技术软件,尤其是军工院校,要使用"防火墙"防止黑客的入侵,防止信息的泄露,通过技术软件筛选、过滤信息,对于制造谣言、含虚假信息的言论通过计算机设定限制,使其无法进行传播。通过技术手段为新媒体作保障,确保新媒体所传播内容的健康与文明,使校园文化建设有一个良好的网络环境。高科技管理技术打破传统文字形式的管理模式,从设备技术上支持新媒体的监管,营造文明的新媒体舆论环境。

四、加强学生的媒介素养和主流文化的正确引导和教育

(一)开设媒介素养的选修课,提供媒介素养学习环境

高校在思想政治教育教学中,要融入媒介素养教育,使思想政治教育的课堂成为学生接收媒介素养教育的主要渠道,媒介素养教育的课程不仅仅只体现在新闻类专业的课程中,还应该体现在思想政治理论课、哲学或者人文社会科学类的课程中,要在不改变原有的课程设置的基础上增加媒介素养的内容。学校还可以通过开办讲座传播各种媒体知识,引导学生正确认识新媒体的优势与劣势,还可以通过开办班级媒介平台,分享身边的正能量,提高大学生的思想政治意识。在思想政治教育教学中,可以通过三方面加强学生的媒介素养教育。

第一,要提高思想政治教育工作者的媒介素养意识,要通过开展多种活动普及新媒体知识,使思想政治教育工作者从观念上意识到媒介素养的重要性,为学生提供良好的教育环境。还可以通过与校内外其他教师讨论并分享意见,了解媒体所传播信息不同层面的不同观点。

第二,扩展思想政治教育工作者的媒介素养教育工作阵地,教师可以将传统的课堂教学模式,向新媒体转变,在新媒体平台上分析社会舆情事件或者社会新闻,通过规划讨论的时间段、主题、具体事项、思考方式,来组织和设计网上讨论,扩大和巩固课堂讨论的空间和成果。一方面,加强了对学生的思想政治教育,另一方面,有利于学生对新媒体平台上所传

播信息的理性认知。

第三，高校学生自主探索实践，学生利用博客等新媒体平台，将自己所学的知识及时进行思考，对自己的所闻所感的事情进行记录，比如，让学生搜集并分析当前的热点问题，最后将自己的观点呈现在媒介平台上，教师可以与学生进行互动和交流，及时了解学生媒介信息的认知情况，以及了解学生的思想观念，并对于一些消极的、腐朽的观念进行及时引导和更正。在思想政治教育过程中，教师在每个阶段，每一课题中，都要帮助大学生合理使用媒介，利用媒介资源，如通过让学生制作热点新闻等内容，使学生掌握媒介使用技巧，了解媒介背后的意义。

（二）转变教育教学与管理方式，加强主流文化引导

第一，从教学方式上的转变。

传统的教学方式利用板书、PPT、口述，以课堂为主要空间，向学生传播教学案例，但是新媒体的出现在一定程度上颠覆了传统的教学方式，教师利用慕课、微信、电子邮件、博客、讨论组等形式为教学提供更新颖、更及时的方式。清华大学马克思主义学院刘震提到不必到清华大学的课堂上，也能随时随地利用慕课平台学习清华大学的《马原》课。这种打破教室局限的教学新方式绝不是简单将传统课堂的内容"搬到了"网上，而是从以"教"为中心转变为以"学"为中心。"定制"是慕课的第一个关键词。不仅有教师讲授知识点的基础视频资料，还有课程讲义、线下讨论课、微信公众号平台等丰富的学习资源。知识点的碎片化是慕课的第二个关键词。在传统课堂里，老师的讲法是在45分钟或者90分钟内讲完一个章节的所有内容。而在慕课课堂，每一个知识点都制作了一条7~15分钟的独立短视频，学生可以随时随地选择自己感兴趣的视频反复观看。

此外可以利用微信提前分享学习资料、分析案例；通过电子邮件与学生实现在线的答疑解惑；与学生共同建立博客，以课堂形式呈现，通过微话题，加强学生对社会问题的广泛关注与讨论。通过校园BBS主题论坛，学生不仅能针对性地学习相关学科知识，还可以讨论对社会热点现象的看法，从而提高学生的思考能力。通过在线交流，教师可以积极引导学生的偏颇、消极的思想，还可以学习其他优秀教师的教学方法，提升自身的教学水平；通过讨论组的交流，打破了传统的教师进修的模式，能够实现与专家、名师的互动，不断提高自身的专业素质。新媒体弥补了传统课堂教学的不足，打破了师生互动的时空、时间限制，满足了大学生的个性需求。此外，利用多种新媒体，教师要起到示范、表率的作用，带头践行社会主义核心价值观，在传播知识文化的同时也要传播社会主流意识形态，不断提高大学生的文化素质。

第二，学校教育管理方式的转变。

学校从单一的管理途径向多元的管理途径转变，传统的校园管理具有局限性，通过传统的规章制度、教学办法的实施来进行校园管理，但是利用新媒体，高校管理者在管理学生时更趋向多元化。一方面，在利用新媒体平台上，能够及时获知学生的诉求，并给予反馈，使得学校和学生的关系日益紧密；另一方面，可以实现与其他高校的即时的互动与交流，实现与国外高校的联系与合作，借鉴他校或者他国的优秀的校园管理模式，通过网络会议，网络直播的方式，让学生了解更多的其他校园或者国外高校的文化，更加完善高校现代化建设。

五、学生要提高自身的思想政治素质自觉利用新媒体

（一）提高自身思想政治素质

大学生要采用辩证的方式看待新媒体，树立正确的新媒体意识，能够正确对待新媒体的"两面性"，新媒体不仅仅使他们获取信息的渠道增多，学习的方式多样化，人际交往更加便利，也使大量良莠不齐的信息在校园内传播，削弱了他们对我国主流文化思想的认同感。所以大学生要充分认识到新媒体时代下，所面临的机遇与挑战，要坚持党和国家政治路线、方针、政策，提高自身的政治素养，广泛参与社会实践活动，提高自己的社会责任感；要确立坚定的理想信念，关注社会时事，社会热点话题，自觉践行社会主义核心价值观，要树立全局意识，要始终保持与国家思想意识形态高度的一致。要坚决抵制不良信息，要加强自身对信息的筛选、鉴别、判断能力，要清楚认识到虚假信息、谣言的负面作用，守住道德底线，不造谣，不二次加工，转载或传播；要提高自身的法律意识，要学习相关新媒体法律条文规定，认识到编造、故意传播虚假信息不仅会扰乱社会的秩序，而且还会被追究相关法律责任；要不断提高自身的学习能力，提高自身对于媒体信息的学习、选择、评价能力，构建自身良好的媒介素养。

（二）自觉抵制不良信息的传播

大学生要提高自身的自控能力，自觉利用新媒体，抵制各种错误的观念，要努力做到"四个拒绝"：一是坚决拒绝传播不良信息；二是坚决拒绝沉迷于社交新媒体，不得脱离现实社会；三是坚决拒绝浏览不良信息的网站、图片、视频；四是拒绝利用新媒体出现学术道德失范的现象，不得抄袭、剽窃、篡改观点。坚持"五个倡导"：一是倡导接受积极健康的信息内容；二是倡导传播弘扬社会正能量的信息内容；三是倡导使用规范的网络用语；四是倡导开展有益的新媒体活动；五是倡导学生自觉严格地约束自己，合理规范使用新媒体。在新媒体平台上要同现实社会中一样讲文明，讲道德，不能主观判断事情的真伪，甚至编造虚假信息，发布粗言污秽的信息内容。有些"网民"怀着"猎奇"心理，对一些不确定的信息不做分析调查，或者明知信息错误，还盲目认同并支持。此时大学生要理性、客观分析事件背后的真相，不轻易盲目追从，不过度依赖他人的意见或观点，保持理性，这样才能有效避免网络不良信息的影响。我们要善于分辨，不要盲目转发，对一些未经证实或者难以证实，同时又可能引起巨大影响的信息，要独立思考，做到不造谣，不信谣，不传谣。大学生作为高校校园文化建设的主体，要合理自觉利用新媒体，自觉抵制不良信息，提倡文明进步、积极健康的信息传播内容，努力把新媒体平台打造成传播先进文化、塑造美好心灵、继承传统美德、弘扬社会正气的新阵地。

第七章　新媒体环境下高校校园文化建设创新

第一节　新媒体环境下高校校园文化建设创新的必要性分析

人类的历史是文化传承创新的历史，高等教育则是优秀文化传承的重要载体和思想文化创新的重要源泉。高等教育在人类文明史上的重要作用，就在于它既是历史文化的传递活动，又是历史文化的创新活动，它既执行文化的社会遗传功能，又执行文化的时代变革功能。高校作为文化传承与创新的前沿阵地，在人才培养、科技创新和服务社会等方面发挥着举足轻重的作用，因而促进大学校园文化建设继往开来、与时俱进，探求与新媒体环境的共融共生、相互促进显得意义深远。

本文中的创新包含对优秀传统的继承发展以及结合新媒体环境的实践创新。因而在对必要性的论述上也包含两个维度，即从一般意义上强调创新的必要性，从高校职能、高等教育发展以及文化方向角度论证创新是大学校园文化建设在任何时候任何情况下都必须坚持的道路；此外又紧密结合新媒体特点及其带来的机遇与挑战，论证新媒体环境下加强大学校园文化建设的必要性。

一、创新——大学校园文化建设的必由之路

作为推动社会发展的动力，创新并非所谓的闭门造车和随意地主观臆想，而是在社会实践和批判继承优秀成果的基础上进行的。一方面，要结合时代变化，推陈出新，继承传统；另一方面，要立足于社会实践，根据实践需要及社会所提供的条件进行创新。创新是民族进步的灵魂、国家兴旺发达的不竭动力，能推动生产力、科学技术以及思想文化的进步。正是在不断创新中，文化得以弘扬和发展并焕发出新的生机，因而大学校园文化建设必须根源于社会实践，立足于继承，着力于创新。创新大学校园文化建设，对于推动高校发展、促进教育前进以及引领文化方向意义重大，具体如下。

（一）助推高校职能发挥

作为一种与社会的经济和政治组织既相互关联又鼎足而立的以传承和创新文化为己任的文化组织，大学既应该积极主动地为经济和政治发展需要服务，又应坚守自己独特的文化使命。大学积极主动的文化建设创新既有利于承担高校的文化职责，又有助于发挥大学的社会服务功能。

1. 有利于培养造就高素质人才

大学自其诞生之日,就把传授知识和教书育人作为自己的基本职能。提升高深学问的教与学活动的质量是高校一切活动的中心,包括教师传递学问和学生把外在知识内化为自己全面综合素质两个不可分离的部分,其中培养学生的实践能力和创新精神尤为重要。通过文化建设创新,能紧密结合时代变化不断凸显"以人为本"的教育哲学观,形成人文、科学与创新相统一的教育理念,促进实施通识教育与专业教育相结合的教育模式,从而不断深化教学改革,全面推进素质教育,促进学生的文化养成,把大学生造就成为全面发展的富有主体精神和创造力的高素质的一代新人,为社会提供一种无法用金钱衡量的最佳教育。

2. 有助于提升高校科研水平

自冯堡创办柏林大学将学术研究引入大学以来,严格意义上的科学正式进入了大学的知识殿堂,学术责任成了大学不可回避的社会职责。随着社会不断向前发展和大学向社会的融入,大学已逐渐发展成为高层次创新人才培养的重要基地和人类最富有创造力的学术殿堂。借助文化建设创新,能为学术研究与创新提供适宜的文化氛围,有利于提升大学教师的学术水平和科研能力,激发大学生的创造激情,推出更多具有影响力、能经得起实践和历史检验的原创性学术研究成果,使大学真正成为教学、学术自治的中心和知识创新、科技创新、文化创新的策源地。

3. 有助于提升社会服务水平

大学不仅应当走出更应超越"象牙塔",服务而且应当引领社会前进。随着高校社会功能的发展,培养社会所要求的高级专门人才已成为高等教育最基本的活动,而人的个性发展与社会需求和环境之间的矛盾已成为高校人才培养中不容小觑的问题。通过文化建设创新,大学的培养目标、教学方式等不断变革,以达到受教育者的身心发展状况和社会发展需要间的动态平衡;大学的文化环境不断改善,高校学术研究能力不断提升,以此培养合格人才和发展知识为社会所用。与此同时,教育也是面向未来的事业,这就要求大学在文化理念和教育模式发展上超越一定时期的经济、政治制度和生产力发展水平。文化建设创新正是适应了"前瞻性大学"的建设理念,是大学服务社会职能的升华和发展。

(二)促进高等教育发展

1. 有助于提升高等教育质量

党的十八大报告中指出,提高质量是高等教育的生命线,是高等教育改革发展最核心最紧迫的任务,必须以改革创新推动高等教育质量提升,坚定不移地走内涵式发展道路。大学校园文化建设立足于为生活于其中的大学人提供良好学术氛围和新鲜精神氧气,营造出健康舆论环境并做好思维导向。因此文化建设创新有助于发扬大学的优良传统和文化精髓，有助于结合时代特质为大学校园注入新血液和新活力，促进培养模式、办学理念、教学内容方法等的创新，从而提升人才培养水平、增强教学科研能力、提高服务经济社会水平、全面提升高等教育质量。

2. 有助于提升文化育人水平

教育的本质在于文化养成，文化是大学生生根发芽、蓬勃发展的根基，文化体现了大学生的独立品格、高尚精神和价值追求。高等教育作为优秀文化传承的重要载体和思想文化创新的重要源泉，大学既在长期教育和办学实践中积淀和创造了深厚的文化底蕴，又经过长期的发展、变革越来越充分地发挥着传承、研究、融合和创新文化的重要功能。大学以其丰富的蕴藏给大学人以文化熏陶、精神陶冶和灵魂塑造，正在造就一副副铮铮铁骨。文化建设创新，既可以集中精力发扬传统，又可以推陈出新，发展和创造先进文化，以此来教育感化大学人，提升大学人的素养、品位和修养，从而引领社会风气，使高校成为继承传播优秀文化的重要场所、交流借鉴人类进步文化的窗口以及孕育创造新知识、新思想以及新理论的重要摇篮。

（三）推进中国特色社会主义文化事业的发展繁荣

文化是民族的血脉、人民的精神家园，而高校则是高深文化的发源地和摇篮，高校文化建设于国于民都受益无穷。

1. 有助于保持社会主义的文化发展方向

高校作为人才培育基地、理论创新先导和科技孵化阵地，在发展社会主义文化事业中担负着重要职责并发挥着重要作用。大学作为孕育大学人精神品质、道德风尚和文化修养的重要场所，其功能的发挥离不开浓郁的大学校园文化的熏陶与养成，离不开优秀大学校园文化的一脉相承而又与时俱进。高校通过文化建设创新，可以将优良文化传统加以传承，并结合时代要求探寻出新出路。高校只有矢志不渝地坚持马克思主义的立场、观点和方法，坚持社会主义发展道路，主动适应社会主义文化强国的建设需要，才能发挥思想引领作用。

2. 有助于创新性人才的养成

2006年，国家主席胡锦涛在全国科技大会上宣布：中国未来15年的科技发展目标是到2020年建成创新型国家，让科技发展成为经济社会发展的有力支撑，同时指出科技创新的关键在于人才。因此，加大创新人才的培养力度、提高创新人才的培养质量已成为构建创新型国家的战略需要，更是成了高校人才培养体系的重要组成部分和不可推卸的神圣使命。高校通过文化建设创新，可以创造自由、民主、宽松的文化环境，鼓励各种思想观点、学术理论激烈交锋论战,鼓励各类发明创作积极涌现,调动着大学人的积极性,能激发其创造潜能,培养造就出更多高层次高水平的文化领军人物和社会人才,为社会主义文化的振兴与繁荣提供强大的人才支撑。

3. 提升文化软实力的重要途径

文化软实力是在党的十七大上提出的推动社会主义文化大发展大繁荣的战略命题,是新时期我国文化建设的核心要求。"自觉地提升文化软实力,其根本的着力点应当是两个:一是'向内的'着力点,即'以文化人','文化天下',使文化内化为个体的内在素质和精神价值世界;二是'向外的'着力点,即文化传播,文化强国,提升我国在世界上的文化吸引力和价值影响力。"高校作为发展先进文化的重要阵地、示范区和辐射源,不仅有助于优秀文化传统的弘扬,更是造就新思想、新文化的摇篮,在国家文化软实力的提升中不可或缺。通过文化建设创新,高校不断推出优秀文化成果、为社会输送综合型人才、传承优秀文化并创新文化精神,进一步推动国家软实力建设,提升国家的文化影响力、辐射力和竞争力。

二、新媒体环境——大学校园文化建设创新的契机

新媒体是一个相对概念,"新"对应着"传统",是指立足于计算机、网络技术发展起来的借助电脑、手机、互动式电视等载体传播互动式信息的媒体,数字化与互动式是其本质特征,而与之相对应的则是包含电视、报纸杂志、广播等形态的传统媒体。新媒体环境是相对于传统媒体所形成的新的人际传播环境,是传播者借助新媒体进行信息传播和人际互动所形成的氛围。具有如下特征。

资源的丰富性与共享性。新媒体空间与存储的无限性,打破了传统媒体的版面限制,使信息容量激增;新媒体时代,信息准入门槛降低,人人都可以成为发布者与传播者,促进了信息涌动;新媒体终端与渠道的便捷性,方便了信息的传播与接收,为信息流动提供巨大的发展前景;新媒体传播的高效率与低成本,促进信息几何数式增长;新媒体的兼容性,促进了多媒体融合,向受众提供包括文字、图片、音频、视频与动画等一体的信息。新媒体在提供丰富信息的同时,其便捷的获取方式也实现了信息的全球流动与共享。

时空的虚拟性与无限性。新媒体以信息化技术为支撑,构建起了消解年龄、身份、地位、信仰等差别并涵盖全球的网络体系,参与者共同探讨与交流。新媒体环境的存在形态是无形的,参与者多是以网络昵称、符号等而非真实姓名进行交流,对方的形象往往是通过自我想象来构建。随着新媒体技术的发展,逐渐构建出趋近于真实的虚拟环境与时空界限,用户借助新媒体无处不在的触角进行联系与沟通。新媒体环境打破了时空限制,凭借终端可以随心所欲地虚拟现实生活中的场景,尽享交友、娱乐、购物、学习之乐趣。

交往的互动性与便捷性。新媒体打破了传统的信息垄断模式，每个人既可以成为信息接收者，也可以是信息传播者，能自主选择传播内容、传播时间和传播方式，真正实现了在"任何时间、任何地点对任何人"的传播。新媒体的个性化与大众化，释放了个体话语权，无论是权贵还是草根皆可通过手机、互联网、微博与论坛等阐述观点、评论心情，受众也能直接参与到与信息发布者的互动中。新媒体传播满足了人们多样化的需求，他们借助 QQ、微信、手机、聊天室等实行即时交流探讨。

传播的开放性和时效性。依托数字技术，新媒体不受时间和空间限制，加上新媒体时代的"自媒体"现象，用户往往能将自己收集的资料在第一时间予以公布，常常在传统媒体还未察觉或做出反应前，给予相关事件的真实资料和第一手报道，能使公众获悉最新进展。尤其是手机这种新媒体形式小巧便捷，通过短信、通话以及网页浏览等方式，能加速事件的扩散和传播，大大节约了传播时间与成本。新媒体的全覆盖、全民性和全天候特征，使全民记者、草根评论、关注功能等成为一种风尚，个体具有了极大的自主选择权，信息传播愈加开放活跃。

（一）新媒体环境为大学校园文化建设的创新带来无限机遇

以手机、电脑、移动互助设备终端为代表的新媒体被人们广泛使用，甚至对于许多人而言，离开了这些电子设备生活就无所适从。新媒体以其强大的渗透力和辐射力影响着无数人的生活娱乐方式、理想道德信念和行为习惯。新媒体深植于生活的每一个角落，以其巨大的传播魅力感染着无数使用者，已然成了现代人生存的最重要的媒介。新媒体环境是相对于传统媒体所形成的新的大众传播的环境，是信息传播者利用新媒体技术进行信息传播，开展人际互动所呈现的氛围。新媒体环境作为一种新型传播环境，其独特的传播优势和强大的渲染力影响着越来越多的用户。大学作为新思想、新技术、新工艺的策源地和辐射区，往往更易接受并传播新事物。新媒体以其强劲势头席卷校园，各类电子产品在校园随处可见，大学人已成了新媒体极其重要的使用群体。新媒体中所蕴含的伦理价值观念也势必会影响大学人，因而探寻新媒体环境对大学人的影响、对大学校园文化建设的影响就显得十分必要。

新媒体运用数字技术对信息进行数字化压缩，并通过各种终端进行信息搜索、存储与传播，在全球范围内实现了知识传递和文化交流，丰富了大学人的文化生活，开阔了他们的眼界。同时，新媒体将信息技术引入教育管理领域，通过多种媒体形式整合传播信息服务于现代教育，推动了大学生的个性化发展，提升了教育效果。《关于进一步加强高等学校校园文化建设的意见》中指出："要充分发挥网络等新型媒体在校园文化建设中的重要作用，建设好融思想性、知识性、趣味性、服务性于一体的校园网站，不断拓展校园文化建设的渠道和空间，积极开展健康向上、丰富多彩的网络文化活动，形成网络文化建设工作体系，牢牢把握网络文化建设主动权，使网络成为校园文化建设新阵地。"

1.新媒体为校园文化建设创新提供新的物质基础

中国互联网络信息中心发布的最新调查报告显示，截至2013年6月底，我国互联网普及率达到44.1%，手机网民规模达4.64亿人，高中和大学及以上学历人群中互联网普及率已达到较高水平，未来增长空间有限。毫无疑问互联网和手机已成为大众日常生活的重要组成部分，在大学人中使用广泛、影响深远。长期以来大学校园文化建设主要依靠报纸、杂志、广播等传统媒体，灵活性不足，而新媒体环境以其独特特点，日渐成为进行大学校园文化建设的崭新环境，显示着传统环境无法比拟的优势。新媒体信息传播迅速、获取便捷，打破了传统的时空界限，提升了信息传播效率，增强了教育的时效性；新媒体可以运用多媒体形式传输融文字、图片、视频等于一体的信息，加上互动化的交流方式，增强了教育的吸引力。

新媒体拓展了校园文化载体，借助新媒体，高校间可进行广泛的文化交流、借鉴与融合；学校网站，既可使学生掌握学校发展规划、党团建设和日常服务等基本信息，又对学生进行了主流意识教育；电子邮箱、网上聊天、手机等成为师生交流互动的新媒介；博客、微博已成为抒发个性的新手段。新媒体的广泛运用，拓展了大学校园文化建设的空间和内涵。

2.新媒体为校园文化建设创新增添了新内涵

新媒体提升了信息传播速率，丰富了校园文化内容。依托数字技术、移动通信技术和计算机技术的新媒体，构建了一个资源丰富、形式多样、覆盖面广、传播便捷的多元化体系。新媒体以其独特的优势，全天候、多角度、全方位地传送社会最新信息，将不同的文化形态和价值观念呈现在人们面前，真正地实现了"资讯无屏障"。新媒体环境利用其广阔的虚拟空间，将大量学术信息、政治信息、娱乐生活信息等存储其中，成了大学校园文化建设可供利用的信息源，不断丰富着文化建设的内容。

新媒体的超时空性，打破了传统校园文化的时空限制，拓展了其发展空间。一方面，高校可以推进传统校园文化内容进网络，将有关学校建设和发展以及师生学习、生活、工作等内容再现于网络，推进了传统校园文化的网络化、科技化和现代化。另一方面，新媒体又为校园文化建设创新提供了新的物质技术手段。高校可以通过设立主题教育网站、创建QQ群、开设BBS、撰写博客等方式传播信息、交流思想。此外，新媒体以其强大的包容性促进了多元文化的交流与并存，实现了不同国家、不同地域高校间的文化交流和借鉴，为校园文化建设提供了丰富的信息文化资源，提升了优秀文化的影响力和辐射力。

3. 新媒体为校园文化建设创新创建了良好氛围

新媒体的交互传播和无限制参与，在为大学带来丰富信息、注入文化血液的同时，又有助于培养大学生的平等意识和民主观念，促进了主体精神的勃发。新媒体打破了真实世界和虚拟世界的界限，使得受教育者的学生身份和教育者的知识权威身份同时被消解，加速了平等文化的发展，促进了大学生主体意识的苏醒与主体地位的确立，使其能够充分发挥自身能动性。

新媒体作为以人为指向的"分众媒体""自媒体"，所提供的个性化、专业化媒介服务使用户在载体享用上自主性突出。新媒体的开放性和自由性，使得大学人可以借助其无所顾忌地表达自己内心的真实想法，无拘无束地倾诉自己的情感思绪，愉悦舒适地发表独到见解，淋漓尽致地展现个性特征，真正将话语权掌握在自己手中，随心所欲的生存样态推动着大学自由而兼容的文化精神的形成。

新媒体构建起了覆盖面广泛的信息网络，大学人可以挖掘其中的各种教育资源，从中汲取人类文明精华，激发出文化创新动力。在新媒体提供的自由开放平台上，主体思维开阔，眼光敏锐，创意和灵感充分涌现，从而为创新精神的培育奠定了基石。新媒体为师生的思想交流与碰撞提供了新载体，为社会参与提供了新媒介，为抒发个性提供了新手段，广大师生的创作热情和才能被大大激发。新媒体为校园文化建设注入了科技气息，提升了校园文化活动的科技含量和开展水平，有助于广大师生科技精神和创新精神的培养。

4. 新媒体为校园文化建设模式的变革增添了新动力

新媒体环境下，信息获取的便捷性和主体意识的觉醒，使得大学生可以借助网络获取学科前沿知识和广博的课外知识，甚至可以在未知的领域为长者引路，出现了一种"文化反哺"现象，这大大消解着教育者是知识权威占有者和文化传递者的身份高位，使教育效果大打折扣。新媒体带来的信息多元化和接受主体性，大大冲击了传统的以教师为中心的填鸭式、灌输式的被动教学模式，促进了以学生学习为中心的个性化教学模式的逐步形成，促进了校园文化传承方式的创新。

新媒体环境下，大学生可借助终端获取丰富的信息知识、聆听讲座、参与学术交流，而不必局限在规定的时间地点；大学生根据自己的需要和兴趣选择学习内容和资料，变传统的被动灌输为自由主动地学习；大学生更习惯自由度高的探究性学习模式，自觉主动地浏览信息，发挥自身的自我教育管理能力。这些都为新型教学模式的产生、发展与成熟带来了极大便利，要提升高等教育质量，就亟须适应新媒体环境的新型文化传承方式。

(二)新媒体环境下为大学校园文化建设创新带来巨大挑战

1.高校主流文化面临威胁

传统媒体环境下,各种信息经过政府、传媒人员和教育工作者的严格把关,保证了主流文化的主导性。进入新媒体时代,信息传播更加简单便捷、灵活多变而又不易控制。新媒体使大学校园处于各异质文化交织的态势,固有伦理价值和文化传统遭到前所未有的挑战,尤其是西方资本主义意识形态侵蚀和社会腐朽信息涌入,冲击着大学校园主流文化,导致大学生价值取向多元化和行为失范。

西方国家凭借其信息技术优势,推行文化殖民主义,对大学生加强反社会主义意识形态渗透。互联网中90%以上的信息由西方发布,绝大多数技术和软件也掌握在他们手中,这为西方世界大力宣扬自身的意识形态提供了极大便利。同时,资本主义国家利用经济和文化科技的交流,向我国输出大批不健康的影视作品、暴力游戏和软件等精神文化产品,宣扬与社会主义背道而驰的价值观念。久而久之,大学生就会对西方文化产生亲切感乃至认同接受,而对优秀中华文化不屑一顾,不利于民族认同感和向心力的形成。

新媒体环境下,信息发布的无限制性、信息传播的无屏障性加上信息监管的高难度,各种腐朽落后的文化和有违社会公德和个人道德修养的暴力、黄色、迷信信息等网络垃圾俯拾皆是,各种谣言和谬论在网上尘嚣四起,对于世界观、人生观、价值观尚未完全形成,辨识力不高的大学生而言,不易做出正确的价值判断和选择。他们会误入歧途,陷入落后的牢笼,将文化垃圾和不健康的生活方式纳入自己的生活之中,影响着校园进步文化的形成。

2.现实道德规范失范

新媒体的虚拟性和自主性,使参与者可以不受拘束地自由行动。在大学生眼中,他们可以在新媒体这个相对"民主"的国度里自由遨游、畅所欲言。加之现实道德规范不适新媒体环境而形同虚设,新道德规范又不能立刻建立,网上行为处于既不受旧规范制约,又无新法可依的真空状态。在新媒体构建的虚拟空间里,年龄、性别、身份都被掩盖,基于"熟人社会"的传统道德效力进入到"没人认识我"的领域,就丧失了由熟人的目光、舆论和情感所形成的约束力,极易造成主体道德意识的弱化乃至丧失,导致网络生态环境污染严重,信息泛滥成灾、道德失范行为屡见不鲜。尤其是对于鉴别力和自控力较差的大学生,缺少了"他人在场",更易受"快乐原则"支配,人性中隐藏的恶得以释放,造成价值观念和道德情操滑坡,甚至出现违法犯罪行为。许多大学生过度沉溺于网络游戏、网络交友和色情浏览,甚至有网络剽窃等不法举动。当他们沉溺于虚拟世界不可自拔,就可能导致人际关系障碍、安全焦虑、人格障碍等不良心理的出现,造成道德评价相对化和社会责任意识弱化,以及大学道德伦理异化和行为规范失衡，给大学校园文化建设带来挑战。

3.校园文化信息管理难度增大

新媒体环境拉起了"自媒体"序幕，让大众不再是单纯的读者，更成了创作者；不再是被动的接受者，更是主动成为时代浪潮的创造者。在这种去中心化的自媒体时代，每个人都可以成为信息发布与传播的媒体，各种信息交织在网络平台上，使人们眼花缭乱、目不暇接，这就为在这一平台上汲取养分的大学校园增加了管理难度。

信息发布的难控制性和信息传播的无屏障性冲击了校园的舆论导向。新媒体环境下，信息传播者的大众化趋势和接受者的主体能动性十分明显。微博、博客、论坛、贴吧的广泛运用，使得每个个体都可以发布信息以供他人浏览、讨论，个体也可选择自己感兴趣的内容进行阅读、下载和转载。这样形态各异的观点言论未加筛选和监控就进入大学生的视野，其中不乏落后、反动、腐化信息，难免会影响大学生的思想观念和校园舆论。

信息筛选的高成本增加了教育监管的压力。新媒体环境下，信息发布的随意性、信息获取的自由性、信息传播的交互性，加速了信息的泛滥，催生了讹言和谣传的生存土壤，增加了信息选择空间和难度。新媒体的去中心化和扁平化的传播结构，使得信息管理与控制更为复杂，如何帮助大学生从海量信息中提取有益信息，如何对海量化信息进行有效的选择、区分和把关，为大学校园提供积极健康的优质信息是摆在教育管理工作者面前函须解决的难题。

4.影响了校园求真精神的形成

日本经济战略家大前研一指出，"随着网络的发展，大众依赖网络获得现成的答案，懒于思考，以至于出现了急功近利、肤浅浮躁、缺乏思考的社会现象，造成了以集体不思考、集体不学习和集体不负责为特征的低智商社会"。新媒体环境下信息的爆炸式增长和便捷获取，在给大学生带来丰富的学习资源之余，也导致其无端藐视权威，不屑一切说教、不珍惜信息，不独立思考和思想浅薄混乱，行动浮躁轻率。大学生将独立的思考和知识的储备让位于电脑的搜索和存储功能，丢失了线性的、理性的、逻辑的参与，造成了求真精神的丢失。

新媒体发展促进了"视觉文化时代"的来临。"从本质上来看，世界图像并非意指一幅关于世界的图像，而是指世界被把握为图像了。"人们信息获取方式已逐渐从读书转向读图、读屏，文化传播也开始由以文字和语言为中心的理性形态日益转向以影视为中心的感性形态。新媒体开启的新时代，深刻影响着大学生的认知方式、思维方式和价值取向，促使其更易为影像所影响，更寻求刺激的快感，更倾向于直观感性，更缺少理性和抽象，更倾向于消费娱乐，更崇尚物质，更沉酒游戏与电视剧，以轻松搞怪为乐事、沉溺于表浅的视觉震撼和庸俗的欲望体验。

第二节 新媒体环境下高校校园文化建设创新的主要内容

传统媒体环境下大学校园文化建设积累了许多宝贵经验,它们的精髓需要我们加以继承发扬和发展,而当前的新媒体环境确实为大学校园文化建设带来了更为复杂的信息文化环境,需要审时度势、扬长避短。因而新媒体环境下大学校园文化建设的创新内容,包含对传统环境下大学校园文化建设精髓的继承发展以及利用新媒体进行的信息环境再造、教学方式改革以及载体运用等。

一、传统内容之维下的继承与发展

(一)坚持先进方向,统领文化建设

西方思想家威·多诺休曾指出,一个社会如果没有主导价值观,个人随意选择接受某个规范或价值,随意放弃他不同意的东西,这对社会的存在是颠覆性的;道德的大杂烩是道德的灾难,它将破坏自由的美妙前景。当今西方国家企图占领意识形态领域以及社会转型期价值观念激荡,价值取向愈发呈现出矛盾、多元、善变的特征,在此背景下,我们急需把握思想文化的主旋律。大学作为传承人类文明、传播和创造先进文化的有力阵地,是文化启蒙和文化创新的发源地,是新文化精神的培育基地,是培育社会接班人的有效载体,是社会主义先进文化的守护者和开拓者。大学有着执着的文化追求、高雅的文化品位和强烈的文化使命感,必然要坚持社会主义先进文化的前进方向。

坚定社会主义办学方向。任何社会的进步和发展,文化都充当"先行军"。中国大学是具有社会主义性质的大学,其文化建设必然要坚持正确的政治方向,坚持社会主义先进文化的前进方向,坚持以社会主义核心价值体系来引领,坚持办人民的大学。无论是在日常的教学科研,还是在管理服务中,都要始终坚持马克思主义指导思想,以培养"四有"人才和促进大学生全面发展为目标,努力建设反映时代特征、符合基本国情、体现学校特色的校园文化。社会主义的指导思想和办学方向,是中国大学建设的根本所在和重中之重,是不能忘却的根本。尤其是在新媒体环境下大学面临多重文化思潮冲击,必须要把握本民族文化发展方向、路径和命脉。因而要继续加强"两课"教育,巩固社会主义意识形态的哲学基础;要继续大力开展主题教育活动,宣扬革命精神,坚定社会主义理想信念;要大力崇尚科学,反对迷信,提高青年学生的政治鉴别力和政治免疫力;要锲而不舍地加强文化阵地建设,弘扬社会主义主旋律,减弱落后腐朽文化的破坏力和西方文化的影响力。

在坚持主流文化和核心价值观的同时,也要兼收并蓄,允许与提倡百花齐放、百家争鸣,鼓励各种文化观念争锋、碰撞,准许各种才能竞相迸发,为大学校园创造和谐、自由、开放

的文化环境与舆论氛围，创造富有特色的大学精神。一方面，主导文化要回归生活世界，恢复文化对社会生活的维持和创造并促进人类进步的本原意义；另一方面，要使主导文化和多元文化的思维方式、价值观念与行为模式之间形成文化共生状态，让主导文化和多元文化良性互动、同生共长。

兼收并蓄，融合创新。文化就如一湾静水，需要不断注入源泉才能保持其生机，不断发生交汇冲锋才能产生涟漪，只有孕育出新的生命才能展现价值。大学校园文化要成为活水之源，就需加强文化联系，促进文化交流，加速文化融合，激发文化创造。大学要始终立足于自身的实际和发展，坚持文化自觉、自信和自强，积极反思，把握定位；要促进中华民族优秀传统文化的时代化与扩大化，从中汲取文化养分；要与外国优秀文化广泛交流、博采众长。

（二）重塑大学理想，培育大学精神

大学以精神为最上，有精神，则自成气象，自有人才。大学区别于其他社会组织的独特气质在于它是一种精神性的存在。大学精神是大学的灵魂，是大学文化特性的标志，是大学历久弥新的动力和源泉，是大学生命力、凝聚力和创造力的表征。雅斯贝尔斯将"生命的精神交往"定位为大学的基本任务是很有见地的。大学精神作为一所大学所拥有的相对稳定的群体心理定势和精神状态，体现了大学人对大学的价值和生存意义的关怀，同时又以价值观念和行为规范的形式约束着大学生的行为。大学之所以能存在和发展，之所以能担当社会责任，之所以能渡人成才和传承创新文化，关键在于其特有的精神气质和丰厚的文化底蕴。大学精神的弘扬应当是校园文化建设的核心所在，是大学校园文化存在的前提。

要培育优良校风。校风作为高校在办学过程中形成的具有学校个性特征的行为道德风尚，对大学人具有规范引导和凝聚作用，是大学精神的集中体现和培育手段。面对新媒体带来的挑战，要大力营造"崇尚科学、追求进步、严谨求实、善于创造"的校园风气，在充分挖掘学校历史传统宝贵资源的基础上，对大学未来进行展望与构想，形成办学理念和特色，提炼大学精神。要通过各种途径展示大师风采，发挥其精神引领和文化塑造功能；要继续举办校庆纪念活动，建好校史陈列室，写好校史，提倡师生牢记校训、学唱校歌、佩戴校徽、使用校标，激励师生继承和弘扬学校优良传统；要坚持严谨求实的治学态度，激发师生员工强烈的求知欲和谦逊作风；要继续创设鼓励创新的学校环境，提倡创造性地学习，培养创新精神。

重塑大学理想。随着现代大学服务社会功能的强化，高等教育正沦为社会"制器"的工具。效益追求促使人们只注重工具理性，大学精神也逐渐失落和自我否定。追寻大学精神，塑造大学理想就显得尤为必要。"理想赋予人以生存意义，人的生存意义只能寓为实现理想的自主、自觉努力之中。确立和追求理想的过程也是人的生活意义化的过程。"大学理想表明了大学对未来的一种向往、追求、设计和构想,指明了大学人的发展方向和前进路径。现代大学不仅致力于构建理想,更应致力于将其内化为师生员工的内在追求和积极行动。这就需要大学将个人的自由全面发展融入校园文化发展理念中来,需要将个人的前途命运与学校的发展轨迹紧密相连,需要将个人的全面发展与社会发展需求密切结合。

(三)设计文化情境,营造文化氛围

环境是大学得以存在和发展的基础和保障,环境由人创造又反过来造就人,因而良好的物质文化环境能够成为推动大学校园文化发展的有力载体:不仅为师生提供优美的自然景观、人文设施与舒适的学习活动场所,构建心神舒适的美好家园,而且能有效增强师生对学校的责任感、归属感与自豪感,激发爱校如家、奋发图强、力争上游的情感与斗志,更能渡人成才,通过文化渲染与艺术陶冶使师生在潜移默化中形成健康的人生哲学、树立崇高的人生理想、拥有豁达的人生态度。

杨家福教授曾说过,"大学的物质存在很简单,仪器、设备、大楼等。然而,大学之所以称之为大学,关键在于它的文化存在和精神存在"。著名的文化研究学者王冀生也认为,大学物质文化指的是"大学存在的物质形态"之中蕴含的文化内涵。因而大学物质文化建设不仅在于建筑、设施、景观等外在形象的塑造,更在于要凸显文化内涵与精神熏陶,使得学校的每一个教学设施、设备和环境变化无不反映出学校的办学思想和教育价值观,营造出积极向上的思想观念氛围和精神意识环境。

新媒体环境下的校园环境建设不能仅仅停留在物质层面,更要加重文化砝码。要大力加强物质环境中的文化含量,校园主体建筑要布局合理、讲究文化品位,大学校门、教学楼设计要赋予其深刻的历史底蕴和文化内涵,图书馆要外形美观、管理规范和服务人性化,校史馆建设要尊重历史并抓住特色;校园绿化要巧妙布局并增添文化底蕴,校园花草树木布局要体现高尚品德,要有彰显校园厚重积淀与儒雅风度的大树,要借助绿化设计文化长廊,为学生提供文化交流空间,校园绿化要因地制宜,要注意与周边布局和整体环境的和谐;要加强对具有历史内涵和文化韵味的景点的保护与建设,如雕塑、碑文、纪念馆等,要注意结合学生受众的群体特征进行语意设计,语意表达要具艺术特性,赋予充分的想象力,要注重设计的整体协调性,保证主题、空间与色彩的一致性;要应加强校报、校刊、广播、闭路电视、宣传橱窗等宣传阵地的建设,充分发挥舆论宣传阵地在校园文化建设中的积极作用;要重视历史的传承,要保护古老建筑,建设具有历史文化底蕴的校园;"大学者,非大楼也,乃大师也,"要注重培养学术造诣深、具有人格魅力和善于治学育人的学术大师,这样大学才能焕发蓬勃生机。

（四）开展文化活动，塑造文化品性

师生员工日常的言行举止和第二课堂活动构成了高校中最能直接感受到的具体的活的文化形态，是校园中最亮丽的一道文化风景线。形式多样的文化活动，既能调动学生参与热情、丰富知识体系、提升综合能力、获得精神享受、促进个性发展与潜能发挥，又有利于营造主题突出、品位高雅、气氛浓厚、特色鲜明的高校校园文化氛围。

弘扬主旋律与注重多样化、增强趣味性相结合。校园文化活动设计一方面必须紧扣时代主流思想，弘扬社会正气与良好风尚，反映学校特色、灵魂与精髓。在活动中体现和巩固校园精神，真正使校园文化活动成为培育学校个性的重要载体。另一方面，要注重学生本位，考虑学生多方面的发展需求，活动形式要新颖灵活，应使各风格、题材、样式的文化活动相互竞争、相互促进。既要注意活动的趣味性，又要注重可亲近性，要体现学校对学生的尊重并给予晓之以理、动之以情的关爱和关心，让学生自觉、主动地参加到活动中来。

树立品牌活动。校园文化活动品牌是校园文化活动的精品与典型代表，是其良好形象、优质服务、广泛影响的突出表现。文化活动品牌化建设有助于发展壮大校园文化事业，彰显大学的鲜明个性，提升学校的生命力与凝聚力。倡导和繁荣校园文化活动，必须树立精品意识，实施精品战略，努力创造出更多的适应师生精神生活需求的、思想性和艺术性相统一的、具有强烈吸引力感染力的、深受广大师生欢迎和参与的优秀形式和内容。

开展丰富多彩的社团活动。借助丰富的课余文化活动形式，大学社团将其长期积淀凝聚而成的社团精神渗透于社团活动中，像一只无形的手，对学生的学识眼界、能力素质和思想品德产生着潜移默化的影响。通过举办具有创新能力的学术科技活动拓展大学生的文化视野，通过广泛地组织活动提升学生的社会实践能力。

强化校园特色庆典活动。大学在致力于文化立校的同时，应该办好校园庆典活动，让这些典礼成为学生心灵的洗礼，成为学生时代最美好的回忆之一，成为学生毕业后心系母校的一缕红线。应重视和做好校庆工作，加强对校史的宣传、鼓励校友为学校发展献计献策以及举办文艺汇演等，让学生感受学校蓬勃的文化气息，深厚的历史蕴藏，增强他们对学校的认同感和使命感；重视开学典礼，注意其庄重神圣性，注重学校办学精神的传达，唤醒学生责任意识和使命感；做好毕业典礼工作，重视学生最本真的情感和人文给养、建立家园式的互动、提高毕业生参与的积极性以还原大学毕业典礼本色。

（五）规范文化行为，凸显人本理念

"无规矩，不成方圆"，完善的规章制度、管理体制和行为规范，是科学民主、高效管理的有效保证，是师生行为举止的参照标，是规范与调控校园文化的有力手段，是构建良好校园秩序的有效前提。因此，不仅要制定科学合理、体制健全的规章制度，更是要充分发挥出制度的规范引导作用，这就需要在制度的制定、执行和落实上做到公平正义、以人为本。

要彰显公平正义，这是校园制度取得公信力的保证和发挥功能的基点。首先，制度设计要坚持向善的价值取向，以正义、美好与和谐充盈大学生的内心；其次，要做到在制度面前地位平等，制度要充分反映学生意志，尊重学生的人格尊严和其他权利；再次，在制定上要严格遵守相关程序，保证所涉人员的利益表达，反映绝大多数人的利益诉求，要在实施上保证"制度面前一律平等"，保证不偏私，做到一视同仁。

要凸显以人为本。第一，在大学制度的生成上，保证师生员工的广泛参与，要听取不同的观点和建议，整合各方信息以利决策，对于事关切身利益的制度，要让各相关利益群体表达对制度生成的看法和自身利益追求，切实发挥参与者的行为对制度生成的实际影响力；第二，在制度内容上体现为学生服务的理念，制度设计建立在学生权利本位基础上，注重制度的人文关怀与思想行为导向，用制度去引导人而不是去管理人；第三，在校园制度文字表述上要彰显人本，尽量避免"严禁""禁止"等带有浓厚命令色彩的词汇，而多使用提倡性条款，语句表达精练准确；第四，师生可提议对相关制度进行修改、完善与更新，这样能对现有制度进行纠错并促进其自行修复，保持制度的与时俱进。

要注重刚柔并济。优良的制度不仅要有严肃性与规范性，还需具有亲和力并彰显人性。将严格、约束和惩罚与尊重、保护、奖励相结合，将制度规范与宽容相结合，促进学生个性化发展，将管理与信任相结合，引导学生主动性的发挥，促进自我管理。这样通过严格的制度惩戒辅之以春风化雨式的思想教育和人文关怀，就能充分发挥制度的管理、教育和引导功能。

二、现代内容之维下的创新

（一）再造校园文化传播环境

充分利用新媒体提供的丰富信息养分。新媒体上资源共享、信息海量且增长飞速，各种资源都能被便捷、迅速、全面地挖掘，新媒体无疑成了大学人汲取信息和知识的理想渠道和途径；新媒体在信息传播与接收上打破了传统媒体的时空界限，实现了即时、快捷、多视角传播，表现出了极大的开放性与时效性，大学人能够第一时间获取关于事件的最新信息。

充分利用新媒体提升信息传播速率，扩大校园文化的影响力。新媒体以病毒式的几何级数的裂变方式进行信息传递，一条热门信息会被数以万计的人浏览、转载和评论。大学制作的网页、发布的公告、上传的学习资料和视频文件，能被无数用户使用，使其受到文化熏陶和思想启迪。

充分利用新媒体促进平等便捷的交流体系的构建。新媒体打破了信息传播者与接受者的明确界限，个体能以互动的方式进行交流，享有同等的参与权和话语权，促进了参与者的身份平等。学校师生可以借助飞信、QQ、微博、手机等即时通信工具进行互动沟通，对热点话题展开评论讨论。这种交互性的交往方式，既密切了师生联系，促进了双向交流，又有助于自由民主气息在大学校园的滋生。

（二）促进教学方式变革

新媒体为大学生创造了一个可以自由发挥、展露个性的平台，他们挖掘潜能，吐露心声，宣泄情感，既为大学生的心灵成长提供了空间，又为教育工作者把握学生情况，对其进行针对性教育提供了凭借。这要求教育工作者不仅要注重课堂教学，也要重视网上教育；不仅要注重群体教育，也要注重个体化教育；不仅要注重知识教育，更要注重思想教育、心理疏导与行为指向。

利用新媒体来促进学生自主性学习方式的发展。在新媒体提供的自由海洋里，大学生根据兴趣和爱好选择和运用信息，只需键盘一点，无数数据库知识就可展现眼前，无论遇到什么问题都可寻求百度等搜索引擎，网络上还有无数"战友"可出谋划策。手指轻轻一动，便可关注新闻大事，搜索资料，讨论社会热点，观看网络视频，享受知识大餐，汲取精神养分。信息获取的极大主动权，完全颠覆了"我说你听"的思维定势，促进了学生主体的探究性学习模式的发展。这就要求教育工作者能树立平等观念，积极采用、开发、改进新方法，有效发挥学生的主动性，调动学生的学习兴趣。

（三）促进载体整合，充分发挥校园文化建设的合力

运用新媒体的发展为大学校园文化建设提供了富载体。新媒体技术为传统的课堂教学增添了生动性，促进教育内容"从平面化走向立体化，从静态走向动态，从现实时空走向超时空"，新媒体能兼文字、图片、动画、视频于一体，吸引力和感染力强；教育工作者可以通过 QQ 群、飞信、邮件发布群消息，运用短信进行个别沟通，构建空间和运用微博进行思想引导和文化熏陶，关注 BBS 掌握学生群体动向。新媒体为教育、管理工作的开展提供了便捷。

利用新媒体拓展校园文化载体，密切各载体联系，促进载体合力的形成。新媒体能以自身强大的兼容性和超媒体性，推进校园文化各载体实现多元互动、资源共享和信息交流，将各载体的"各自为政"凝聚成强大合力。强大的信息整合能力和大众传播功能，使新媒体能借助"媒体联动""资源共享""实时互动""即时传播"等一体化方式增强校园物质、制度、组织和活动等载体的教育效果和社会影响力。

新媒体促进了教育合力的形成。新媒体的超时空性，使得学校、家庭和社会能以网站、

QQ群、博客等形式掌握学生基本境况、发现不良势头、共同商讨对策,参与到学生的教育中去。新媒体也促进了校园教育合力的形成,教师、管理者可与学生更便捷地交流沟通,扩大了教育面,新媒体的交互性和匿名性也调动了学生自我教育的积极主动性。新媒体促进了家庭、学校、社会、学生四位一体的教育体系形成,易于形成教育合力。

(四)积极采取措施消除新媒体可能带来的消极影响

新媒体信息的开放性、无屏障性和隐蔽性给校园文化建设带来了复杂的信息舆论环境,各种思想鱼龙混杂,充斥在大学校园,严重影响着大学生正确价值观的形成和校园主流意识形态的凝聚作用。面对新媒体所带来的新型媒介环境,大学必须积极加强主流意识形态的宣传与落实,积极引导大学生选择正确的价值理念和人生道路。

新媒体环境下,大学生信息获取渠道拓宽,学习方式趋向多样化,知识更新速度大大提升,逐渐消解着教师是知识占有者和文化传递者的身份,大学校园文化发展越来越推崇自由、平等、民主和创新。师生关系走向平等,学生主体地位得以确立。年轻人按照自己对生活的理解在行动,甚至在未知的方向上为长者引路,教师不再是知识的唯一代言人和垄断者,教师权威性不断失落。因而,在师生和谐共处的氛围中提高教师的专业权威、道德威信和感召权威,以教师的才干、能力、德性和品格打动说服学生,实现教学目标、提高教学效果显得必要。

新媒体虽然为大学生带来了丰富的信息飨宴,但是信息发布的低门槛以及信息获取的高度媒介化,使得各种良莠不齐、参差不等的信息弥漫在大学校园,逐步消解着其辨识和判断能力,蚕食和肢解着传统的校园文化。在海量信息中辨别、选择和传播有效信息,健康地接触和运用媒介,对于新媒体环境下的大学人十分必要。因而,在自主参与中强化媒介素养,使大学人既能正确理解、建设性地享用大众传播资源,又具备媒介批评能力,达到利用媒介资源完善自我,参与社会发展的目的。

新媒体环境下,大学生的自主性极大增强,他们喜欢按照自由民主的方式去理解生活、进行学习,对传统的教师一言堂的灌输模式感到反感和乏味,这样的教育所达到的效果是微乎其微的。这就要求积极探寻适应大学生个性发展、能发挥其主动性的互动性教育模式。

第三节 新媒体环境下高校校园文化建设的创新路径

新媒体为大学校园文化建设带来了全新的技术生态环境,使大学校园文化建设创新的机遇与挑战并存,故而大学应开拓思路,寻求解决之道。

一、坚持观念创新，树立新理念

（一）树立整体观念，促进网上和网下文化建设的有机结合

新媒体为大学校园文化建设带来了全新的物质技术环境，要适应并充分运用这种变化，就需要改变传统的思想观念，增强主动占领意识，把握新媒体阵地的主动权。新媒体带来各类异质文化信息充斥网络，影响着大学生正确价值观、是非观的形成，因而要牢牢把握网络主动权，以饱满的热情去抢占网络阵地，利用新媒体传输主流价值观、加强教育引导、密切师生联系。加强网上构建的同时也不能忽视网下工作，既要充分重视网络教育作用，又要注意社会现实环境和学校教育对大学生的深刻影响，要做到两手抓，两手都要硬。

坚持网上指导与网下教育内容相结合。一方面将网下教育内容搬到网上，加深大学生的认识和理解，扩大校园文化的辐射范围和影响力；另一方面，对于重大的热点问题和难点问题，如若在网上难以言透，则需在网下开展有针对性的面对面的教育加以引导。

坚持网上教育与网下解决现实问题相结合。鉴于新媒体环境的自由性，很多大学生愿意在此吐露心声，这就为教育工作者结合学生实际，有针对性的教育引导提供了便捷。教育工作者收集大学生的愿望诉求，尽力满足其中的合理要求，这就密切了师生关系，做到了教育贴近实际，也才能保证网上教育的效果。

坚持网上教育与网下社会实践相结合。网络传播的形象化，强化了大学生的感官接受形式，但却弱化了理性思维能力和行动能力。因而，在加强网上教育的同时，还需积极开展相应的社会实践活动，以促进大学生全面健康发展。

（二）树立一元主导与包容多样的理念

坚持主导性与多元性的有效统一。新媒体为大学生带来了多元文化选择，满足了学生个性化发展，但是主流价值观是根本，是任何时候都不能抛弃和动摇的。因此，要倡导在多元追求中坚守主流价值，坚持在社会主义核心价值体系主导下的多样化追求和个性化发展。

1. 坚持社会主义核心价值体系主导下的多元文化发展

新媒体带来了多元文化的共荣共生，为大学人带来了丰富的文化资源的同时也增加了正确选择的难度，因而作为培养人的文化高地，大学应始终推崇先进文化的主导方向，也就是要加强社会主义核心价值体系的指导，在其统领下鼓励大学的多元文化发展。要坚定地以马克思主义作为高校文化建设的指导思想，以社会主义共同理想汇聚力量，以民族精神和时代精神作为精神动力，以社会主义荣辱观作为道德基础，在此基础上允许和鼓励各种思想文化并存、交流、争论、探讨，这样既能彰显教育内容的丰富性和生命力，又能满足教育对象的个性差异和自主性选择，增强教育的针对性和灵活性。

2. 坚持社会主义核心价值体系主导下的学生个性发展

新媒体自由开放的空间和多样的表达方式，为大学人淋漓尽致地抒发情感、展示真实人格以及张扬独特个性提供了舞台和媒介。新媒体在拓展人的自主活动空间、赋予个体充分自由和选择权、增强主体精神和自我价值实现的同时，也会导致主体盲目追求个性解放与绝对自由，漠视权威、无视规则、忘却责任。因而，在个性化发展中牢牢把握社会发展方向和共同的价值规范，以建设中国特色的社会主义核心价值体系来引领大学人的个性发展，促进个人和社会的相互促进和共同发展。

3. 坚持社会主义核心价值体系主导下的高校特色发展

新媒体创造了一个崇尚自由、鼓励创新的环境，为高校中生活的人的个性化发展提供了便捷，也为高校的独特发展路径提供了可能。大学是社会活的细胞，必须具有鲜明的社会主义属性，在其发展过程中社会主流文化是在何时何处都决不能言弃的根。当前的新媒体加速了校园文化交流，促进了校园品牌文化的传播，推动了校园人的文化创新，为高校特色化发展提供了方便。各高校应将创建一流大学的普遍规律与基本国情、区域发展和本校实际有机结合起来，在多元文化激荡交融和大范围的激烈竞争中创建出具有鲜明文化个性的大学。

（三）树立与新媒体传播特点相符合的教育理念

1. 树立平等互助、疏导结合的教育理念

新媒体促进了平等文化发展，大学生主体意识愈发彰显。教育管理者摒弃单向灌输模式，取而代之要树立紧密结合新媒体规律的教育理念，要改变过去身处高位者的眼光而代之双方平等观念，要树立教师主导下的学生主体意识，要树立个性化教学理念，构建起学生的自主性，促使其以主人翁姿态来学习。

要树立学生主体的教育理念。教育者具体要做到：要尊重受教育者的主体地位和个性价值，使其尊重需要得到满足；要对受教育者充满信心，相信其经过教育引导必能成人成才，驰骋在社会大舞台；要相信学生的才能，鼓励其充分展现聪明才智；要理解大学生的现实需要和心理诉求，多换位思考，加强情感交流与支持；要关心大学生的生活近况和困惑迷茫并帮助其解决问题，走出困境；要宽容对待大学生，承认不同个体的真实存在及其差异，要谅解他们的不理解、不配合、不支持甚至排斥，找寻原因，共同解决。

2. 注重教育的针对性与时效性的教育理念

新媒体获取便捷性和超时空性，使得学校能够随时随地地掌握学生第一手的思想动态并针对不同传播对象运用相应的传播媒介进行教育引导，也能将群体教育与个别指导有机结合，切实提高教育成效。新媒体虚拟性使教育者能在潜移默化中以他者的身份进行引导，降低学生心理防备，其提供的个性化服务，如短信、QQ信息、私信等能有效地保护受教育者的隐私。根据"黄金24小时法则"，事件在发布24小时内不能及时引导舆论，就会失去主导权，出现"舆论绑架"，造成正面声音淹没在"口水"之中，因而教育者须注重教育时效性，以最迅速的信息发布方式澄清事实，让客观、公正、权威的声音先入为主。

3.注意教育的吸引性和生动性的教育理念

心理学家的研究表明，83%的外来信息是通过视觉感官来实现的，而新媒体的图文并茂、声像满足了人们的视觉享受，也为学校教育带来了变革，在教育内容上要保证其吸引人的眼球，在教育方式上要注意其生动性，在教学语言上要有感染性。新媒体环境下的学校教育，需要多用生动典型的事例，多用鲜活通俗的语言，多用学生喜闻乐见、生动活泼的形式，多用疏导的方法，这样可以为大学生提供真实的表达效果、较强的感染力。

二、充分利用新媒体优势，拓展大学校园文化建设的新阵地

（一）创建具有特色的主题教育网站

打造融思想性、知识性、艺术性、服务性于一体的主题教育网站，应集新闻中心、常规性栏目区、讨论区、综合服务区等于一体。既要注意把握先进性，做好典型宣传、热点透视和舆论引导工作，又要增强校园网站吸引力。网站内容要贴近学生生活实际，贴近师生网络文化需求；资源要丰富，信息要客观多样，更新要快捷，运行要便捷；形式要多样，充满活力和吸引力。保证网站内容健康积极，信息务实有用，形式直观新颖，能够提高受教育者的注意力、关注度和认同感，通过入眼、入耳达到入脑、入心的目的和效果。

网站建设需处理好网站内容的思想性、严肃性与学生要求的多样性、活泼性的矛盾。为了更好地传播、渗透和贯彻教育思想，就需用其他生动活泼的内容与形式去充实、渲染、陪衬和烘托。让网站"动"起来，即每天有信息和内容，网站首页必须设立新闻区，以重大的新闻焦点栏目、校园动态吸引人们访问；让网站"活"起来，即设立搜索引擎、建立多重链接、建立娱乐游戏、组织有奖回答、邀请名人做客、建立网络聊天室等激发浏览者兴趣；让网站"实"起来，即架起虚拟空间和真实空间的沟通桥梁，网上网下工作同步进行。

网上教育功能的实现离不开服务。要拉近大学生网民与教育网站的距离，就必须积极尝试网络教育功能与服务功能的综合配套，借助有效便捷的服务，增进大学生网民对其中所包含的教育内容的认同。教育者要树立起服务意识，通过开展网上心理咨询、开设网上毕业生就业服务系统和设置"校长信箱"等措施，提高网上服务水平，从而发挥网上教育功能。此外还应结合学生的需求建立"志愿服务网站""社团工作网站""勤工助学网站"等与学生利益密切相关的网站，以服务学生。

(二)打造高速的互动交流和传播渠道

教育者要充分运用QQ、飞信、手机等即时通信工具加强师生沟通,共同探讨有关学生思想、学习和生活所遇到的问题,并通过经营网络空间和撰写文章等手段,以自身学术品格、人格魅力和高尚作风感召引领大学生。鼓励并引导建立涵盖学校、学院、年级到班集体的微博,创建诸如党团组织网站、社团网站、QQ群、飞信群等,构建一体化的信息传播体系,并让学生在网络中实现自我管理、自我教育、自我服务。学校应积极和通信公司联合制定针对不同消费群体的手机报和校园版手机视频,以此来加强学生、教师和学校间的交流。利用新媒体工具做好品牌活动,发挥精品示范课的宣传、导向和传播作用。在校园内建立导航体系来进行路径指引、展现校园风貌、分享学校建设成果,传递大学精神和理念。

在打造校园虚拟交流平台时,教育工作者要高度重视新媒体建设效果的评估,及时了解学生对校园新媒体的使用、接受和满意状况。青年学生喜欢接触新事物,习惯探索和创新,注意力和兴趣点易于转移,从BBS的流行到QQ的风靡再到撰写博客的时尚乃至最近的"微博"热。教育者要注意检测校园新媒体对学生的吸引力,根据新媒体技术的发展及时做出调整,不断打造新的新媒体平台,在利用新媒体开展信息的交流和沟通中吸引和凝聚青年学生,对其开展教育。

(三)开发教学软件和数据库

注意开发既符合时代要求又符合大学生身心特点的教育教学软件和数据库。新媒体环境下,教育管理者要重视网络教育资源的开发,创建有益于身心健康的数据库,紧跟大学校园文化建设的创新步伐。建立"网络教学平台和教学资源中心",精心设计和完善学习资源,发布电子图书、教学视频和相关文件,方便学生反复查阅和经常性学习,实现课堂教学和网络的有效互动,提升教学效果;建立涵盖国内外名师公开课、名人演讲、纪录片以及最新热门电影电视剧等的校园视频网络体系;加强图书馆数据库开发,既丰富学习资源,又要开发手机与图书馆的对接体系;开发引进不以娱乐为主要目的的严肃游戏,在仿真的教学环境中,通过解决虚拟的复杂问题,激发学生兴趣,在游戏中获得道德体检,从而潜移默化地达到教育效果。

(四)开展新媒体文化活动

新媒体时代,以新媒体为依托,将新媒体文化建设与校园文化建设紧密结合,将新媒体文化纳入校园文化建设的总体布局中,营造出具有鲜明时代特征、独特个性魅力的校园文化环境。高校可开展诸如网络文化节、程序设计大赛、微视频创作大赛、感恩短信征集、拍客大赛、网络辩论赛等活动,既能提高学生对新媒体文化的审美力、鉴别力与防御力,又能丰富校园文化内涵,加强"虚拟"与"现实"的联结,实现网上和网下教育有机结合,增强教育效果。以手机为载体开展的短信征集活动和以网络为平台开展的师德标兵评选、炒股大赛、网页设计大赛、微文征集等活动,构筑起了一道道别具特色的科技文化风景线。同时,新媒体传播的即时性、兼容性与开放性,大大增强了校园文化活动的教育效果和社会影响力。

（五）加强新媒体与传统媒体融合与合作

新媒体具有信息海量性、高度开放性、互动兼容性等特点,而传统媒体具有充足的人力资源、深度性的内容和品牌说服力,促进新旧媒体的融合乃是发挥载体合力的重要途径。新旧媒体无论是在传播形式和内容,还是在产品、服务和技术上都存在着差异,但其相互融合、优势互补已成为大势所趋。利用所长,有力推动新旧媒体的深度整合,将网络传播的时效性、海量性、互动性与校报、刊物、广播传播的权威性、深度性相结合。一是促进渠道融合,将广播、校报、电视等传统媒体融入新媒体上,把传统媒体的权威性和导向性发挥到校园网站和手机上来;二是传统媒体也要注意从新媒体上开发信息资源,寻求大学生关注热点进行深入解读,释疑解惑,增加关注度;另外,在传统媒体中融入新媒体的及时互动性,大学生可以通过留言、评论方式对阅览内容发表看法和建议。通过新旧媒体融合,能扩大信息的传播面,达到信息增值的目的。

三、强化管理手段,优化校园新媒体文化环境

（一）利用新媒体技术,把控好校园信息传播

运用技术手段,主要是建立防火墙,在内部网和外部网的界面上构筑信息海关,使所有内外连接都要强制性地接受信息海关的检查过滤,从而堵截有害信息进入通道,达到净化网络空间的目的。落实校园网实名制和 IP 地址的追踪验证堵截,使管理者能第一时间掌握不良信息的网络地址和发布者并阻止有害信息的扩散。

（二）建立配套的校园新媒体管理制度

为防止垃圾信息的侵入、病毒的传播和黑客行为的产生,规范网络行为主体,形成良好的网络环境。高校应建立和健全一套特殊的管理体制,如信息发布审批制度,校园网管理、检查、值班和汇报制度以及岗位责任制等,对不良信息进行严格审查,防止青年大学生不法行为的发生,确保校园信息安全和大学生理智上网。各大学网站的具体管理办法应互相借鉴,取长补短,不断完善,并将其制度化。

（三）加强对网络舆情的监控与引导

加强对网络舆情的监测、管理与引导,净化高校的网络环境。新媒体环境下,网络舆情日益成为影响大学生思想和行为的重要力量。高校网络舆情作为反映大学生思想动态的晴雨

表,对于掌握突发事件动向、预测群体性事件发展、维护高校舆论稳定有着重要作用,因而要重视对网络舆情的监管。首先,建立起一体化的信息防控体系,建立防火墙,增强对信息流的防范过滤功能,阻截不文明信息在高校的传播,组建一支由师生员工共同组成的网络信息管理队伍,对教育对象进行实时关注和全程跟踪,通过技术监控、网上调查和思想预测等方式把握学生群体思想状况;其次,发挥网络管理中心的管理监督职能,对屡次散播反动信息、进行非法网络活动的终端使用者提出警告并进行教育引导,对学校BBS、贴吧、论坛上流传的谣言及时发现、及时删除,并及时予以通报;再次,教育管理者要借助网络掌握学生的思想动向和关注焦点,对网络敏感信息汇总并预判其发展趋势,要及时发布信息,对各种不良观点加以阐释,对各种不良情绪加以疏导,把有关思想问题控制在萌芽状态,做好高校舆情的澄清和引导工作;最后,要设置"意见领袖",选拔思想素质高、网络技术好的人员来担任,在网络交流中经常引发讨论,发表独到见解,做出个性评论,引发共鸣,建立起一批"粉丝群",发挥集群效应,建立网络评论员队伍,站在学生角度客观评价、公正答复,从而引导舆论方向。

四、增强大学人的文化构建能力

(一)建立新媒体安全管理人才队伍

一方面,构建一支在党委领导下,由校宣传部、网络中心、政工干部、学生代表等组成的理论水平高、技术精湛的网络监管队伍,其职责在于密切关注新媒体信息动向,科学地收集、分析与评定信息,把握教育最佳时机,抢占新媒体斗争制高点。另一方面,组建"网络环保"志愿队伍。新媒体环境的特性决定了其优化仅靠少数人的努力是难以取得效果的,需要所有网民共同努力,共同遵守网络规范,一致行动才能得以实现。当代大学生思想活跃,愿意接受新事物,学习和掌握新技术快,他们是互联网时代的弄潮儿,当前许多"红色网站"都是他们建立和维护的,许多校园网站信息版块的版主大都是由学生担任的。大学生志愿者把自己在网上见到的形象生动的教育资料介绍给自己的同学和朋友,有效扩大了宣传教育的影响面。

(二)提升大学管理者的文化管理能力

新媒体使得大学校园的物质生态环境、舆论环境、教学环境等发生了巨大变化,要充分发挥新形势下大学校园文化的活力,管理者须不断创新管理手段,激活创新机制,提升配置创新资源的能力。管理者要具有运筹帷幄的眼光,要提出体现特色而又符合实际的文化发展战略,要创新人才培养模式,要优化管理手段,要完善用人考核机制,激发大学人的创造激情和奉献精神。

（三）提升教师新媒体驾驭能力

新媒体环境下，教育者对新媒体的重视程度和使用水平，很大意义上决定了学校运用新媒体开展网络教育的深度、广度和效果。因而可以通过开展专题讲座，提升教育者的新媒体素养；完善人才任用和考核机制，将新媒体运用水平和教育效果作为选拔和培养人才的标准；教育工作者也应顺应时代潮流、迎难而上，拓展工作思路，提高信息素养，丰富知识含量，积极运用新媒体开展工作。

教育者要熟悉新媒体，针对其传播规律开展教学管理工作；需搭建网络教育平台，以写博客、评论等方式熏陶感化学生；要能做好网络舆情监管与引导工作，净化新媒体空间；要学会用网络上受欢迎的语言、交流方式和热点话题同学生进行交流讨论；要不断更新与拓展知识，保持知识体系的鲜活性和生命力。

教育者要充分利用网上聊天和论坛发帖、跟帖等网络交流形式开展引导式教育，通过轻松随意的闲聊，发表自己对特定事件的理性看法，结合自己的亲身经历和现实生活中的典型案例，根据实际情况，进行因势利导式的渗透，必要时还要借助互联网发布信息的方便性，进行造势引导；在交流的过程中，教师要认真观察，从与学生的互动中捕捉其新的思想动态，并及时加以引导，尽早解决问题，实现疏通和引导的目的。

（四）提升大学生的媒介素养和道德自律

新媒体环境下，低俗文化传播、信息解码失准，需要帮助大学生建立正确的媒介使用习惯。提升大学生的媒介素养，就是要助其了解并能恰当地运用新媒体，能有效获取所需网络资源，能准确理解传播者信息传播的根本目的，能分辨出信息优劣并进行合理传播。

首先，借助开设课程、举行讲座、开办演示会等方式，引导学生批判地看待新媒体，培养学生利用新媒体获取信息、整合知识的能力，培养其辨析信息优劣、真伪的能力，培养其有效传播信息的能力。

其次，创造条件鼓励大学生主动参与到新媒体运用与体验中，通过组建社团、组织媒体参观、媒体见习等方式提升其辨识能力并增强其信息网络安全意识。

第三，开展网络道德教育，培养大学生自律意识和责任意识，提升网络警惕和自我管理能力，形成优良网德。学校应通过开展主题班会、专题讲座和场景再现等让学生认识到网络不道德行为的巨大危害，让受害者现身说法增强渲染力，动员大学生主动承担起维护网络纯净的责任，把道德号召自觉内化为个体的心灵感悟，使其在网络实践中自觉规范个体行为，与网络不文明现象做坚决的斗争，进而积极营造健康向上的新媒体环境。

第八章　微信公众平台在高校校园文化建设中的应用

第一节　微信公众平台参与高校校园文化建设的必要性分析

一、新媒体环境对高校校园文化建设的影响

（一）新媒体逐渐占领高校校园文化建设的网络阵地

高校校园文化的受众即大学生们能够在平时学习生活中碎片化地领会校园文化，而他们被动地接受校园文化只会适得其反。然而有效的传播是校园文化建设的重要着力点之一，随着4G网络技术的成熟，新兴媒体开始不断更新升级，互联网传播媒体从以前的固定终端设备——台式电脑发展为移动终端设备——笔记本电脑、掌上平板电脑，广为人知的是功能几乎可以代替电脑的智能手机，只要连上网络，智能手机不仅可以通话，还可以胜任电脑、书籍的功能，越来越多的人开始依赖智能手机，智能手机上的各种方便人们生活的APP吸引了大众的眼球，在网络互通的、网速顺畅的、人类信息化互动的4G时代，带动了以各种微应用为主的指尖互动潮。进入指尖互动时代，高校校园文化建设也迎来了全新的一次升级机会，开始有各种新兴媒介传播高校校园文化，校园文化的传播不再局限于单一的校方为主导的单向传播模式，学生们不再是被动受众的角色。

以微博、微信公众号为代表的校园官方认证平台开始呈现占领高校校园文化建设的网络阵地的趋势。校园文化传统的传播渠道是校园团委宣传部的网站主页、学生会手绘的彩色大海报、用餐时间的校园广播等，此类单向传播模式，不利于校园文化建设的革新发展。当代的大学生是越发个性化的一个群体，他们更青睐用平等的视角去看待事物，不喜欢被动地接受。而传统的传播渠道并不能适应当代大学生对校园文化的感知和领悟。以微博、微信公众号为代表的新媒体更能让大学生接受，更多大学生会去主动关注校园文化建设的宣传媒介。高校官方认证的微博账号和微信公众号，可以向学生们发布校园物质文化、精神文化方面的文章，也可以推送许多正能量的校园故事、鼓励大家积极乐观的名言警句，宣传校园有意义的各种活动等，大学生们可以将自己感兴趣的文章进行转载分享和收藏。不论是微博还是微信，都是一个可以自由发表个性化言论的平台，大学生可以通过正确恰当的方式以自己的角度向校方反馈自己的意见和看法，还可以和校友们一起分享各自的看法。通过这样互动的方式，高校在开展校园文化建设过程中会产生许多灵感，了解到校园文化建设中的不足之处，获取到学生们对校园平台的真实需求，完善自己的平台功能。

互联网背景下的校园文化建设增强了校园文化建设的实时性，学生们在智能移动终端上

随时可以刷屏更新校园资讯等动态,并在极短时间内通过分享转发给身边的校友,让更多的校外好友了解到自己学校的特色文化,扩大校园文化的宣传面。

基于平等互动性和实时性的优势,新媒体逐渐占领了高校校园文化建设中的网络阵地。校园文化建设不再局限于单一的以校方为主导的单向建设地位,大学生开始无形中加入校园文化建设。校园文化不仅是物质和制度的文化,更是精神文化,是物质文化和制度文化的灵魂所在。而承载精神文化最主要的还是具有精神的人,校园文化建设必须与人相关,必须与学生们的人文精神密切关联。高校校园只有在与大学生平等互动的基础上,才能真正实现校园文化建设,才能开展具有本校特色的校园文化。

新媒体在高校校园文化传承和发展的道路上起到了推波助澜的作用,将高校校园文化建设推向了一个高潮,华中科技大学 2012 年首次开通校园微信公众平台,小编以"华小科"为名,吸引大学生的眼球,该微信公众平台不但会向受众推送校园资讯,宣传校园文化,还创设了许多有趣的栏目和活动,比如"每日签到"活动激励学生们养成早起学习,避免自由懒散地宅在寝室的习惯,吸引了许多学生一早起来签到,掀起了一波"签到热"。高校的微信公众平台在校园里的反响比较激烈,随后全国各地高校陆续开通了自己的微信公众号,不断地创新,有的高校向学生们发放福利,分享积累点赞数达到指定数量后,前几百名即有机会获得观看校园音乐厅的某次大型演奏会或者大型演出节目的机会,调动了学生们积极参与的激情,同时也为校园文化的宣传起到了广泛而有效的作用。由此可见,各大高校的微信公众平台运行效果非常可观。当然其中也存在一定的缺陷,部分高校的领导层并没有重点抓内涵建设的意识,因此部分高校利用 4G 网络技术环境下的新媒体来开展高校校园文化建设只是停留在"抢占"校园文化的网络阵地这一层面,让本身疲于事务性工作的校团委宣传部或者新闻中心的工作人员兼管校园的公众平台,幕后管理和维护通常被忽视,这都是需要注意和改进的地方。唯有顺应互联网背景下的新媒体发展趋势,将新媒体物尽其用,才能真正地使新兴媒体在高校校园文化建设中占有值得期待的网络阵地。

(二)新媒体环境影响下为校园文化建设带来的机遇

随着 4G 网络技术的快速发展,传统媒体比如校园广播、展板海报等对高校校园文化的传播开始显现出比较单一的缺点,现代新兴媒体多具传播速度快、传播面广泛、传播影响大等特点。根据理查德·梅耶的多媒体学习理论,即通过语言词语和图像相结合进行学习的理论,人类的认知过程中不仅只有文字这类单一的语言编码形式,通过相关的实验证明,图像和文字的结合比单一的文字表达,能够在更大程度上刺激到学习者对接收到的图文信息的加工处理,并且将所处理的认知内容进行记忆和迁移储备。因此,新兴媒体能够更有效地刺激受众对高校校园文化建设的快速发展,新兴媒体以多媒体为主,不再是传统的单一媒体传播,比如以校园广播为例的语音性媒体,以校园展板海报为例的图片性媒体,以校园 LED 大屏幕为例的视频媒体,新兴媒体将以上各种性质的媒体相融合,形成了富媒体多媒体化的创新媒体形式。

微时代背景下,新兴媒体以微博、微信为代表的微应用逐渐成了网络文化衍生出的一道独具特色的文化景色。当代人的阅读习惯已经逐渐从纸质阅读模式演变成了电子阅读,电子阅读以移动硬件设备为主,具有方便携带的优势,人们可以实现任何时间,任何空间的自由阅读。同时与互联网相结合的智能移动终端设备又具有语音、文字、图片、视频等多媒体集于一身的优势,令当代人更加青睐多媒体化的阅读模式。根据理查德·梅耶提出的多媒体学习理论,人类的信息加工不只是单一的文字加工通道,人类大脑完全可以将文字和图像同时进行信息加工处理,并且在多媒体的呈现模式中显现出更加有效的记忆保存结果。

高校校园文化建设是对校园的物质文化、制度文化、精神文化的建设,物质文化是校园开展各种教学教育活动的基础;制度文化是规范大学生的行为习惯,维持校园正常有序地开展学生工作的具有各自校园特色的规定性文化,制度文化是精神文化的特殊表现形式;而精神文化是物质文化和制度文化二者存在的灵魂。丰富的校园文化需要以多种媒介承载,而在现今富媒体多媒体化的时代,高校校园文化建设迎来了传播媒介全面革新的机遇,高校校园文化可以不再局限于单一的建设传播模式,并且媒体单一的传播效果不理想,通过将高校校园文化传播介质富媒体多媒体化,校园文化可以更加全面地开展下去,开辟一条以新兴媒体为传播平台的校园文化创新道路。

高校校园文化建设需抓住这次机会,顺应信息化时代步伐,着力于将校园文化建设的传播形式富媒体多媒体化,将校园文化建设的三个方面以文字、图片、语音、视频等媒介同步结合进行充分利用,这是高校校园文化建设的内在需要和必然的创新之路。

校园文化是学校多年以来形成的教育教学理念、教学规范、物质文化建设和制度文化建设所沉淀的具有学校各自特色风格的隐形文化,在互相学习和积极发展的过程中,高校的校园文化会受到其他外界的异质文化的影响,互相融合,形成各自独有风格的校园文化。新兴媒体将使校园文化和信息的传播、获取成本大幅度降低,特别是针对没有独立经济收入的大学生,他们更愿意接受低廉的获取信息方式。由此新兴媒体在低成本的获取信息方式下,还可以实现强大的交互,能够通过反馈的形式,满足大学生向学校表达诉求、及时反映校园问题、与校友交流情感,交汇不同学科领域的思想精髓的需求。新兴媒体环境下的高校校园文化平台可以让大学生积极地参与到自主平等的网络交流学习世界中,这是高校校园文化传承与发展的创新形式，同时也为高校校园文化建设注入了新鲜的活力。

校园文化内容是极其丰富的，传统的高校校园文化建设的形式通常以各种文体活动、各类文学讲座、大学生社会实践活动、素质拓展教育活动、思想政治教育活动、课外科技比赛活动等形式开展。随着互联网的迅速发展，移动硬件的不断更新升级，网络环境下逐渐衍生出的新兴媒体表现出强大的互动性，传播迅速且范围很广，使学生与文化信息的平等和互动交流大大增强，创造了传统公共交流工具无法超越的网络高度，为高校校园文化的建设添加了新鲜、时尚、前沿个性化的网络元素，使高校校园文化的开展形式变得更加灵活多样。新兴媒体所表现出的强大交互功能和信息传播实力，吸引了全国各地的高校把校园文化建设的重点延伸到这一全新的网络领域，基于网络的新兴媒体建设校园文化网络阵地有希望成为高校校园文化建设不容错过的一次机遇。

二、新兴媒体给高校校园文化建设带来的挑战

（一）信息爆炸时代对高校校园文化建设的影响

以微博、微信为代表的新兴媒体在各个社会层次领域里已经开始被广泛地使用，高校也开始逐渐接受网络新媒体在高校校园文化建设中占据重要地位。但是互联网内是个互通全球的传播迅速的世界，全球各地有着不同的文化传统，通过网络，可以将世界各个角落的信息瞬间传播，随着信息爆炸式地不断产生，会有许多异质文化、边缘文化，甚至是负能量的迂腐思想文化对高校校园文化带来不可拟比的冲击力，负能量的异质文化将侵蚀学校多年以来沉淀下来的优秀校园文化。

信息爆炸式的袭来，会对高校校园文化建设的发展道路形成一定的干扰。在网络时代空前壮大的背景下，人们的思想相当活跃，特别是具有创新跳跃思维的大学生群体尤为显著，校园文化建设必须往积极健康，乐观向上的方向发展，因此必须重点关注并掌握大学生最新的思想动态，避免负能量的舆论力量带偏了大学生的思想。不入正道的舆论力量一旦形成，将很难压制住，因为网络时代的信息都是以裂变式爆炸散开的。随着无线网和 4G 网络技术的迅猛发展，一方面校园文化能够以迅捷的速度传播开，另一方面，过于迅速地产生信息也将存在其不利的一面，负能量的舆论信息将以"裂变式"的爆炸传开，顷刻间舆论消息将可以传播到每一个校友的微博、朋友圈、QQ 空间里，远比以前的口口相传、分发宣传单的模式迅捷得多。原本在小范围内可以压制下来的小舆论，将变得一发而不可收拾。为许多负能量、消极讯息的扩散传播提供了方便。小小的具有强大传播面功能的微博、微信等应用，就有能力将一件芝麻小事在不经过考证，不经过高校网络管理层过滤的情况下，以一传十，十传百的形式，在瞬间传遍校园各个角落，演变成人尽皆知的校园特大网络新闻，大学生群体是高校校园里非常庞大的网络传播主体,如果是不可靠的造谣事件,将可能引起全校的负面情绪波动,甚至造成部分大学生的行为失控,对学校的安全文化和安定环境造成威胁,甚至直接危害到校园和社会的稳定。

校园里的大学生既是单纯缺乏社会认知经验的弱势群体,又是接受和学习新兴事物最快也最乐意主动参与的群体。对于来自校园内、社会上的各种各样的信息,大学生很难识别其真伪性和可靠性,大学生会被动或主动地接受大多数人都在传播的,大量轰炸式出现涌入眼球的信息。学生们会或多或少地在潜意识里接受某些并没有得到印证的消息,高校在利用新兴媒体建设校园文化时,同时也会有异质文化、边缘文化、非主流文化对校园文化进行侵蚀和冲击。

信息爆炸化催生了新兴媒体的出现,新兴媒体以其具有快速传播,扩散面广泛的优势,在校园文化建设中将成为全国各大高校主要的网络文化阵地,同时高校校园文化建设也面临着负面舆论信息的裂变式扩散对校园的安全稳定构成的威胁。

(二)社会主义核心价值观体系的主导地位的面临挑战

在新媒体迅猛发展和社会各界人士对其的重视下,高校的校园文化建设迎来了全新的机遇,根据事物的辩证理论,任何事物都有它的两面性,迎来新的机遇同时,也会面临着全新的挑战,只有把握住机会和解决好挑战,才能将基于新媒体的高校校园文化建设平台开展得顺利而有效。新媒体作为一种新颖的网络界革命性的应用,在其发展的过程中也催生了大量的新问题和新情况。新媒体的创新体现在技术更加虚拟化和泛在化,组织功能更加平台化,这是网络新媒体信息传递发展中的一个重要转弯点。

不论高校校园文化通过什么平台,以怎样的形式建设,都始终应该围绕社会主义核心价值体系开展。社会主义核心价值观是适应中国实情的青少年应当培养的价值观,其地位是不容撼动的,建设社会主义核心价值体系同样是高校校园文化建设的主旋律。新兴媒体在网络普及的时代,有着瞬时传递信息的特点,瞬时传递将有助于高校校园文化建设的平台能够广泛、实时地向受众推送关于校园文化的文章。然而在思想和精神文化的传播变得迅速、便捷的同时,也对以社会主义核心价值体系为主导地位的高校校园文化建设造成了巨大的冲击。

根据《中国新媒体发展报告(2015)》数据显示,截至 2014 年底中国互联网用户已达到 9.49 亿,占全球总数的 21.6%,并且根据增长的趋势,欧洲国家已经趋于饱和状态,接下来的全球 30 亿网民将有 90%来自中国。中国无疑是当之无愧的位居第一的全球新兴媒体用户大国。拥有最广泛火热的新媒体产业,最具创意和最丰富的新兴媒体微应用。2013 年的中国新媒体发展报告显示,大学生是使用微博最多的用户群体,国内用户统计有 81.86%的用户年龄在 10~39 岁之间，可见以大学生为代表的年轻人是最容易接受新鲜事物，愿意尝试新兴媒体的群体。而相对于复杂的社会而言，大学生的价值观尚在不完全成熟阶段，不能准确地识别信息的可靠性。过于敢于尝试新鲜事物的心和强烈的求知欲望容易受到太多的社会不良信息的干扰。居心叵测的人们则会抓住这一点，频繁地向大学生发布许多负能量信息或腐朽文化之类的新闻，利用大学生是使用新媒体最大的群体这一网络传播主体特点，诱导大学生互相传播不良信息，无形中借助大学生的手造谣，引发社会的民愤，威胁校园的安全文化和安定环境，毒害青少年大学生的理想，导致社会主义核心价值体系在高校校园文化建设中受到巨大的冲击，面临严峻的威胁和挑战。

三、微信公众平台概述

微信公众平台是腾讯公司在微信应用中衍生出来的具有自媒体功能的网络平台，该平台在 2012 年 8 月 23 日正式上线，曾经被命名为"媒体平台"和"官号平台"，针对企业、组织、媒体、明星等团体用户的一项微信用户订阅服务，以微信公众平台的形式出现在微信功能模块中。任何个体和团体都可以经过一定的程序申请、创建一个微信公众号，只要微信用户关注了该公众号，该平台就可以与订阅用户进行图片、文字、音频、视频等多种形式的互动和沟通，同时关注用户还可以将该平台推送的内容转发分享到自己的朋友圈进行宣传。微信用户订阅个人感兴趣的公众号，关注公众号推送的文章，享受个性化的微信服务。微信里的新功能模块微信公众平台，使原本以通信、网络社交为主的应用多了一重身份，即面向大众的信息传播平台。

经过不断的升级和更新，为用户创造一个更人性化的体验，微信 APP4.5 版本在 2013 年 8 月 5 日升级到了 5.0 版本，与此同时，微信公众平台也做出了大幅度的调整和革新，微信公众号被分类为订阅号和服务号两种。服务号的申请限制了必须是具有组织性质的，比如企业、校园、媒体、公益组织等。而订阅号的申请不受限制，不论是组织和个人都可以申请。服务号是具有商业营销性质的商家在微信这个大社交平台上的站点，像手掌上的微型官方网站一样。以前的官方网站存在不能时刻保证用户的主动关注，而目前利用微信这个具有庞大的用户群的社交平台，将增加公众服务号的传播影响力。订阅号是组织和个人都可以申请的账号类型，可以为微信受众推送文章，然而订阅信息和文章并不是新鲜的应用，十多年以前就已经开始流行邮件的订阅，然而邮件的订阅只是个人电脑终端时代的手段，在 4G 网络技术兴盛的时代，人们更加青睐于可以在任何时间任何地点方便快捷地阅读自己感兴趣的文章和资讯的工具。

四、微信公众平台建设校园文化的传播优势

(一)以多媒体学习理论和认知负荷理论为指导

理查德·梅耶的多媒体学习理论是经过坚实的理论基础和严谨的实验证明的科学体系,多媒体理论中的三个基石是双重通道假设、容量有限假设和主动加工假设,也是多媒体学习理论的逻辑起点。经过实验证明,图片和文字相结合的信息比单一的文字能更大程度地刺激人的信息加工系统。容量有限假设是认知负荷理论前期假设,人的瞬时记忆容量是有限的,根据实验证明,人的记忆系统有 7 ± 2 个记忆块,认知负荷是有限的。在信息爆炸的时代,信息量空前巨大,人们的接收信息的容量和处理信息的能力有限,微信正是体现了以多媒体学习理论和认知负荷理论为指导的新兴媒体。

大学生通过微信在朋友圈随时随地与好友互动,不仅可以随时刷屏更新最新动态信息,还可以体验微信公众平台极强的自媒体性质。伴随着微信超强的发展趋势,微信公众平台必然会成为高校校园文化建设的网络阵地。

(二)以微信公众平台为新载体丰富校园文化内容

作为一个具有强大瞬时传播功能的微信公众平台,微信公众号订阅服务功能是深得广大学生青睐的重要因素。大学生在微信朋友圈里转发分享的内容都有一个共同的特点,即与大学生的学习和生活息息相关。因此,高校里以微信公众平台为载体,面向的是广大充满活力、思想活跃、大胆创新的大学生群体,微信公众平台应该推送大学生都关心的有价值的信息,为大学生的生活、工作、学习等提供便利。

微信公众平台可以以文字、图片、音频、视频等形式承载内容丰富精彩的校园文化,截至 2015 年 7 月,微信官方公开报告,目前已有的微信公众号总数已经超过了 580 万。由此可见,微信公众平台的信息传播自媒体性质的优势已经使其普及面空前广大,并有不断增加的趋势。以校园文化建设为中心的微信公众平台不但可以推送一些比如校园要闻、校园历史、校园生活小常识、健康校园等话题,还可以促进师生之间的交流和互动,为大学生的学习生活和身心健康提供一个知识平台。

因此,利用微信公众平台的信息瞬时传播性、传播形式多元化、灵活互动性等特点,可以把校园文化的内容日常化、生活化,从而丰富大学生的校园文化内容。

(三)扩大高校校园文化的宣传覆盖面

古往今来,在影响人类思想变化的重要因素中,面向大众的传播媒介最具影响力,并且意义深远,影响持久。高校校园文化的建设和传播是通过一定的媒介在校园内进行发布、传播、接收、交流、分享的过程,也只有在以裂变式不断地传播的过程中,才能被大学生群体

关注，才能实现广泛的传播面，促进大学生全面发展，达到校园文化育人的状态。

在当今信息互联化的时代，网络和智能逐渐催化着以大学生群体为代表的青少年获取信息的方式和渠道发生巨大的变化。中国互联网络信息中心（CNNIC）在京发布第 36 次《中国互联网络发展状况统计报告》显示，截至 2015 年 6 月，我国网民规模达 6.68 亿，互联网普及率为 48.8%。相比 2014 年 12 月底的统计数据，我国在半年之内新增网民人数共计 1894 万。截止于 2014 年底，网民中学生群体的占比最高，为 23.8%。手机、平板等移动设备接入互联网的比例继续增高，手机、平板使用率分别高达 85.8%、34.8%。使用智能手机进行网络社交已经成为大学生的一种日常生活方式。因此，以智能手机为代表的硬件媒体的蓬勃发展必定能为微信公众平台的开发、利用提供一个坚实的基础。

与传统的传播方式相比较，以微信目前空前强大的用户群来看，微信将是当代年轻人、大学生喜闻乐见的信息获取、分享平台，利用微信公众平台建设高校校园文化，必将扩大校园文化的覆盖面，增强校园文化对大学生们的吸引力和影响力。

第二节　基于微信公众平台的校园文化建设案例分析

一、核心概念

微信是腾讯公司于 2011 年 1 月 21 日推出的一个为移动智能终端提供实时通信服务的零资费应用程序，微信支持跨通信运营商、跨操作系统平台通过网络快速地发送免费（需消耗少量网络流量）语音短信、视频、图片和文字，同时，也可以使用通过共享流媒体内容的资料和基于位置的社交插件，如"摇一摇""漂流瓶""朋友圈""公众平台""语音记事本"等服务插件。

二、西华师范大学校园文化建设现状

自 2012 年开始，华中科技大学开通校园微信公众号，通过这个平台在校园内开展各种校园文化建设，校园文化的宣传得到了很大的成效，随后全国各大高校陆续开通了自己学校的微信公众号，在全国微信用户每月活跃量在 5.49 亿的背景下，高校拥有一个微信公众平台来宣传校园文化势不可挡，并且它代表了一个高校的网络名片。

以西华师范大学为例的校园微信公众平台，在微信里添加公众号时搜索"西华师范大学"可以搜到西华师范大学、西华师范大学新闻传播学院、西华师范大学学生会、西华师范大学图书馆和西华师大附小 5 个与西华师范大学相关的微信公众平台。

"西华师范大学"是以建设校园文化为主的微信公平台。西华师范大学对该平台的功能

介绍是：第一时间传送校内新闻快讯、专题策划讨论、网罗娱乐休闲趣味，助力美丽师大，醉美师大。这是西华师范大学建设微信公众号的初衷。进入西华师范大学公众平台内，下方菜单栏里分有三个栏目：微观师大、师大助手、学在师大。

微观师大里分别有4个网页链接：师大官网、师大微博、师大校庆和师大学报，进入师大官网即可了解到学校概况、机构设置、人才培养、科学研究、招生就业、师资队伍、校园生活、校园媒体等信息；师大微博可以最快地了解到校园内的要闻以及贴近学生生活的趣闻；师大校庆是为了2016年70周年校庆专门开设的子栏目，有校庆资讯、师大印象、祝福师大、校友风采、校友服务等子栏目。学校通过微信公众平台征集到了校内外新老校友们对校庆的创新意见，比如鼓励大家一起为校庆设计LOGO，并采取投票的形式决定校庆70周年的LOGO，体现了西华师范大学微信公众平台的公平互动性，通过寻找校友，回眸师大青春，收集祝福极大程度地激发了学生们对西华师范大学的热爱之情和自豪之情。西华师范大学学报鼓励学生踊跃投稿，给大家提供了积极的学术环境。通过微观师大，学生们可以了解到校园的物质文化、制度文化和精神文化。

师大助手里是每一个学生都关注的大学公共英语四、六级和普通话成绩查询平台，以及方便有意愿报考西华师范大学学生们关注的招生信息和录取查询。在招生信息中有对西华师范大学的学校概况、关于校内各种文艺活动的多彩校园、校园风光、为师大师生提供更多更好的出国留学、研修和学术交流项目的国际交流栏目、学校各专业的介绍、招生章程、招生计划、历年分数、互动功能的考生问答和联系方式等。在师大助手里存在与前面微观师大中出现过的栏目，比如学校概况，这本不属于助手的性质，反而显得多余繁杂不规范。

学在师大以培养学术精神和营造学术氛围为主，分别有师大图书馆和讲座信息两个子栏目。大学生只需要通过微信就可以快捷地进入到师大图书馆内的"电子阅览室"，搜索馆藏图书，了解热门借阅图书。并且关注图书馆动态，方便学生合理安排自己的时间去图书馆借阅书籍。通过借阅证密码可以登录到师大移动图书馆，订阅学生自己感兴趣的书籍。极大程度地体现了新兴媒体在校园图书馆借阅中的人性化和便捷性。学术讲座信息的设计并不完善，进入讲座信息后，是自动弹出回复，指引用户在微观师大的师大官网里查看讲座信息，如果直接链接呈现讲座信息的方式会更能令用户接受。

校园文化的建设以微信公众平台为载体，是新兴媒体在高校中具有革命性的创新。顺应互联网时代的网络技术的快速发展，满足人们网络阅读习惯的"指尖互动时代"需求，微信公众平台的灵活互动性、瞬时传播性、用户范围广泛性等新兴特点是高校校园文化建设占领网络阵地不可或缺的创新点。

通过本次以西华师范大学为例的个案研究，在调查过程中受到许多启示。大学生们纷纷感受到了通过校园微信公众平台开展校园文化建设的新颖性，对校园文化建设在微信公众平台中的呈现形式充满期待。每个大学生都在使用智能手机，几乎每个大学生的智能手机里都安装了微信 APP，如果能够将校园文化搬运到微信公众平台，搬运到每个同学的手机里，大学生们就能在任何时间、任何地点通过微信公众平台感受本校的校园文化熏陶。

结合西华师范大学利用微信公众平台建设校园文化的现状，大学生们对该平台给予很高的评价的同时，也对目前校园的微信公众平台的不足之处提出了建议和意见。第一，校园文化微信公众平台是以大学生为主体的受众平台，应该增强平等的互动性，大学生们期待在感受和学习校园文化的同时，还可以通过微信公众平台表达诉求，交汇思想。当代人的思想空前活跃，而大学生更是一个思想活跃、大胆创新的群体，高校的文化建设如果能与大学生增强互动，校园文化贴近大学生真实的学习和生活，将会吸引更多的大学生参与到该平台中，为基于微信公众平台的校园文化建设增砖加瓦。第二，学校的领导应当重视抓住校园文化建设的网络阵地，为校园文化建设开辟一条全新的创新之路。通过实地考察，目前各大高校负责微信公众平台管理和应用维护的团队通常由校党委、校团委、宣传部、校园新闻传媒中心兼职，而没有专设专职，比如校党委部门每天疲于忙碌学校事务性的工作，就不会倾注足够的精力去建设好基于网络媒体的校园文化建设，也没有更多的精力去开辟校园文化的网络创新之路。第三，微信公众平台对校园文化的推送频率过低，分析其原因主要是校园管理层对这方面的重视程度不够，学校应当开展校园内不同时间不同的校园文化活动，鼓励更多的学生参与到校园文化建设中，比如春天到了，面向大学生征集校园里春暖花开的照片，培养学生热爱大自然，热爱美丽校园的情怀。第四，微信公众平台建设校园文化既是一次机遇，也是一场挑战，面对社会主义核心价值体系为主导地位的校园文化建设，微信公众平台空前强大的瞬时传播性可以迅速扩大社会主义核心价值观在校园内的培育覆盖面，丰富校园文化建设内容，然而在社会各方面不同观念不断摩擦的情况下，不免生出许多与社会主义核心价值观相悖的信息，而且微信公众平台的发布门槛不高，别有用心的人会利用这一点向广大高校大学生传播负能量信息，因此，引导当代大学生提高明辨是非的能力，树立社会主义核心价值观是高校通过网络媒体建设校园文化面临的挑战和亟待解决的问题。

第三节　微信公众平台在高校校园文化建设中的应用策略

一、鼓励优稿，积极原创

高校校园文化的自我建设需要具有本校的鲜明特点，才能吸引更多的校内学生、教职工、校外老校友、即将入学的学生等群体长期地参与到该平台中来。校园微信公众平台的受众是面向以大学生为主的群体，平台推送的文章也应当从大学生群体中获取题材，不应当以转载其他校园文化的文章为主，甚至随意篡改外校发表的校园文化文章。该平台应当广泛地面向大学生征集建设校园文化的投稿文章，鼓励文章原创，尊重他人的作品，如果引用或转载他人的文章首先要得到原创作者的同意。高校校园微信公众平台在宣传校园文化时应该体现高素养文化，作为高校校园文化建设的微信公众平台，在运作过程中应该增强保护原创作者利益的意识，尊重原创稿文，在平台中引用的任何他人的图片、文字等，都应当注明引自于何处。另外，在征集大家的文稿过程中，可以根据投稿的质量适当给予稿酬，优化校园文化建设的文稿质量，激励大家踊跃参与校园文化建设，这是使大学生能够长期主动关注校园微信公众平台的有效策略之一。

二、适应需求，优化体验

校园文化的平台发展应当充分地融入大学校园中，切实考虑大学生的特点。通过前期进行问卷调查得出数据，深入地分析校园微信公众平台的受众对平台功能的使用需求，保证中期校园微信公众平台的改进策略和更新效果。

作为新媒体的微信公众平台虽然不能对校园文化的建设资源本身起到改善和优化的作用，但它可以利用庞大的大学生用户群体，便捷的瞬时传播特效，优质的用户体验，为校园内外的微信公众平台受众提供更加丰富精彩的校园文化形式和更人性化的校园文化交流学习方式。因此校园文化的微信公众平台应该尽力考虑以大学生为主的受众需求，校园文化的建设重点就是抓住自身的定位，恰当地将新媒体平台与目前的校园文化相结合，充分地利用好信息化时代背景，把新媒体的瞬时传播特性与广大受众的灵活互动性、信息化传播的高效便携性和高校校园文化建设资源融合在一起，实现校园文化的信息化优化整合。

三、团队管理，后台维护

一个新媒体平台的长久发展离不开一个优质的管理和运行后台团队。高校的领导层对校园文化网络阵地的发展重视程度决定了校园微信公众平台的后台管理质量，高校里对微信公众平台的管理团队的预设通常都是校党委、团委、新闻传播中心等部门的工作人员来兼职，他们本身就疲于事务性的工作，已经没有足够的精力去创新校园微信公众平台的运作。因此，对于一个优秀的管理团队，应该具有一定的校园动态获取能力，编辑能力，及时编辑、发布的能力，能够实时掌握社会、校园的动态焦点，编辑者要具有广阔的知识面，最好是能经常融入学生群体中的人物身份，足够地了解大学生的阅读习惯、学习习惯，从受众的视角去开发、设计校园文化的宣传模式。该平台应要求管理者具有足够多的信息整合经验，只有全方位地提高后台管理人员的整体要求，才能使高校校园微信公众平台充分地发挥其创新的媒体传播性质，培养大学生在 4G 时代背景下更具高素养的正能量意识，积极地传播正能量，正确地引导大学生的世界观、人生观和价值观。

四、全面宣传，树立口碑

校园的微信公众平台是适应了 4G 网络时代的迅速发展和成熟而衍生出的新兴媒体，它与校园内传统的校园文化传播媒体推广方式不同，高校传统的宣传例如海报展板、LED 大屏幕等已经广而周知。而在传统个人电脑端的邮件订阅、百度贴吧、天涯论坛等媒体传播信息的基础上，衍生出了基于 4G 网络技术的移动媒体推广平台。校园微信公众平台的推广需要做到全面的宣传，才能吸引更多的大学生积极参与、热度关注。因此应该抓住大学生群体的实际需求和当代大学生的阅读习惯。通过良好的平台形象与大学生互动，让大学生有参与感，以此依靠大学生之间的口碑相传。例如：一方面可以与学校社团合作，以平台宣传社团活动，同时在社团活动中开展在线微信关注的互动，以此增加校园微信平台的粉丝关注量；另一方面在推送文章、资讯时，应当与大学生的生活紧密联系，比如在学校的食堂、教学楼、自习室、宿舍的楼梯过道间张贴醒目的校园微信公众平台的二维码。通过前期调研，分析大学生的需求，开发出针对大学生更有实用性的功能，培养出大学生对校园微信公众平台的依赖性，保证大学生对该平台的长期关注，促进该平台的良好发展，树立良好的校园文化口碑。

参考文献

[1]蒋宏,徐剑.新媒体导论[M].上海：上海交通大学出版社,2006.

[2]支庭荣.大众传播生态学[M].杭州：浙江大学出版社,2004.

[3]葛金国.校园文化建设导论[M].合肥：安徽大学出版社,2003.

[4]麦克卢汉.理解媒介——论人的延伸[M].何道宽,译.北京：商务印书馆,2003.

[5]郭广银,杨明.新时期高校校园文化建设的理论与实践[M].南京：南京大学出版社,2007.

[6]莱文森.手机：挡不住的呼唤[M].何道宽,译.北京：中国人民大学出版社,2004.

[7]加塞特.大学的使命[M].徐小洲,陈军,译.杭州：浙江教育出版社,2001.

[8]迪克.网络社会——新媒体的社会层面[M].2版.蔡静,译.北京：清华大学出版社,2014.

[9]俞锫,杨亦然.广播电视与新媒体系列实验教材——广播非线性编辑[M].北京：中国传媒大学出版社,2009.

[10]明安香.传媒全球化与中国崛起[M].北京：社会科学文献出版社,2008.

[11]张德,吴剑.校园文化与人才培养[M].北京：清华大学出版社,2001.

[12]孙岳.新媒体能为我们带来什么[J].中国科技信息,2011（06）.

[13]傅玮.高校校园文化建设略论[J].文教资料,2010（11）.

[14]周先进,邬丽.新媒体视阈下的高校思想文化建设问题研究[J].思想政治教育研究,2011（01）.

[15]张鑫媛,李于骅,陈毅君,等.论高校校园媒体的现状与建设[J].新闻研究导刊,2015（06）.

[16]张朱博.新媒体环境下大学校园文化建设面临的机遇、挑战与对策[J].北京师范大学学报（社会科学版）,2013（01）.

[17]蒲彦羽.新媒体技术对当代大学生思想政治教育的影响[J].大家,2011（20）.

[18]纪明.论高校新闻传媒的思想政治教育功能[J].新闻知识,2009（8）.

[19]王建科,李晔.校园文化在教育中的作用[J].宁夏教育,2011（11）.

[20]龚民,凌文超.新媒体时代的校园文化建设[J].长沙铁道学院学报（社会科学版）,

2007（04）.

[21]李莹莹.新媒体环境下大学校园文化的特点及变化规律[D].南京：南京理工大学，2014.

[22]冯炜.自主的媒介与自主的情境——网络时代重新认识梅罗维茨的媒介情境理论[D].济南：山东大学，2014.

[23]沈玲.高校校园媒体创新研究[D].湘潭：湘潭大学，2011.

[24]窦妍.传播学视野下的大学生思想政治教育研究[D].西安：西安科技大学，2013.

2007 (01).

[21] 李昱洁. 新媒体视阈下大学校园文化建构及文化变化[D]. 南京: 南京师范大学, 2014.

[22] 闫娟. 自主的媒介与自主的公众——网络时代重塑公研领域建设的辩证思考[D]. 苏州: 苏州大学, 2014.

[23] 沈大勇. 网络视阈思想政治教育研究[D]. 湘潭: 湘潭大学, 2013.

[24] 陈璇. 信息学条件下的大学生思想政治教育探索[D]. 西安: 西安科技大学, 2014.